現代経済政策シリーズ
9

地域開発と
地域経済

池田 均

日本経済評論社

はしがき

　21世紀を迎えた今日,過ぎ去った20世紀という100年の歴史が人類にとって如何なる教訓を与えたのかを考えないわけにはいかない。この100年を振り返るならば,20世紀前半の50年は2度の世界大戦を含む「戦争の半世紀」であったといえよう。特に,第2次世界大戦は,地球規模での戦禍を人類にもたらした。一方,先進資本主義諸国による支配に甘んじていた植民地諸国の独立運動を高揚させ,1940年以降,インド,インドネシア,フィリピン,ラオスなどのアジアの国々（15か国）が独立を果たした。その後,1950年代に10か国,1960年代にはアフリカを中心に44か国,1970年代に23か国,1980年代に8か国,そして1990年代には旧ソ連邦の解体などによって24か国が独立するなど,地球上に多数の新しい国民国家を誕生させ続けてきた。こうした新たに誕生した国民国家を加えた「国際連合」によって得た「平和」のもとで,20世紀の後半を「先進」資本主義諸国にとっての「経済の半世紀」として過ごしてきたといえよう。

　敗戦によって焦土と化したわが国における戦後経済の復興は,「国連」を舞台に強力に進められていた研究の成果,つまり戦後の敗戦国と新たに独立を果たした「後進諸国」の経済をいかに自立・発展させるかという多数の研究成果のわが国経済政策への適用に負うところが多大であった。わが国は,朝鮮戦争という他国の悲劇がわが国の経済復興にとって「好都合」となったということもあったが,「経済政策と国土・地域開発政策とを一体化させた政策展開」によって,高度経済成長路線を確立し,その道をひた走ったのであった。こうした経済政策によって実行された高度経済成長は,資本主義的再生産にとって「資源」や「市場」が無限であることを前提にしたものであ

り，やがて大資本の誕生とそれが持つ強力な生産力によって，有限な「資源」と「市場」との間に深刻な矛盾を引き起こすことになった．また，今日地域経済にとっての最大問題は，もともと地域の資本，労働力と土地を舞台に出発した資本がその成長過程で地域を離れ，やがては国民国家をも離れて多国籍企業化する過程が同時に地域経済の空洞化を招来せしめているという事実である．こうした戦後の「経済の半世紀」をどのように総括し，21世紀に展望をみいだすのかが今日問われている．

第2次世界大戦後の北海道における地域研究は，長年にわたって産業業種別，あるいは部門経済毎に研究が行なわれてきた．したがって，地域経済を総合的に研究しようとするならば，積み重ねられてきた産業業種あるいは部門経済研究の成果を基に新たな研究方法によって，解明すべき課題へのアプローチが必要であった．

1962年に設立された北海道総合経済研究所（1979年，行政改革の名のもとに廃止）は，北海道経済を構成する部門経済（農林漁業，商工業，労働，生活，経済構造）の現状分析に主力を注ぎつつ研究蓄積を行なっていた．その蓄積を基に，「昭和30年（1955年）以降のわが国高度経済成長過程における北海道経済の推移をとらえ，現在の特徴を把握し，国民経済的な発展方向における本道経済の地位を総合的に解明し，今後の飛躍的発展に結びつく成長の諸条件を探る」必要があった．そのためには，研究所の「研究機能を総合化する」ことによって，「いままで公にされたいくつかの北海道経済分析の中で，おそらく本研究は独特の形式と特徴を示し，ユニークな地位を占めることになるだろう」[1]総合研究を行なうことになった．高度経済成長過程において激変する北海道経済（地域経済）を総合的に把握するには部門経済をこえて北海道経済を総合的に調査研究する必要があり，そのためには研究所における部門間障壁を取り払った共同研究がどうしても必要であるとの当時の認識であった．ここに北海道での地域経済に関する共同研究の萌芽をみるのである．しかし，「全体に共通する統一的な観点を確立するということは，多数の個性豊かな研究員にとってきわめて困難」[2]なことであり，こ

こでの共同研究には自ずと限界があった．こうした経験が研究員間に特定地域を総合的に研究する動機を与えることになった．その象徴となったのが，同研究所の部門別研究員の横断的研究会であった「地域問題研究会」の存在であった．

地域問題研究会の余市研究[3]に始まる特定地域研究は，その後，留萌研究[4]を経て沙流・鵡川研究へと引き継がれてきた．この10年間にわたる共同研究に参画し，地域の実態調査に基づく地域経済研究に携わってきた筆者は，今後の地域経済研究を進める上で，幾つかの問題についての理論的整理を行なうことが迫られていた．もちろん，これまでの地域経済研究を通じて発表してきた諸論文でそれらの問題につき報告を行なってきたのではあるが，共同研究が持つ制約もあって，それらに対する見解は断片的なものとならざるを得なかった．特に，以下に述べる余市・留萌研究での成果を前提にしつつも，これまでの研究が「地域開発」との関連で「地域経済」を捉えるという視点が弱かったことへの反省から，こうした視点で改めて地域経済の現状と課題を明らかにする必要があると考えていたからである．

余市及び留萌研究での成果とは，以下の諸点である．その第1は，様々な産業に従事しつつ生活している地域住民を，その生活基盤としての産業を通してみると，産業間での相互関連がないか，場合によっては対立しているかにみえる関係が，流通関係を通してみると，それぞれが相互に依存しあってひとつの地域社会を構成していることが明らかとなったこと．したがって，地域の歴史過程をも含めた産業間，住民間の相互関連を明らかにするならば，異なった産業基盤に依拠する住民各層の相互理解に大きく寄与するばかりか，地域住民による統一した地域づくり運動をも展望し得ること．第2に，自治体を単位として，そこでの諸産業間関連及びそれと自治体外諸産業との関連についてみると，域内諸産業と域外諸産業との相互関連が，高度経済成長期を通じて急速に強まると同時に，従来，域内で供給されていた財貨が大工業にとって代わられてきたこと．第3に，地域外に対応し，域際関係において収入をもたらす産業が，地域経済の起点となっていること．第4に，高度経

済成長期における首都圏を中心とする道外及び道内諸都市への人口流出，農山漁村地域における市街地への人口移動が今日では沈静化してはいるものの，山村部からの人口流出が今も続いていることである．

　以上の諸点をふまえて，本書で解明しようと試みた課題は，以下の通りである．

　第1部では，第2次大戦後，後進国の経済開発問題が新しい国際的な研究分野として登場し，多数の研究成果が発表されてきた．その成果の中心をなすものが社会的一般資本（Social Overhead Capital）に関してであった．したがって，その研究成果がどのようなものであり，それがわが国においてどのような地域経済研究の系譜を生み出したのかを概観することが第1の課題である．第2に，地域経済研究を進めるに当たって，その研究課題をどこにおくかという点についてである．この点については，研究対象である「地域」そのものについての概念規定が論者によりまちまちであるか不明であることから，これに対する見解を述べることにした．また，研究課題に関しては，これまでそれぞれの研究者がそれぞれの問題意識に基づき課題の設定を行なってきてはいたものの，その多くが産業分野別に特化した部門経済研究であるか，それぞれの研究者の専門分野からみた地域経済研究に止まり，その成果は，部分的なものでしかなかった．また，このことは今日地域経済研究を行なう意義そのものに係わる研究者それぞれの考え方に及ぶものである．そして地域経済研究の課題を地域問題解明にあるとするならば，その地域問題とは何かということをも明らかにしなければならない．それ故，この点についての考え方も明らかにしておくことにした．第3に，以上の点をふまえて地域経済研究の方法につき，筆者がこれまで行なってきた北海道での地域経済研究で前提としてきた2つの視点について述べることにした．その1つは，わが国資本主義の発展過程で地域経済がどのように位置づけられつつ今日を迎えているかということについてであり，2つには，その過程で北海道経済がどのような地域分担課題を担いつつ今日を迎えているかということについてである．以上のことをふまえて北海道経済に多大な影響を与えてきた

国土・地域開発に視点を絞って，地域経済研究を行なう上での前提的な方法論についての見解を述べることにした．

第2部では，こうした第1部で述べた地域経済研究に関する課題と方法に基づき，新全国総合開発計画に基づく北海道第3期総合開発計画の中心的事業となった苫小牧東部大規模工業基地開発（以下，苫東開発）によって，影響を受けた鵡川・穂別・門別・平取・日高の各町（以下，沙流・鵡川地域という）における地域経済の実態と，そこでの地域問題の所在を，以下の方法によって明らかにすることとした．まず，この地域での地域問題が，苫東開発を直接の原因にして生起していることから，当該地域における苫小牧東部大規模工業基地開発の性格とそれが地域に提起される経過について明らかにし，いかなる地域問題が生起したのかをみることにした．このため，農山漁村における主産業である農業，林業，漁業及びこれらを土台として成り立つ第3次産業の配置構造を既存統計によって明らかにした．これらの産業が実は「雇用労働力が自家労働力を越えない経営」，つまり自営業者によって担われていることから，地域における経済・社会の基本方向がこれら自営業者によって決められてきたものと考えられる．したがって，彼等の意思決定がいかなる経営基盤の下でなされているのか，その経営の生成過程と現状及び将来方向について，実態調査に基づき解明することにした．

第3部では，北海道の地域経済を担う主要な産業の1つである漁業を戦後の北海道開発政策と関連づけ，その変遷過程についての考察を行なった．

北海道漁業は，敗戦による生産手段と漁場の喪失によって零からの出発であった．しかし，敗戦後のわが国にとって国民への食糧供給は緊急課題であり，北海道漁業の復活は国家による開発政策の下で行なわれた．しかし，漁業が漁家・中小資本，さらには大資本に至る重層的経営体によって，生物資源の「量的拡大」生産を目的に行なわれる限り，資源をめぐる階層間，階級間対立は必至のことであり，当初から政策的「調整」が行なわれてきた．さらに高度経済成長過程でのエネルギー革命と技術革新による漁業生産力の飛躍的発展のもとでの「資源問題」を核とした階層間・階級間矛盾（対立）は，

「沿岸から沖合へ，沖合から遠洋へ」と漁場の外延的拡大という政策「調整」によって回避され続けてきた．しかし，漁場の外延的拡大は，他国沿岸海域への日本漁業の進出であり，1958年に開催された国連海洋法会議以来，次第に日本漁業への脅威は国際世論となった．やがて国連海洋法の成立によって，他律的に日本漁業の進路が定められたのである．戦後，半世紀という短い北海道漁業の歩みは，資本制沖合遠洋漁業の生成・発展・消滅過程を示しており，21世紀の地域漁業のみならず地域経済そのものが国際的観点を抜きに考えることができないという貴重な教訓を与えてくれるであろう．

注
1) 長谷部亮一「はしがき」『北海道経済の現況と課題』北海道立総合経済研究所，1972年．
2) 同上書「はしがき」．
3) 1977年に始まる北海道余市町での共同研究は，約5年にわたって続けられその成果は，地域問題研究会編『地域の社会・経済構造』（大明堂，1983年）としてまとめられている．この研究の特徴は，この著の後書きにあるとおり「自主的な研究会である地域問題研究会の，長年にわたる『学際的交流』の積み重ねと，非常に多くの余市町民の御協力に支えられて刊行することができました．この間『地域の主人公は住民である』ことを肝に命じつつ，『住民から学ぶ』ということを基本姿勢として，研究活動を実践してきた」ことにあった．
4) 「地域産業の相互関連調査」『北海道経済調査』北海道開発調整部経済調査室，3号（1983年）及び4号（1984年）．
5) 「農山漁村における産業と就労実態に関する調査」『北海道経済調査』北海道開発調　整部経済調査室，5号（1985年），6号（1986年），7号（1987年）．

目　次

はしがき
図表一覧　　　　　　　　　　　　　　　　　　　　　　　　xv

第1部　地域開発と地域経済

第1章　地域経済研究の系譜 …………………………………… 2

1. 後進国開発論　　　　　　　　　　　　　　　　　　　　2
   (1) ラグナー・ヌルクセの理論　3
   (2) アルバート・ハーシュマンの理論　5
   (3) W.W. ロストウの理論　7
   (4) ポール・A. バランの理論　8
2. 地域経済研究と「経済地理学」　　　　　　　　　　　11
3. 「地域主義論」とその系譜：広義の経済学　　　　　　17
4. 内発的発展論：中国での実証研究の成果　　　　　　　20
   (1) 「改革開放」に至る政策の変遷：中国における「内発的発展論」の背景　23
   (2) 非国有企業の経営実態：国有企業改革との関連で　26

第2章　地域経済研究の課題と方法 …………………………… 36

1. 地域経済研究の課題　　　　　　　　　　　　　　　　36
2. 地域経済研究の方法　　　　　　　　　　　　　　　　40
3. 日本資本主義と地域経済　　　　　　　　　　　　　　40
4. 地域開発と北海道　　　　　　　　　　　　　　　　　48

           (1) 戦前の開拓政策 48
           (2) 開拓使の設置とその役割 49
           (3) 北海道庁の設置とその役割 51
           (4) 第1期，第2期拓殖計画 52
     5. 戦後の北海道開発政策と地方自治　　　　　　　　　　　53

第2部　地域開発と沙流・鵡川地域

第3章　地域開発に伴う地域問題 …………………………… 64

  1. 沙流・鵡川地域研究の位置　　　　　　　　　64
  2. 沙流・鵡川地域　　　　　　　　　　　　　　67
  3. 地域問題の生起　　　　　　　　　　　　　　72

第4章　沙流・鵡川地域の農業 ……………………………… 79

  1. 地域農業の実態　　　　　　　　　　　　　　79
     (1) 耕地及び家畜の推移 79
     (2) 農家流出と耕地規模間階層移動 85
     (3) 地域別の兼業対応 88
  2. 集落農業の現状　　　　　　　　　　　　　　90

第5章　地域の産業と自営業 ………………………………… 100

  1. 地域の事業所　　　　　　　　　　　　　　　100
  2. 地域の自営業　　　　　　　　　　　　　　　104
     (1) 創業者と創業年次 105
     (2) 現経営者とその家族 107
     (3) 兼業業種と雇用形態 110
     (4) 流出労働力の性格とその市場 113
     (5) 後継者の有無 115

3. 地域開発と集落　　　　　　　　　　　　　　　　　　　　　117
　　　(1) ダム建設と集落　117
　　　(2) 集落の現状と問題点　124
　　4. ま　と　め　　　　　　　　　　　　　　　　　　　　　　　130

第3部　地域開発と北海道漁業

　はじめに　　　　　　　　　　　　　　　　　　　　　　　　　136

第6章　占領下の北海道漁業 …………………………………… 138

　　1. 漁業をめぐる情勢　　　　　　　　　　　　　　　　　　138
　　　(1) 敗戦後の北海道漁業：零からの出発　138
　　　(2) 再建をめぐる諸課題　139
　　2. 漁業生産構造：漁場喪失下での食糧増産　　　　　　　　145
　　　(1) 漁業生産量・生産額の推移　145
　　　(2) 閉ざされた漁場での過剰操業　146
　　　(3) 流通・加工業　148
　　3. 漁業政策：漁業・漁村の民主化とその限界　　　　　　　148
　　　(1) 漁業制度改革　148
　　　(2) 魚田開発：引揚げ漁民の救済　150
　　　(3) 乱獲・凶漁対策：底引き網漁業対策　151
　　　(4) 生産手段投資に対する金融措置　153

第7章　資本制漁業の復活 ……………………………………… 158

　　1. 漁業をめぐる情勢　　　　　　　　　　　　　　　　　　158
　　　(1) 北海道総合開発計画と北海道漁業　158
　　　(2) マッカーサー・ラインの撤廃と漁場の拡大　159
　　2. 北洋漁業の再開と資本制漁業の復活　　　　　　　　　　159
　　　(1) 北洋サケ・マス漁業再開の条件　160

（2）北海道漁業者の母船式サケ・マス漁業への進出　*161*

　　　（3）出漁体制の変化：独航船の系列化　*162*

　　　（4）以南サケ・マス流し網漁業　*163*

　　　（5）北海道漁業公社：漁業者の挑戦と挫折　*166*

　　3．新たな国際規制　　　　　　　　　　　　　　　　　　　　*167*

　　　（1）対日講和条約と日米加漁業交渉：自発的抑止の原則　*167*

　　　（2）日ソ平和条約と日ソ漁業交渉　*168*

　　4．漁業生産構造の変化　　　　　　　　　　　　　　　　　　*170*

　　　（1）漁業生産手段の整備　*170*

　　　（2）漁業生産構造の変化　*173*

　　　（3）水産加工業　*174*

　　5．漁業政策の展開　　　　　　　　　　　　　　　　　　　　*175*

　　　（1）沖合・遠洋漁業政策：大資本の育成と中小資本の系列化　*175*

　　　（2）沿岸漁業の不振とその対策　*178*

　　　（3）領土・平和条約問題　*180*

第8章　高度経済成長期の北海道漁業　…………………………… *182*

　　1．漁業をめぐる情勢　　　　　　　　　　　　　　　　　　　*182*

　　　（1）高度経済成長下の漁業　*182*

　　　（2）高度経済成長と水産物需要の拡大　*183*

　　　（3）遠洋漁業による漁業生産の拡大　*186*

　　　（4）水産物流通の変化　*187*

　　　（5）日ソ漁業交渉　*188*

　　　（6）資本制漁業の発展と国際規制の強化　*189*

　　2．生産・流通構造の変遷　　　　　　　　　　　　　　　　　*191*

　　　（1）漁業生産構造の変化　*191*

　　　（2）漁業生産者の地域別動態　*193*

　　　（3）水産物流通構造の変化　*194*

3. 漁業政策の展開　　　　　　　　　　　　　　　　　　　196
　　　(1) 沖合漁業政策：北洋漁業への転換，進出政策　196
　　　(2) 沿岸漁業政策の展開　197
　　　(3) 漁業生産基盤整備拡充政策　198

第9章　転換期の北海道漁業 …………………………………… 201
　　　―高度成長の終焉と200カイリ水域の設定―

　　1. 漁業をめぐる情勢　　　　　　　　　　　　　　　　　　201
　　　(1) 高度経済成長の終焉　201
　　　(2) 200カイリ水域の設定　203
　　　(3) 流通構造の変化：魚価の低迷と生産資材の高騰　205
　　　(4) 200カイリ体制下での日ソ・ソ日，日米漁業交渉　208
　　2. 漁業生産構造の変化：北洋漁業からの撤退　　　　　　　209
　　　(1) 生産構造の変化　209
　　　(2) 漁業生産者の地域別動態　214
　　3. 漁業政策の展開：200カイリ体制下での漁業政策　　　　216

第10章　新海洋法秩序と北海道漁業 …………………………… 219
　　　―漁業の縮小再編過程―

　　1. 漁業をめぐる情勢　　　　　　　　　　　　　　　　　　219
　　　(1) バブル経済とその破綻　219
　　　(2) 国連海洋法条約の発効：200カイリ体制への完全移行　221
　　2. 漁業生産構造の変化：北海道漁業の縮小再編過程　　　　226
　　　(1) 生産量・生産額の推移　226
　　　(2) 漁業経営体と漁業従事者の減少　229
　　3. 加工・流通構造の変化　　　　　　　　　　　　　　　　232
　　　(1) 急減する加工生産　232
　　　(2) 増加を続ける輸入水産物　232

4. 漁業政策の展開　　　　　　　　　　　　　　　*234*
　　　(1) 新海洋秩序への対応政策　*234*
　　　(2) 沖合・遠洋漁業への対策　*235*
　　　(3) 沿岸漁業対策　*236*
　ま　と　め　　　　　　　　　　　　　　　　　　　*238*

索　　引　　　　　　　　　　　　　　　　　　　　　　*241*

図表一覧

表 1-1 瀋陽家具市場の「個体・私営工商業」従業者数の推移　30

表 3-1 人口の推移　68

表 4-1 田畑別作付面積の推移　81
表 4-2 田畑別平均耕地面積の推移　83
表 4-3 大型家畜経営農家数・頭数の推移　84
表 4-4 農家人口・農家数，従事者世帯員・兼業従事者世帯員数の推移　86
表 4-5 耕地規模別農家数の推移　87
表 4-6 専業農家率の推移　89
表 4-7 集落農業の実態　90-1

図 5-1 沙流・鵡川地域図　118
表 5-1 民営・国公営事業所　100
表 5-2 産業別全事業所・従業者数の推移　103
表 5-3 調査対象自営業　105
表 5-4 創業者及び創業者の出身地と前職　106
表 5-5 現経営者の出身地・同居家族数・前職・学歴　108
表 5-6 家族就労者数　110
表 5-7 兼業世帯数・世帯員数　110
表 5-8 自営業者世帯員の兼業実態　111
表 5-9 農家世帯員の兼業実態　112
表 5-10 現経営者世帯員の流出　114
表 5-11 後継者の有無　116
表 5-12 平取ダム建設に伴う水没戸数と面積　123
表 5-13 専兼別農家数の推移と後継者の有無　124
表 5-14 豊糠集落農家の状況　127

表 6-1 漁業総生産量・額の推移　145

表7-1　北海道漁業公社への出資者別出資金比率の変化　*167*

図8-1　経済成長率の推移　*184*
表8-1　水産業主要事業の実績（1）　*183*
表8-2　加工製品別生産量の推移　*185*
表8-3　漁船隻数・トン数の推移　*187*
表8-4　支庁別漁獲量の推移　*188*
表8-5　水産業主要事業の実績（2）　*200*

図9-1　総漁獲量・生産額・魚価の推移　*206*
図9-2　部門別漁獲量の推移　*211*
表9-1　米ソ200カイリ設定以前の漁獲割当量の推移　*204*
表9-2　200カイリ水域内の日ソ双方の漁獲割当量の推移　*205*
表9-3　日ソ交渉によるサケ・マス漁獲割当量の推移　*205*
表9-4　国民1人当たり動物性食品供給量の推移　*207*
表9-5　石油・漁業用資材等卸売物価指数の推移　*208*
表9-6　主要魚種別漁獲量・額の推移　*209-10*
表9-7　他国200カイリ内での北海道漁業漁獲量　*212*
表9-8　漁業種類別漁獲量・額の推移（指数）　*213*
表9-9　北海道漁船の北洋減船　*214*

表10-1　円相場・輸出額・魚価・水産物輸入額の推移　*220*
表10-2　地域漁業管理機構　*223*
表10-3　ロシア水域での日本漁船への漁獲割当条件の変化　*224*
表10-4　日ソサケ・マス政府間協議結果の推移　*224*
表10-5　貝殻島コンブ漁業の推移　*225*
表10-6　北洋減船隻数の推移　*226*
表10-7　部門別漁獲量の推移　*227*
表10-8　部門別漁獲高の推移　*227*
表10-9　主要魚種別漁獲量の推移　*228-9*
表10-10　地域別漁獲量・額の推移　*230*
表10-11　沿岸・中小漁業経営体数の推移　*230*
表10-12　北海道の減船原因別離職者数の推移　*231*
表10-13　主要水産加工製品生産量・生産額の推移　*233*
表10-14　ロシアからの水産物輸入額の推移　*234*

第 1 部　地域開発と地域経済

第1章
地域経済研究の系譜

1. 後進国開発論

　20世紀前半の半世紀は，第1次・第2次世界大戦を含む戦争の半世紀であった．帝国主義諸国による地球分割（植民地支配）の末，第2次世界大戦によって帝国主義敗戦諸国はもとより近隣諸国が未曾有の被害を蒙った．一方，帝国主義植民地宗主国が戦争によって疲弊する過程で，植民地支配を克服して独立を果たした国民国家は，アジアからアフリカへと急速に広がっていった．敗戦によって焦土と化した敗戦国と新たに独立を果たした「後進国」の経済はともに破局的状況にあった．こうした状況のもとで国連を中心に進められたのが経済開発や地域開発に関する研究であった．当時は「後進国開発論」として多数の研究成果が発表されている．それまでは「後進諸国」の経済自立をいかにして達成するかという課題に関する研究は，従来の経済学では重視されず，経済発展とは無縁の辺境地域の問題として放置されてきたといってよい．しかし，第2次世界大戦によって生みだされた新たな国際情勢のもとでにわかに放置できない緊急課題となった．こうして戦後の「後進国開発論」が生みだした研究成果の1つが国家による社会的一般資本（Social Overhead Capital）の形成とそれに要する財源確保とその投資に基づく経済開発，ないしは地域開発に関する研究であった．これらの研究がわが国の地域経済研究に多大な影響を与えたことはすでに述べた．これらの研究は，すでに多数の論文で紹介されているので，以下では，戦後のわが国資本

主義発達が，国家による社会的一般資本の形成過程でもあったことから，社会的一般資本に関する主要な理論成果についての紹介を行なうことにした．

その最初の業績にラグナー・ヌルクセを挙げることができよう．

(1) ラグナー・ヌルクセの理論

ラグナー・ヌルクセは，その著『後進諸国の資本形成』[1]において，国家による社会的一般資本の徴収とその投資によって低開発諸国が貧困の悪循環から解き放される可能性を述べている．

ヌルクセの問題意識は，「1国は貧しいがゆえに貧しい」[2]といわれる低開発諸国における「貧困の悪循環」をいかにして断ち切り，経済発展の軌道に乗せることが出来るかということであった．「いわゆる『低開発』地域は，先進地域に比べて，その人口と天然資源とに比して資本の装備が過少」[3]であり，低開発地域における資本形成問題が論題の中心に据えられることになる．「『資本形成』の意味は，社会がその所有する経常的生産活動の全部を即時的消費の必要や欲求に活用するのではなく，その一部分を資本財の製造に向けることである」．つまり「資本形成過程の本質は，将来，消費可能な産出高の拡張ができるように利用可能な資源の一部を，資本財ストック増加の目的に転換することである」[4]．しかし，経済的に遅れた諸地域・諸国家における資本の循環関係は，「供給側では，実質所得水準が低い結果として貯蓄能力が低い．低い実質所得は低い生産力の反映であり，低い生産力はまた資本不足に起因するところが大きい．資本不足は低い貯蓄能力の結果であり，このようにして循環は完結するのである．需要側では，投資誘因は人々の購買力が低いために低いであろう．そして，購買力の少ないことは実質所得の低さに基づき，それはもとに戻って生産力に起因しているのである．ところが生産力の低い水準は，生産に使用される資本量の結果であり，それはまた，少なくとも一部は，低い投資誘因によって引き起こされるであろう．低い生産力を反映する低い所得水準が，2つの循環に共通する点である」[5]としている．

以上の需給両面での悪循環は,「市場の狭さによって引き起される困難は,単独に取り上げられた,1つの生産方向における個々の投資誘因に関連するものである.少なくとも,原理上は,広範囲の異種産業に多少とも同時的に資本を使用することによって,その困難は解消する.ここに行き詰りからの逃げ道がある」[6]とし,低開発諸国における狭隘な市場に起因する悪循環を同時多面的な投資による均衡成長を図ることによって解決出来ると主張している.さらにヌルクセは,市場拡大のための資本の供給をどこに依存すべきかにつき検討した.その結果,先進国など外部からの供給に依存した場合,「『自発的』国際投資に伴う困難は,その有効性が国内の行為に依存していることである.それが消費ではなくむしろ全面的に貯蓄に加えられるだろうという保証が存在するのは,この目的に向けられた強力な国内政策を伴う場合に限られる.それは『殖民地的』な形態の直接投資を除くすべての外部の資本源泉がもっている困難である」[7]とし,そのいずれもが問題の解決には役立たず,結局は,低開発諸国内に現存する潜在的貯蓄力に依存する以外に問題解決の道はないこと,つまり自力更正による問題解決の道を論証している.

　かくして低開発諸国における資本は,国家によって国内に存在する潜在的貯蓄(偽装失業の解消)を動員することであり,それは困難ではあるが課税によって徴収されなければならない.こうして徴収された税は,「道路や鉄道から電信・電話組織,発電所,水道そして学校や病院に至る重要な公共土木事業および公益事業の分野」[8]に社会的一般資本として投下され,「経済の成長はその中で,より揃ったしかもいっそう広く分散された資本投資によって,とりわけ個人の努力と企業心によって,促進されなければならない」としている[9].

　以上がヌルクセ理論の概要であるが,こうしたヌルクセ理論に対する問題点はいくつも出されてきたが,ここでは社会的一般資本の調達についてのみ述べることにする.それはヌルクセの主張にもかかわらず,その後の歴史が示している通り,発展途上国と今日言われる国々がこの理論によって成功した例をみていないという事実である.それがヌルクセの理論自体の欠陥にあ

るのか，社会的一般資本の源泉となる「租税」調達の方法にあるのかである．もともと貧しい低開発諸国は農業国であり，そこでの資本調達は農民からであり，『後進諸国の資本形成』の訳者である土屋六郎がいうように，余剰労働者を「農村から動員するには，まず彼らに賃金を支払わなければならない」，しかし「彼はこのような資金についてはなんら言及していないが，それが必要とされないのは，強制労働の方法を採用できる，かなり厳しい計画経済の場合であろう」[10]という指摘は妥当なものである．それはヌルクセ理論が提起されるかなり前のソ連邦において，1920年代末から1930年代前半（第1次5か年計画期）にかけて実施された強制的「農業集団化」とその下での強制的な農業からの租税収奪によって工業化を達成していった過程にみることができる[11]．当時のソ連邦がドイツにおけるヒットラーの台頭に怯え，工業化による戦備を急がなければならなかったにもせよ，この時期の「農業の集団化」によって農業・農民が蒙った被害は悲劇的なものであった．この点に関しては，後述するポール・バランもその著『成長の経済学』の序文において，当時のソ連邦での事態につき，「外国の侵略に脅かされ，国内の抵抗に直面した後進国を，危険なほどの速度で発展せしめようとした猛運動のつくりだした政治制度」[12]であると述べている．こうしたヌルクセの限界を超えるものとして，その後，わが国にも大きな影響を与えたハーシュマンの理論がある．

(2) アルバート・ハーシュマンの理論

ハーシュマンは，1952年から56年にかけてのコロンビア滞在中に得た観察に基づき，低開発国の経済発展に関する新たな理論を提起したのが著書『経済発展の戦略』[13]においてであった．ハーシュマンの問題意識は極めて鮮明であり，それはヌルクセに代表される「均整成長理論」に対するアンチテーゼとして形成されたものである．「均整成長理論は発展の理論としては失敗だ，とわたくしは言いたいのである．思うに，発展とは，経済がある型から他のさらに進歩した型へと変化する過程を意味する．しかるに，『低開

発均衡』をどこかで打破することは困難だと考える均整成長理論は、そのような変化の過程を初めから望み得ないものそして諦め」[14]，「低開発経済のもつ潜在的素質に対しては敗北主義的態度をとるにもかかわらず，その創造的能力には完全に非現実的な期待をかけ」[15]，同時多面的投資によって経済発展を実現するなどということはまさに非現実的であり，巨額の資本をどこから調達するのかを考えただけでもこの「理論」の成立根拠はないと批判し，その上で自らの理論を展開している．

「成長は，経済の先導的部門から後続的部門へ，1産業から他産業へ，また1企業から他企業へと伝播」する．「もしある部門が他の部門を追い越すならば，それが別の場所でさらに発展をひき起こす足場になる．このようなシーソー的発展がなぜ『均整成長』よりすぐれているかといえば，シーソー的発展には投資決意を誘発する余地がかなり残されており，したがって，われわれのいう主要希少資源すなわち真の決意形成が節約される」[16]とし，不均整発展の連続によって経済発展が遂げられることを主張している．

連続的不均整発展による経済発展は，社会的間接資本（Social Overhead Capital；SOC）と直接的生産活動（Directly Productive Activities；DPA）の相互関係をもって行なわれるとし，SOCとDPAの相互関係につき，SOCがDPAを促進するSOC先行型経済発展とDPA先行型経済発展の2つのタイプが考えられるとし，SOCについての定義を行なっている．

「SOCとは，通常，それなくしては第1次，第2次，第3次生産活動が働きえない基礎的用役から構成される．広義のSOCには，灌漑，排水組織のような農業上の間接資本はもとより，法と秩序から始まり，教育，衛生を経て運輸，通信，動力，水道にいたる一切の公益事業が包含される．おそらく，SOC概念の核心を運輸と動力に限定することも可能であろう」とし，SOCの範疇にはいる条件を4つ挙げている[17]．

「1. その経済活動の提供する用役が，多岐多様にわたる多くの経済活動の実行を促進するものであること，もしくは，なんらかの意味で後者にとって不可欠なものであること．2. その用役が，事実上すべての国で，公的機関も

しくはなんらかの国家統制を受ける私的機関によって提供されていること．すなわち，それが無料もしくは公的機関の定める料率で提供されていること．3. その用役が輸入できないこと．4. その用役を提供されるためになされる投資は，資本・産出量比率が高い（すべての産出量が測定可能であるとして）ばかりでなく『一括性』（技術的不可分性）によって特徴づけられていること」[18]．このようにハーシュマンは，ヌルクセをはるかに越えた「社会的間接資本」に対する定義を行なっている．後述するように，こうしたハーシュマンの理論がわが国の経済開発や地域開発に大きな影響を与えることになる．

(3) W.W. ロストウの理論

ロストウは，その著『経済成長の初段階』[19]の「日本語版へのまえがき」で「現代の低開発国の世界における，強い特殊な文化をもった伝統的社会を近代化するという問題とその可能性に対しては，西ヨーロッパの経験よりも日本の経験のほうがはるかに示唆するところが大きい．近代日本の知的生活においては，マルクス的な歴史理論が重要な役割を果たしてきた．しかしいかなる政治的見解をもつにせよ，いまやわれわれすべてにとって，マルクスの提出したきわめて重要な問題をあらためてとりあげ，しかもその問題をマルクスの考えが形成されたとき以降われわれが手に入れることができたその後1世紀にわたる人間経験の光にてらして考えなおすべきときがきたことはたしかである」[20]と述べ，この著が副題にある「1つの非共産主義宣言」であることを明らかにしている．

ロストウは，戦後のアメリカ経済社会の繁栄（高度大衆消費時代）を目の当たりにして「多元的社会発展」の道があり得るし，「人は多元的存在であり，そしてそれ故に彼は多元的社会に生きる権利をもつものである」[21]と考えたのであろう．

ロストウは，すべての経済社会は，「伝統的社会」，「離陸のための先行条件期」，「離陸」，「成熟への前進」，「高度大衆消費時代」という5つの成長段階のいずれかにあり，「伝統的社会」が「離陸」するまでの間が「過渡期」

であり，その「過渡期」にこそ社会的間接資本建設その他の近代化過程のための資本が必要であるとしている．その上で，先行条件期においては農業に独自の重要性を与えるものであり，「農業は食糧の供給を増大させ，市場を拡大させ，そして近代部門への貸付基金の供給を増大させなければならない」[22]としている．つまり社会的間接資本の農業からの調達である．

社会的間接資本支出と投資一般とを区別する3点の特徴は，「第1に，通常，社会的間接支出はその懐妊期間と償還期間とが長い．第2に，社会的間接資本は，概して，一括して非分割の形で投資される．第3に，その性質上，社会的間接資本からの利益は，おおくの場合，——間接的な因果の鎖を通じてであるが——社会全体に返っていき，それを始めた起業者に直接返ってはこない」ことであり，社会的間接資本がもつ機能上のこうした特徴によって「一般に政府が社会的間接資本建設の過程で極度に重要な役割を果たすべきことを，命じている」[23]．

さらにその機能を充分発揮させるためには，「社会的間接資本は，初めに小さな基盤から出発し，利益を再投資することによってその流れを拡大するといったやり方では形成されえない」[24]とし，「重点投資論」，「拠点開発論」として理論化され，わが国の地域開発にも大きな影響を与えたのである．

以上で述べたヌルクセ，ハーシュマン，ロストウ等は，いずれも経済発展を遂げた資本主義諸国の近代史から学び，低開発諸国がどのようにしたら経済発展を遂げ，先進資本主義諸国の仲間入りをさせることが出来るかという方法をめぐる理論であり，その鍵を握るのが国家による「農業」からの資本調達であり，そうして得た社会的間接資本の投資方法に関する理論であった．こうした理論に真っ向から対立する見解も多く，その1人がポール・バランである．

(4) ポール A. バランの理論

バランは，同著『成長の経済学』[25]の序文（1956年12月，カリフォルニア州，ロスアルトスで執筆）で，要約すると以下の通り述べている．「おくれた

発展度の低い国々の社会主義はおくれた発展度の低い社会主義となる強い傾向がある，ということである．ソビエト同盟と東欧社会主義諸国で起こった事態は，『社会的・政治的・文化的生活の一般的性格』を決定するものは社会の生産諸力の成熟度であるという，マルクス主義の基本的な命題を確認する．それは西欧諸国の社会主義への移行の基本的合理性，欲求，可能性を，少しも非難するものとはならない」とし，「発展した国々の社会主義は，工業化への『強制的行進』に従事する必要も，また，人民の消費から惨めなほど低い所得のなかの大きな割合を回収する必要も……，小さな総産出量中のかなりの割合を軍事目的にあてなければならない必要も，ともにないであろうからである．……さらに，世界の低開発地域の貧困と疾病と飢餓と全問題の解決に援助を与え……東ヨーロッパの社会主義の初期段階を特徴づけた政治的・社会的抑圧」を正すであろう．つまり先進資本主義諸国が，社会主義的民主主義への路上を自ら前進し，道案内の役をつとめるようになったとき，はじめて，人類がこれまで呪われつづけてきた数え切れない苦しみに終止符をうつことができるであろう」[26]．バランがこうした結論に至る論証過程を著したのが『成長の経済学』である．「利用しうる生産諸資源を用いて，与えられた自然的・技術的環境のもとで生産されえたはずの産出量と，不可欠な消費とみなされうる量との差額」[27]である「潜在的な経済余剰」を誰が占有し，さらにその大きさと利用方法によって，「ある一定の時期における1国の経済発展の速度と方向」[28]を決めるとし，高度に発達した資本主義国（独占資本主義国）及び低開発諸国における経済余剰の利用実態を研究している．

　高度に発達した資本主義国では，あり余るほどの経済余剰を持ちながらもそれを合理的に利用し得ない支配構造があり，低開発諸国においては「現実の経済余剰と潜在的な経済余剰」[29]との差は破局的なものであり，先進諸国による支配がその根本原因であるとしている．

　こうした後進地域の経済発展に関する理論を批判的に検討し，発展させたのが宮本憲一である．宮本は，その著『社会資本論』[30]において，主として

低開発諸国の経済発展を図るために必要とされ，ある程度理論化された社会的間接資本について，その概念規定を行なっている．その検討素材としてハーシュマンの定義が取り上げられ[31]，その定義が以下の諸点で不十分であるとしている．それは，「第1に，社会資本の労働過程や消費過程における素材的あるいは質量的性格と，その所有形態とが混淆されている．第2に，社会資本と一括して総称しているものはきわめてひろいはんいにおよび，その大部分は資本として循環していない．鉄道や電力は，資本主義的に経営され，その資産はあきらかに資本である．しかし，道路や教育施設などの公共施設は，大部分資本として循環していない．ましてや，司法・行政，軍事・治安施設などは全く資本ではない．したがってこれらを総称して『資本』という範疇をつかうことは，擬制的な使用といえる．第3に，社会資本として列挙されているものには，生産手段と消費手段という機能のことなったものが，ふくまれている．第4に，社会的間接資本とよばれているものの権力的性格あるいはイデオロギーとの関連の問題である．第5に，社会的間接資本とよばれているものの国際的性格である」[32]．かくして社会資本を資本主義社会の社会的一般労働手段と社会的共同消費手段に限定し，その理論化を行なっている．

次いで資本主義の発展段階に対応した社会的間接資本の性格や形態の変化について検討し，高度に発達した日本資本主義のもとで，①生産の一般的条件の崩壊と，②消費の一般的条件の悪化が進行している，としている．こうした現状に対する政府や近代経済学者の処方箋は，「社会資本に対する公共投資の不足」[33]が招いた矛盾であり，社会資本への投資を拡大することによって経済成長を維持できると考える．1950年代半ばからの社会資本充実政策はこうした根拠に基づく投資の継続であった．こうした認識に基づき，社会資本充実政策の現状分析を行ない，その批判を行なっている．

2. 地域経済研究と「経済地理学」

　経済地理学では，地域経済研究の対象としての「地域」及び「地域問題」に関する見解をはじめ，地域経済研究に係わる多くの研究業績を生み出してきている．この節では，経済地理学の体系化を試みるなかで地域経済論をその体系化のもとに位置づけている矢田俊文の所説[34]を批判的に検討することにより，あるべき地域経済研究の課題と方法に関する導きとしたい．もともと「地域」概念は，具体的な地域を研究の対象としてきた地理学によって発展させられてきたといってよい．地理学が対象としてきた地域は人間にとっての必要性から生まれ，設定されてきたものといってよく，すぐれて歴史的な規定を受けつつ発展させられてきた概念といってよかろう．例えば，地球表面の部分部分をその自然的特性によって区分することにより旅行者や航海者に役立てる，あるいは商業活動の必要性から商業の対象となる民族や特産物などにより地域を区分していたごとくである．こうして歴史的に人間が必要とした地域の具体的な地理的記述が地理学の本流を占めていた時代から，やがて人間社会の発展に伴い，その経済活動も活発なものとなり，地域の経済現象そのものが研究対象となり，学問分野としての経済地理学を生み出すにいたる．

　しかし，この経済地理学は，「第2次世界大戦の社会的激動期に際会して，経済地理学の古い伝統のもとに教育されてきた研究者や学生の多くの人たちは，旧来の経済地理学が，社会の提起する経済地理的諸問題（たとえば，国土総合開発問題，産業立地問題，経済の地域格差問題，農民層分解の地域的相違の問題など）に対して有効な発言をしうるような理論を持たず，社会の進歩にあまりにも僅かしか貢献しないこと，いわば旧来の経済地理学が形骸化し半身不随化していることに，いちじるしい不満を感じた．そこで彼らは，旧来の経済地理学の在り方を根本的に批判して，その古い殻をつぎつぎと打ちこわし，旧来の経済地理学の支柱であった景観論や静態的分布論のマイナ

スの伝統から脱出して，一方では，社会科学とくに経済学の理論や成果を摂取し，他方では，フィールド・スタディを重視する旧来の地理学のプラスの伝統を継承し，経済地理学を社会科学のレールに乗せて前進させようとした」[35)]といわれるように，それ自体の研究対象及びその対象に対する研究方法に関してつきつめた論議を開始するのが戦後であった．

経済地理学が問題にする研究対象について，戦前においては「経済景観や経済現象の自然的束縛性や，自然と経済人との相互作用であるとする見解が，日本の経済地理学界をつよく支配していた．ところが終戦後，このような見解は，マルクス主義経済地理学や近代経済学的経済地理学に依拠する人たちによって，かなり徹底的に批判された．そして現在では，経済地理学の対象は，経済地域や経済地域構造や経済地域性であるとする見解が，支配的となっている」[36)].

ところが経済地理学が対象とする「経済地域や経済地域構造や経済地域性」が指す「地域」が「国民経済を指すのか，国民経済をこえた世界経済内の諸ブロックを意味するのか，それとも国民経済内部の地理的範域を問題にするのか，でさえ明確でない」[37)]という．国民経済や世界経済内の諸ブロックを「地域」として対象にすることはこの学問（経済地理学）独自のものとして位置づけられないとし，そうだとすれば「国民経済内部の『地域』だけが，相対的独自の研究対象として残ってしまう．ところが『地域』概念として最も不明瞭なのがこのケースで，論者のあいだの共通理解などないのはもちろん，概念規定に関する論争さえ活発に行われているわけではない．ましてや，対象がもつ運動法則の把握などというとらえ方は，まったくといってよいほどなされていない．国民経済内部の，しかも範域の不明確な『地域』の経済諸現象が相対的に独自の運動をするなどとはとても考えられないから，このことは当然の帰結である．このように，運動法則的とらえ方を放棄し，概念の著しく不明瞭な『地域』に固執し続けてきた経済地理学者たちの最大公約数的理解は，『経済地理学は国民経済内部の任意の地域の経済諸現象を総合的に記述する』という1点にあったとみても，それほど的はずれとはい

えないであろう」[38]とし,経済地理学における「地域」概念が極めて曖昧であることを認めている.そこで矢田は,経済地理学の対象を「国民経済内部」の「任意の地域」の経済諸現象を総合的に記述することだと一応した上で,その方法には2通りあり,1つは「すぐれた地誌」[39]をつくるということであり,いま1つは「国土・地域問題の激化を深刻に受け止めて,これらの問題そのものを」[40]研究するということであるが,これらの方法によっては経済地理学の方法としての相対的独自の分野を切り開くことはできず,「諸科学の分業と協業,とくに経済学体系における諸分野のそれを基軸にし,現在深刻化している国土・地域問題を視野に入れた第3のやり方であるべきだ」[41]とし,これまでの経済地理学についての諸説及び地域的不均等発展論や地域主義などの地域経済諸論についての検討を行なっている.

その結果,「経済諸現象の空間的展開とそれがつくりだす国民経済の地域構造をもって,経済地理学の相対的に独自の研究対象とすべきである」[42]と規定している.ここでいう「国民経済の地域構造」とは,国民経済の地域的分業体系のことであり,それは「相互に有機的に関連した4つの部分によって構成されると考えられ,これが経済地理学の主要な4分野を構成するものとみてよいだろう.すなわち,産業配置,地域経済,国土利用,地域政策の4つである」[43]としている.つまり,経済地理学では,国民経済の地域構造=地域的分業体系を産業配置論,地域経済論,国土利用論,地域政策論によって明らかにするというものである.

次に,この4論に関しての矢田の考えについてみると,まず第1の産業配置論では,「再生産構造を担う諸部門・諸機能は,一定の国土のうえに,それぞれ固有の配置を展開する.この個別産業の配置と,それらの総体としての産業配置の全体像が形成され,これが国民経済の地域構造の基底をなす」のであり[44],この部分を解明するのが産業配置論の課題であるという.

第2の地域経済論では,産業配置に規定づけられながらも「なおかつ相対的独自性を有している地域経済の論理を解明することである.それは,まず『地域』なるものの抽出からはじめなければならない.国民経済のなかで

『地域経済』を設定しようとするとき，一方でさきに述べた産業配置の論理のなかで考えなければならないが，他方で伝統的地理学における地域概念を援用するのが適当と考える」[45]とし，そのため「地域経済」を「等質地域」と「機能地域」に区分し，立地から「等質地域」=「産業地域」，地域循環から「機能地域」=「経済圏」という新たな概念を導き出し，両者の整合性を問うことだとしている．なお，矢田は，この「産業地域」と「経済圏」が整合している地域を「経済地域」と規定している[46]．

第3の国土利用論では，「現代資本主義のもとにおける産業配置とそれがつくりだす地域的編成，つまり地域構造なるものは，当然のこととして，国土を基盤にして展開するし，国土を抜きにして語りえない．したがって国土利用論も産業配置論や地域経済論とともに経済地理学の不可欠の1分野」[47]としている．そして，現代資本主義のもとでの地域構造は，「産業地域間の不均衡・格差・対立をもたらし」，経済圏が生活圏に優位する結果，労働力の再生産に困難が生じ，「各層の経済圏間の地域格差が定着してしまった」[48]とし，それ故に，こうした「現代資本主義のもとでの産業配置の偏奇性とこれに基づく歪んだ地域構造の形成，さらにはこれによって生ずる各種の地域問題に対して，中央・地方政府がいかなる地域政策によって対応し，いかなる結果をもたらしてきたかを独自の課題として解明」[49]するために，経済地理学の第4の研究分野としての地域政策論が位置づけられるとしている．

以上の論理展開の当然の帰結として矢田は，「あるべき地域構造」として，「すでに多くの人々の主張する『分権化』，生活圏の整備とともに，『産業地域』と経済圏の統一としての重層的な経済地域の確立という考え方」[50]を提起している．

このような矢田の所説をみてくると，いくつかの疑問が生じてくる．その第1は，経済地理学における「地域」概念につき，それが「国民経済内部の任意の地域」というに止まり矢田自身の見解が曖昧であること．第2に，「産業配置が，国民経済の地域的編成としての地域構造を基本的に規定する」としながらも，「なおかつ相対的独自性を有している地域経済の論理を解明

する」というのであるが，後にみるとおりその概念自体が曖昧な産業地域と経済圏という新概念を導き出すに止まり，結局，「地域経済論」がどのように「産業配置論」から相対的に独自な研究分野を構成するのかが論証されていないこと．第3に，国土利用論についても，「産業配置とそれによってつくりだされる地域構造が，国土を利用するから」，国土利用論が研究の1分野となるという．具体的には，「資源問題や公害問題研究」を指している[51]ようであるが，全体としてどのような分野をいうのかこれまた不明である．そして，第4の地域政策論についても，「筆者は，中央・地方政府の地域政策，地域問題の実態，地域住民運動と運動の側の提起する地域政策などについて，十分検討していないので」としながらも，地域政策論が，産業配置の偏奇性とこれによって生ずる各種の地域問題に対して，中央・地方政府がいかなる地域政策によって対応し，いかなる結果をもたらしてきたかを」[52]研究するとする見解についてである．つまり，現代資本主義のもとで，資本の論理にそった産業配置の結果として生じた地域問題に対して，地域政策をもって対応するというのであれば，「公共部門（政府部門）は私的部門（独占資本を含めた企業部門）から独立しているので，矛盾を相殺し，あるいは前者が後者を誘導しうる」[53]とする見解と変わらないことになりはしないのか．そうではなく事実は，特に，高度経済成長過程においては，公共部門が私的部門と一体化して，あるいは前者が後者を誘導してきたとみるべきであるし，そのことが地域政策論でのポイントとなっているのではなかろうか．最後に，「あるべき地域構造」について，それが産業地域と経済圏とが整合した総合的な地域としての「経済地域」の確立にあるとする点についてである．物的財貨生産地域としての産業地域と，主として第3次産業に着目して摘出した経済圏との整合性を図るというのであれば，現実，そうはなっていない今日においては，結局，独占的企業集団による地域的な産業配置構造及び国家と独占的企業集団の管理機構の「あるべき」地域配置がえ（分散）ということになる．そうだとするならば，それを実現するにはどうすべきなのかという問いが鋭くなされることになろう．また，整合性を図りうる「地域」とはど

のような範囲なのか,「自治」と深く係わるという意味では自治体ということになるのか,などについての疑問である.

以上のような諸疑問は,経済地理学の対象を国民経済の地域構造の解明にあるとし,その地域構造の基底をなすものが,現代資本主義の再生産構造に規定され国土に配置された産業配置にある,とする矢田の考え方からすれば,地域経済,国土利用,地域政策などは所詮「産業配置の従属変数」[54]でしかないのではなかろうか.そのように考えると大枠の論理構成だけは理解できる.

次に,具体的な問題についてであるが,第1に,地域問題へのアプローチについてである.矢田がいう産業配置の結果としての地域問題の生起という考え方と筆者の考えるそれとの違いについてであり(この点については,矢田のみならず多くの論者とも見解を異にするのであるが),第2に,「経済地域」に関して,資本主義社会での経済現象が一定の地域性をもって展開すること,このことがもつ意味を実態をふまえて解明することが「経済地域」の理論化に貢献することであり,「等質地域」とか「機能地域」とかいう地理学上の伝統的・形式的概念から「産業地域」と「経済圏」という新概念を導き出し,それが整合した地域が経済地域であるというのであれば,その理論化自体に疑問を呈せざるをえない.この点に関しては,「経済地域を問題にするとき,単なる形式概念としての,等質地域であるか機能地域であるかの観点をもってするのはほとんど無意味な議論である」[55]とする見解に賛成である.

このような種々の問題を有しながらも経済地理学が対象とするものは,資本主義経済であるか社会主義経済であるかを問わず,経済現象の地域的展開とその編成についてである.そのことが実態としてどのように進み,その現状がどのようになっているかを実証的に把握することが依然,重要なのではあるまいか.

このため,地域を様々な問題意識でどのようにとらえるかを別にすれば,地域の具体的経済現象を経済学における既存の理論と方法論に依拠して分析

し,その結果が経済学の一般法則と方法論をより豊かにするという関係にあり,農業経済学,漁業経済学,林業経済学,工業経済学などの産業諸分野に関する部門経済学と経済学との関係についてもいえることである.経済学の一般法則をより精緻化・豊富化するこれら諸分野の経済学は,たとえていうならば,「枝葉」が無ければ「幹」は枯れるという意味で「枝葉の経済学」とでも呼ぶべき位置にある学問であると考えてもよいであろう.

次章で述べるように,地域経済研究はその課題に照らして,経済学の一般理論と方法論によりつつも,これら「枝葉の経済学」を総動員しつつ進められるべき研究分野であるといえよう.

3. 「地域主義論」とその系譜:広義の経済学

「ドル・ショック」(1971年),「オイル・ショック」(1973年)を契機とした高度経済成長の終焉は,戦後の「特定地域総合開発計画」,「全国総合開発計画」に続く「新全国総合開発計画」を破綻させた.こうした中央集権的な戦後の地域開発政策の破綻に際して,政府により策定されたのが「定住圏構想」に基づく「第3次全国総合開発計画」であり,学会において登場したのが「地域主義論」であった.これら2つに共通するものは「地方」であり,「地方の時代」がマスコミを介して大宣伝され,「地域主義論」が「地方の時代」を指導する「理論」として脚光を浴びた.

1970年代末から1980年代初頭にかけて一世を風靡した「地域主義論」につき,地域問題研究会は,前掲著『地域の社会・経済構造』[56]において以下の通り総括している.

「『地域主義論』が『地方の時代』の理論的支柱の役割を果たすことができた最大の理由は,『地域主義論』がその本質において地域問題を解決するための住民による実践を主導する理論ではなかったからである.『地域主義論』は高度経済成長過程で生じた過疎・過密などの地域問題の激化を批判し,そうした地域問題を招来した中央集権的行政システムを地方分権的システムへ

改めることを主張する．この主張は地方自治の拡大という視点からみるかぎりは正しい．さらにまた高度経済成長に端的にみられる独占資本の強蓄積には中央集権的システムのうえに立脚する『強大な政府』が不可欠の条件であるから，高度経済成長過程で生じたさまざまな地域問題に対しても中央集権的行政システムはそれなりの責任を負うべきである．だがしかし中央集権的行政システムは，高度に発達した現代資本主義が持ちうるいくつかの行政システムのうちの１つにすぎないものなのだろうか．そしてまた中央集権的行政システムから地方分権的行政システムへの移行は，政治的な権力構造の改革なしに可能なことなのであろうか．『地域主義論』はこうした問いに答えることはしない．ここに『地域主義論』の『啓蒙的持論』としての本質をみることができる．地域問題は現代資本主義の蓄積運動の必然の結果として生じたものであり，こうした認識なしに地域問題の解決を展望することはできない．逆にそうした認識を欠くことによって，『地域主義論』は『地方の時代』の指導理論たり得たのである．玉野井芳郎氏をはじめとする，地域主義研究集談会に拠るメンバーが提唱する『地域主義』においては，地域分権の主張とともに経済学の新しいパラダイムの模索が大きな柱となっている．たとえば，玉野井氏は『近代化を越える視座』の確立を問題意識として『地域主義』に関する論文を書いてきた（『地域分権の思想』）といわれるが，同時に経済学における『分析視座の転換』を主張（『エコノミーとエコロジー』）され，『広義の経済学』の確立を提唱される．この『広義の経済学』の提唱あるいは模索はE・F・シュマッハーの『中間技術』概念を媒介として『地域主義論』に結びつけられる．『地域主義論』は，新渡戸稲造の『地方（じかた）学』の提唱にはじまり，柳田国男，有賀喜左衛門，渋沢敬三の常民文化研究所へと発展していったわが国の地域研究の大きな流れと意図的な断絶を図り，また島恭彦氏や宮本憲一氏における具体的で実証的な地域開発批判をその視野から除外するところに成り立っている『論』である」[57]と述べた．こうした基本的欠陥を持った『論』であったために一時的なブームとはなったが長続きはしなかった．

しかし1980年代後半から1990年代初頭にかけてのバブル経済とその破綻，そしてソ連邦の解体を契機に，競争原理に基づく「市場」経済と平等原理に基づく「計画」経済のいずれもが失敗したとし，玉野井を師とする岩田昌征や中村尚司によって再び『広義の経済学』が論じられることになった．

中村尚司は，その著『地域自立の経済学』（平文社，1993年）で「第3の経済原論とでもいうべき広義の経済学を模索する」[58]とし，それは，玉野井芳郎やポール・イーキンズが主張した「協議の経済学」や「生命系の経済学」を「市場」や「計画」に代わる「第3の原理＝広義の経済学」として体系化することであるとする．「生命系の経済学」の基準は，物的な生産活動を，天然資源の利用から廃物・廃熱による環境の負担まで一貫して循環としてとらえること」であり，それによって，「生命活動への長期的展望をもつことができる」[59]からであるとしている．さらに「生命系の経済学は，市場システムや計画システムを否定するものではない．地域社会の当事者間の協議によって決定される分野，市場システムの商品流通にゆだねる分野，および計画システムの担当する分野を，だれの目にも判然としたかたちで区分し，3システム間の協議（あるべき関係）をめざす」[60]ものであるという．

これ以上の紹介は避けよう．先に「地域主義論」が「論」にすぎないと断定したように，「生命系の経済学」もまた1つの「論」でしかない．なぜならば，資本主義（市場システム）と「社会主義」（計画システム）は，20世紀においてともに失敗したのであり，その失敗したシステムに，エントロピー論的視点を持った「協議システム」を持ち込むことによって，つまり「協議システム」が中心となって「市場システム」と「計画システム」の有効性を生かすことを考えるべきであるという．今日の地域問題は，現代資本主義が中央集権的行政システムを駆使して行う蓄積運動の必然の結果として生じたものである．こうした強固な権力構造の下で，「協議のシステム」を受け入れ，「市場システム」と「計画システム」という3つのシステム間の協業によって「地域の自立」を図ることが果たして可能なのであろうか．後述するように，中村がいう「循環」を「環境」と考え，「協議のシステム」を

「住民参加＝住民運動」と考えるならば，すでに，宮本憲一の『環境経済学』や『地域経済学』によって，従来の経済学が主要な問題として考えてこなかった空気や水を含む有限な「資源」や「環境」を前提とした経済学の体系化が試みられている．さらに当面の課題として，多国籍企業とそれを擁護する政治システムの下で進行した経済のグローバリゼーションによる地域経済社会の困難をだれがどのように解決していくのかという問題に対し，地域住民による当面の対応手段としての「内発的発展論」が提示されており，その具体的な実践と成果から得るものは多い．

4. 内発的発展論：中国での実証研究の成果

これまで経済学は，資本主義体制であれ「社会主義」体制のもとであれ，国民経済の歴史過程が生みだした部門間，地域間経済の不均等発展や国民国家間の経済の不均等発展をいかに是正するかという課題に取り組んできた．さらに20世紀末に至り国民国家を離れて国際的に利潤を求めて活動する多国籍企業が世界経済を支配するに及び，国家間，地域間経済の不均等発展が一層の広がりをみせ，従来，この分野を扱ってきた経済開発論や地域開発論では問題の解決ができない状況が生じてきた．それは地域の資本，労働力と土地を舞台に出発した資本がその成長過程で地域を離れはしても国民国家内で生産活動が行なわれている限り国内政策によって調整は可能であった．しかし，資本が国民国家を離れて多国籍企業化することによってそれが不可能となったことを意味する．また資本の国際化（グローバリゼーション）が同時に地域経済の空洞化を招来せしめているのであり，国民国家の一部を構成していた地域が国際化のもとに直接曝されることになった．こうした新たな時代に入り「地域」が新たな対応を迫られることになったのである．

かくして「地域」が新たな時代に能動的に対応する必要に迫られたのであり，世界の各地で産業革命以来の西欧型「近代化」路線とは異なる地域再生の試みが行なわれるに至った．こうした試みが「近代化」路線とは異なり，

中央政府に依存することなく，地域の歴史を踏まえた文化や伝統を土台とし，地域の資源と労働力によって新たな地域発展をめざすものである．こうした地域での胎動を中国で捉えたのが費孝通や鶴見和子などであり，その胎動を『内発的発展論』あるいは『内発的発展と外向型発展』として著している[61]．また同様にヨーロッパ（イタリアなど）や日本での新しい地域発展の模索を検証した宮本憲一等によって著された『地域経済学』[62]において，その発展方式を「内発的発展」としている．

西川潤は，前掲『内発的発展論』の第1章「内発的発展論の起源と今日的意義」において「『内発的発展』(endogenous development) という言葉は比較的最近」[63]のものであるとし，「近代資本主義世界の発展をになったような『経済人』としての人間類型にみられるような一面的な人間，利潤動機によって動かされるような一面的な社会，それぞれの型の発展を拒否し，自然環境との調和や文化遺産の継承，そして他者・他集団との交歓を通じる人間と社会の創造性を重視する発展にほかならず，それは人間の自分の生活様式や発展方法にかんする自律性を前提とする．そのような意味で，内発的発展とは，他者への依存や従属を峻拒する人間，または人間たちの発展のあり方といってよいであろう」[64]とし，「近年呈示されてきた内発的発展の思想は，近代以降，つねに他民族・他者とそして自然を収奪することにより，人類の限られた一部に富を集積し，このような価値観を唯一絶対のものとしてすべての人間におしつけることを至上命令とした欧米起源の資本蓄積・経済成長論，近代化論にたいするアンチテーゼとして，人類の大多数の側から生れてきたものである」[65]としている．

鶴見和子は，前掲『内発的発展論』の第2章「内発的発展論の系譜」において「内発的発展とは，西欧をモデルとする近代化がもたらす様々な弊害を癒し，あるいは予防するための社会変化の過程である．内発的発展の担い手は，その目ざす価値および規範を明確に指示する．近代化論が『価値中立性』を標榜するのに対して，内発的発展論は，価値明示的である」（同著43頁）としている．共に，限られた地球上の「資源」や「環境」を守り，人類

が生存し続けるには,これまでの近代化論や経済成長論と訣別し,国民国家からの発想ではなく,地域からの内発的発展の試みとその地球規模での連繋(運動)が必要であるとする.

その後,鶴見等は中国農村での郷鎮企業調査を繰り返すなかで,1980年代以降の中国が沿岸地域での積極的な外資導入によって「近代化」を図る一方,農村においても外国からの資本や技術の導入が図られていることに対して,当初は「内発的発展も外向型発展も,それぞれの地域の特徴を基礎としているかぎり,内発的発展は内発的発展である」[66]としていた.しかし,その後,「外発的と外向的(外向型)とを,区別しなければならないことが明らかになってきた.なぜなら外発的というと外国の側に主導権のある資本・技術・設備がクローズアップされ,内発的発展との対立的契機あるいは併存の可能性のみが中心とされてくるが,外向的(外向型)というと,むしろ内発と外向型の結合が主題となってくるからである」[67]とし,外発型と外向型とを区別している.そのうえで鶴見は,内発的発展を担う地域の企業を以下のように分類している[68].

(1) 内発型企業
(2) 外向型企業
(3) 内発型と外向型との結合型企業

さらに(3)の結合型を,鶴見は次のように分類することができると考える.

① 外向型が内発型を支配し従属させる.
② 内発型と外向型が1つの企業のなかで役割分担して併存する.
③ 内発型が主体となって,外向型を内発的発展の目標である地域住民の生活をゆたかにするために役立てる.

鶴見等が注目したのはこの③のタイプについてであった.こうした鶴見・費などの注目すべき「南方地域」での研究に学び,筆者と孔麗(北海学園大学大学院卒,経済学博士)は,北方地域(遼寧省)における「改革開放」以降の非国有企業の動向についての調査研究を行なってきた.

調査研究に当たって,「改革開放」を必然化させたと考えられる革命後の

政策変遷をどのようにみるのか,また農業・農村経済改革の旗手となった南方での郷鎮企業を中心としたモデル=「南方モデル」に対して,大中型国有企業が集中する北方では如何なる改革が進行し,今後の国有企業改革とどのように係わるのかなどについて強く意識していた.

(1) 「改革開放」に至る政策の変遷:中国における「内発的発展論」の背景

新中国成立以降の経済政策は,「復興期」における混合経済政策によって,国営経済,合作社経済,国家資本主義経済,私的資本主義経済,個人経済が併存する「新民主主義」経済を成立させた.さらに第1次5か年計画期の「一化三改」[69]政策によって,「新民主主義」経済を国営経済がリードする中央集権的計画経済体制に漸進的に変化させ,経済は順調に推移した.これに続く第2次5か年計画が開始されてまもなく計画は棚上げされ,「大躍進運動」へと突入した.しかし,余りにも性急な「共産主義社会」の実現を目指したこの方針は挫折せざるを得なかった.1960年以降,混乱した経済社会を立て直すべく開始された「調整期」における経済政策では,非国営経済を一部許容することによって経済は次第に活気を取り戻し,1965年には経済自立化の基礎が確立された.しかし,1966年から76年にわたる長期の「文化大革命」によって,中国の経済・社会は,再び混乱の極に達した.

1978年12月,第11期3中全会では,崩壊した経済を立て直すには,「文化大革命」期に実施された「一大二公」[70]という社会主義計画経済体制そのものを否定し,市場経済の導入により生産力発展を図るという道を選択せざるを得なかった.つまり過去の社会主義計画経済体制下での単一的全人民所有制そのものが,生産力を高める上で重大な障壁となっていた.単一的全人民所有制が社会主義のシンボルとして存在する限り,それが農村・農業改革と国営企業改革を難航させる元凶とみる現状認識に至ったのである.しかし,農業及び国営企業改革を行なうならば,農村と都市における余剰労働力の発生と滞留による混乱は避けることができない問題として顕在化することは必

至であった．ここに改革に伴う余剰労働力の受け皿として非国有企業を認めざるを得ない理由の1つがあった．

かくして農業・農村における家族請負制による家族経営とそれが結合した「統分結合」（統一経営と分散経営）方式による「双層経営」[71]体制が政策的に実現され，「貧困」脱却の道が明らかにされた．一方，国営企業は国有企業と改められ，企業所有権と経営権を分離し，市場競争体制の導入によって経済の再建と発展を図るという大胆な改革の道が選択されたのであった．

こうした歴史的選択を行なった中国経済は，高度経済成長を遂げつつあるが，その成長を担っているのが「合弁企業」，「合資企業」，「独資企業」などの「三資企業」及び「郷鎮企業」，「個体・私営企業」などの非国有企業である．

中国における「改革開放」の初期段階における発展戦略は，農村における「温飽」[72]問題の解決に置かれた．農村における「温飽」問題の解決には，個別農家による副業や出稼ぎによる収入増が一般的には考えられるし，そうした試みが行なわれたのも事実であった．しかし，中国における特色は農村で工業を興すことが追求されたことである．

その具体例として，江蘇省南部の郷鎮企業をあげることができる．費孝通は，いち早く「郷鎮企業」によって農村工業化を実現した江蘇省南部の実態調査を通じて，「江蘇南部の各市の郷鎮工業が盛んになったのには，歴史的つながりがあった．その前身は人民公社時代の社隊工業である．社隊工業とは，公社や生産大隊や生産隊が経営した工業である．公社や生産大隊や生産隊とは，集団的な経済実体である．それらには，集団の公有制工業，すなわち社隊工業を行うために公社員の労働所得のなかから一部分を基金として蓄積する権力があった．農村で農家生産責任制が実施されたとき，江蘇南部の農民は社隊工業の資産を分割しなかった．制度改革の過程で町村はそれぞれ公社と生産隊の企業を受け継いで，集団的な経済実体を保ちながら，社隊工業は郷鎮工業へ名を変えて，引続き発展していったのである．したがって，江蘇南部の農村の工業化は人民公社制度のなかから始まり，資金は農民の集

団的蓄積によるといえるだろう」[73]としつつも,「蘇南のように集団経済の蓄積によってすぐに工業を農村に導き入れたところは,それほど多くはない.もし人民公社制度のなかにあったチャンスを逃し,集団経済の実体が崩壊してから工業を興そうと思ったら,ほかのルートから工業の資金を調達しなければならなかったわけである」[74]と述べ,様々な形態での郷鎮企業発展模式の検証を行なっている.費などが検証した「模式＝モデル」は,いずれも「改革開放」初期段階における「温飽」問題の解決を目標とする前期改革としての第一歩の発展戦略,すなわち「深圳モデル」,「蘇南モデル」,「温州モデル」などのいわゆる「南方モデル」によって成功してきた事例の研究であった.こうした事例研究を通じて理論化されたものが,前節で考察した「内発的発展論」である.

しかし,今後,中国が経済建設を第二歩(小康)[75],第三歩(中進国を目指す)と前進させようとする時,国有企業問題の解決を避けて通ることはできない.特に,中国政府が掲げた「国有大中型企業3年貧困脱却」は,達成目標を1998年から3年間とし,2000年が計画達成のための最終年としている.この3年貧困脱却計画を達成出来るか否かは,現在,国民の最も関心のある問題である.

政府は,遼寧省地域を3年貧困脱却計画のモデル地域として位置づけた.しかしながら,遼寧省は,国有企業改革問題解決の最も困難な地域の1つであり,北方地域における国有企業改革を伴った貧困脱却戦略に,これまで一定の成功を収めてきた農村貧困脱却モデルとしての「南方モデル」を適用することは出来ない.現に,これまで国有企業改革との関連で「北方モデル」に関して,関係各界で繰り返し議論されてきたが,いまだに理論的決着をみていない.

中華人民共和国成立以降,遼寧省は重工業が短期間のうちに最も発達した地域である.例えば,1999年の工業企業生産額では,石油加工業が全国第1位,機械設備製造業が全国第2位であることが示す通り,今日においても中国工業生産の中心地域である.さらに中国における国有林は,3大林区(東

北，西南，西北）に集中しているが，東北林区の木材生産は全国生産の1/2を占めている．これらの工業，林業生産を担っているのが国有企業である．

こうした東北地域，その中心である遼寧省における「改革開放」政策の進展による農業（農村）及び国有企業（都市）の余剰労働力雇用対策は，農業及び国有企業改革の成否を決定することになる．豊富な木材資源を背景に立地している木材加工業は，元来，遼寧省においてさほど重要な産業ではなかった．しかし，1998年下半期に，政府による従来の福祉的住宅供給の停止と住宅の商品化政策が実施されたことによって，住宅産業は一躍21世紀に向けての重要産業として位置づけられることになった．こうした住宅産業への政策的位置づけによって，1999年5月1日から，これまでの家具市場のレベルを超えた全国市場を対象とした「瀋陽東北家飾批発広場」（瀋陽東北家具・住宅装飾卸売市場）が営業を開始するに至って，一挙に住宅関連産業部門における非国有企業への労働力吸収問題が脚光を浴びることになった．つまり，国家による住宅政策の変更によって，当該関連産業部門の拡大が遼寧省の機械設備製造業と豊富な木材資源と労働力により保障され，今や急速に進展しつつある．その担い手は非国有企業であり，地域の資源と地域の労働力と地域の資本が中心となって，外資や外国技術を利用しつつ進められている．

(2) 非国有企業の経営実態：国有企業改革との関連で

「三資企業」，「郷鎮企業」，「個体企業」，「私営企業」などの非国有企業が現代中国経済の一方を担うに至った経過とその経営実態について，筆者と孔麗は，1996年以降，これら非国有企業が今後も発展を続け，国有企業改革に伴う余剰労働力の受け皿となり得るか否かについての実証的研究を行なってきた．その結果は，次のように要約される．

第1に，合資企業に関しては，瀋陽市の合資企業4社（うち1社は集団企業）についての実態調査を行なった．その結果，4社のいずれもが国有企業（集団1を含む）を背景にその資産（土地，建物，出資）の一部提供と外資

導入(技術を含む)によって設立されている．つまり国有企業の遊休資本(土地,建物)の有効利用と外資導入によって合資企業の発展を意図したものであり,このことは将来,これらの合資企業が本体である国有企業改革によって流出するであろう余剰労働力を吸収し得るか否かに係わる大問題である．現状では,4社の雇用労働力は,国有企業の失業・休業労働力を優先的に雇用することを指示している省及び瀋陽市政府の方針に基づいて行なわれ,一定の役割を果たしている．しかし,技術労働者の雇用は,市や省を越えた地域から雇用しており,労働力市場の広域化が進んでいた．

第2に,郷鎮企業に関しては,それが「改革開放」による農村経済体制改革の下で「社隊企業」として発展し,1984年3月の「国務院第4号文件」によって「郷鎮企業」と改名され急速な発展を遂げた．こうした郷鎮企業の実態に関する多数の南方での研究成果が,前節で考察した,費孝通や鶴見和子らによる「南方モデル」の検証であった．

これに対して,筆者と孔麗は,東北地域の重工業基地である瀋陽市周辺農村の「郷鎮企業」調査を行なった．瀋陽市周辺の最大農業区である于洪区では,蔬菜生産を主軸とした農業・農村改革によって「城郊型農村経済」[76]が急速に発展を遂げつつあり,その下での資本と労働力が「郷鎮企業」設立の要因となっていることが明らかとなった．すなわち「城郊型農村経済」が発展しつつある于洪区包道村における調査対象「郷鎮企業」は,農村経済改革による大量の余剰労働力が第2次・第3次産業へと転業する中で,この労働力と地域の資源(木材)と土地(村政府)を基に設立された典型的「郷鎮企業」である．この企業が地域の小資本(農民資本)と在来技術によって,地域住民の生活必需品(家庭用家具類)を小規模に生産販売することから始まり,地域の余剰労働力のみならず,自力で製品開発と品質改良を行なうため,域外からの技能労働力の採用を優先的に行なっている．

この「郷鎮企業」の経営主によれば「改革開放後,外国資本は絶えず中国に進出し,安価な資源と労働力を利用して大量生産,大量輸出を行なっている．しかし,われわれは地域の資源を利用し,国内市場を利用し,競争力に

耐えうる製品開発を行い,国際市場に進出しようと思う.だが,『郷鎮企業』の根本的目的は,如何に工業を発展させるかという問題と同時に,農業を衰退させないことだ」という.国内市場の重視と「以工補農」が当該企業の目的であり,内発型の典型であった[77].

第3に,以上の「合資企業」と「郷鎮企業」経営実態から,中国における金融制度が国有企業に偏重した制度となっているため,常に,非国有企業の資金需要が満たされず,そのことが経営を困難なものにしていること.さらに大卒を中心とした優秀な技術者が大企業(国有企業)に吸収され,「三鉄」に安住すると共に,開発された「技術」が非公有制企業に「環流」しないことが,これら非公有制企業経営にとっての共通した隘路となっていることが明らかになった.

第4に,「個体・私営経済」は,「合資企業」と「郷鎮企業」同様,1979年に始まる新農業政策の下での「価格の自由化」と「双包制」(「各戸生産請負制」と「各戸経営請負制」)の採用や人民公社制度の解体によって,農村における「個人農」の出現が「個体・私営経済」創出の「要素」となった.こうして誕生した「個体・私営経済」は,1988年4月の憲法改正の際,「国家が私営経済を法律の規定する範囲内で存在,発展することを認める」という内容を追加したことによって,1988年から1989年までの最初の創業ブームとなった.さらに1992年,鄧小平が中国南部経済特別区を視察し,一連の指示を発したことにより,「私営経済」は一段と発展を遂げた.

さらに,1999年3月の第9期全人代第2回会議に中国共産党中央委員会が提出した憲法改正案には,「法律が規定する範囲内での『個体経済』・『私営経済』などの非公有制経済は,社会主義市場経済の重要な構成部分である」と書き加えられ,「個体経済」・「私営経済」に対する「社会主義公有制経済の補完」というこれまでの表現が削除された.これによって,「個体経済」及び「私営経済」は,公有制経済と同一の地位に置かれることになった.しかし,憲法が改正されても,民間企業の経営が容易になったわけではない.国家経済貿易委員会の統計でも,「小規模企業」全体の77.7%が「個体企

業」や「私営企業」である．国が政策的に投資を行なって育成し，経営を指導する一部の「集団企業」を除けば，「私営企業」の大半は中小の零細企業である．経営も，「創業から倒産まで平均で4～5年」といわれる厳しい競争にさらされているうえ，公園や地下道で「営業」を始めた無数の私営企業「予備軍」も控えている．

具体的な調査分析は，瀋陽家具市場における「個体・私営工商業」を事例に，その生成発展過程と現状分析によって，国有企業改革による余剰労働力の受け皿となっているか否かについての検証を行なった．

家具市場の創立初期における取扱販売製品のほとんどは，広東，浙江省など東南沿海地域からの出荷製品であった．市場における家具類製品のうち地元製品の割合は10％弱を占めるにとどまっていた．しかし，家具市場管理者が各地の市場マーケティングを通して得た結論は，家具市場発展の潜在力が大きいということであった．すなわち，経済の発展にしたがって所得が高まり，住民の住宅条件が次第に改善された結果，購買力のかなりの部分が家具，装飾材料に使われており，こうした高い需要に対して地域外の製品ばかりを販売するならば，市場の需要を満たすことができないだけではなく，地域の経済発展を促すことができないということである．かくして，1993年から中国家具市場の主要な経営者30～50人が自らの資金を家具生産分野に投入し，生産加工基地を建設し，関係部門の指導の下で，家具生産企業を起業し，ブランド品を加工できる加工グループを形成した．こうして単なる家具市場の販売業者から，研究，開発，生産及び販売を行なう企業へと発展してきたのである．加工基地の形成によって家具市場の地元製品占有率が80％以上に向上した．これら加工グループの大きな支援があったからこそ，家具市場がますます発展し，今日の競争力を持つに至ったと考えられるのである．

次に，家具市場における雇用構造の変化について考察を行なった．従業者は，その給源から，①「待業青年」，②「社会閑散（無職者）」，③「離退職（引退，退職者）」，④「停薪留職（在籍のまま休職者）」，⑤「両労人員（法

表1-1 瀋陽家具市場の「個体・私営工商業」従業者数の推移

区分	従業員総数	待業青年①	社会閑散②	離退休③	停薪留職④	両労人員⑤
1995年3月	1,695	123	220	812	451	—
9月	1,441	104	63	593	667	14
1996年9月	2,941	535	396	729	1,192	—
1997年9月	2,362	425	137	187	1,614	—
1998年8月	2,599	479	154	191	1,759	—

出所：瀋陽市工商局「個体工商戸基本情況月報表」より作成.
注：表中「—」の数字記載はない.

律に基づく教育改造者と労働改造者)」、⑥「農民進城（農業の出稼ぎ者)」、⑦「社員（農民)」に分類されている（表1-1参照）. 1995年3月から1998年8月までの家具市場における給源別就労者数の変化，すなわち，1995年3月の総従業員数1,695人が98年9月には2,599人へと急増していること，「停薪留職」者が451人から1,759人へと急増する一方，「離退職」者が812人から191人へと急減していることから，主として国有企業改革によって在籍のまま休職している労働者の雇用が急増し，退職者の雇用が急減していることが明らかとなった[78]（表1-1参照）.

しかし，「個体企業」，「私営企業」の成長を拒む原因の第1は，「私営企業」に対する融資政策の限界性である．すなわち，銀行の融資政策は，融資枠の過小，貸付対象事業や対象企業の制限などの限界性を有していることによって，「私営企業」における規模拡大とそのレベルアップが困難となっている．また，銀行は国有銀行であり，社会（国家，集団，個人及び各種経済要素）から集めた資金を国有大中規模企業とそのプロジェクトに対し，優先的かつ重点的に融資を行なっており，「私営企業」に対して貸付業務を行なっていない．さらに，国家が資金循環をコントロールし，民間に対する直接融資を厳しく管理しているため，こうした融資の難しさは「私営経済」の発展規模を厳しく制約している．

第2は，実態調査を行なった企業に共通した問題点として，労働力の「質」に関する問題があった．市場経済の下で競争に勝つために求められる商品の「質」は，労働の質の反映である．しかし，大卒などの労働力は，依

農民進域⑥	社員⑦
—	89
—	—
—	89
16	—

然，国有企業に「配分」され，また本人も「安住」を求めて国有企業への就職を希望するのが一般的である．こうして優秀な労働力を地域で得ることが出来ない企業は，国有企業に滞留している「停薪留職」者を雇用することによって企業経営を維持しているが，「個体・私営企業」における労働者の雇用・生活保障面での条件は「合資企業」と「郷鎮企業」に比較して，極めて不十分である．

　これまでの「合資企業」，「郷鎮企業」，「個体・私営企業」の分析から，以下のことが結論づけられる．

　第1に，「合資企業」が国有企業における遊休資本（土地，建物）の有効利用と外資導入によって設立され，その労働力の質的向上を求めて労働力市場を広域化していること．

　第2に，「郷鎮企業」が農村改革に伴う農村工業化過程で急速に発展し，労働力を吸収していること，つまり「南方モデル」が北方でも検証できたこと．

　第3に，「個体・私営企業」は，公有制企業と同一の地位に置かれることによって，都市においても急速に発展し，余剰国有企業労働者を受け入れつつあることなどである．

　さらに第4に，「合資企業」及び「郷鎮企業」においては，「資金」供給面と「技術環流」面での隘路によって，また，「個体・私営企業」においては，「資金」面での隘路によって，ともにその経営基盤が脆弱である．

　かくして，今後の国有企業改革過程で，非国有企業が改革に伴う余剰労働力の積極的な受け皿としての役割を担い，かつ，今後も中国経済の一方を担って発展を持続していくには，非国有企業が持つ経営上の隘路を早急に打開することが条件であり，これなくしては国有企業改革の進展もあり得ないということである．

注

1) Ragnar Nnurkse, *Problems of Capital Formation in Underdeveloped Coutries*, 1953, by Basil Blackwell and Mott Ltd., Oxford（ラグナー・ヌルクセ著，土屋六郎訳『後進諸国の資本形成』巖松堂出版，1977年，改訳5版）．
2) 同上訳書，7頁．
3) 同上訳書，1頁．
4) 同上訳書，3頁．
5) 同上訳書，9-10頁．
6) 同上訳書，19頁．
7) 同上訳書，229頁．
8) 同上訳書，250頁．
9) 同上訳書，255頁．
10) 同上訳書，土屋六郎「訳者解説」276頁．
11) 当時のソ連邦における農業集団化については，ジュゼッペ・ボッファ『ソ連邦史』大月書店，1980年，第2巻，第4章参照．
12) Paul A. Baran, *The Political Economy of Grouth*, Monthly Review Press（浅野栄一・高須賀義博共訳『成長の経済学』東洋経済新報社，1970年，第10刷）．
13) Albert O. Hirschman, *The Strategy of Economic Development*, Original English language edition published by Yale University Press, Copyright 1958 in U.S.A. by Yale University Press（アルバート・ハーシュマン著，小島清監修・麻田四郎訳『経済発展の戦略』巖松堂出版，1982年，9版，90-91頁）．
14) 同上訳書，90-91頁．
15) 同上訳書，92頁．
16) 同上訳書，110-111頁．
17) 同上訳書，144-145頁．
18) 同上訳書，145-146頁．
19) W.W. Rostow, *The Stages Economic Grouth—A Non-Communist Mannifest*, Original English edition pubulished by The Syndics of the Cambridge University Press Bentley House, Copyrigth 1960 by Cambridge University Press（W.W. ロストウ著，木村健康・久保まち子・村上泰亮共訳『経済成長の諸段階』ダイヤモンド社，1961年，再版）．
20) 同上訳書，9-10頁．
21) 同上訳書，226頁．
22) 同上訳書，34頁．
23) 同上訳書，34-35頁．
24) 同上訳書，34-35頁．
25) 前掲訳書『成長の経済学』．

26) 同上訳書, v-vi 頁.
27) 同上訳書, 30 頁.
28) 同上訳書, 58 頁.
29) 同上訳書, 331 頁.
30) 宮本憲一『社会資本論』有斐閣ブックス, 1977 年, 改訂版第 3 刷.
31) 前掲訳書『経済発展の戦略』145-146 頁.
32) 同上書, 9-10 頁.
33) 前掲『社会資本論』3 頁.
34) 矢田俊文『産業配置と地域構造』大明堂, 1982 年.
35) 青木外志夫「経済地理学の新しい動向」経済地理学会編『経済地理学の成果と課題』大明堂, 1967 年, 3 頁.
36) 同上書, 4 頁.
37) 前掲書, 矢田『産業配置と地域構造』2 頁.
38) 同上書, 3 頁.
39) 同上書, 8 頁.
40) 同上書, 8 頁.
41) 同上書, 8 頁.
42) 同上書, 230 頁.
43) 同上書, 230 頁.
44) 同上書, 230 頁.
45) 同上書, 242 頁.
46) 同上書, 255 頁.
47) 同上書, 258 頁.
48) 同上書, 261 頁.
49) 同上書, 262 頁.
50) 同上書, 265 頁.
51) 同上書, 260 頁.
52) 同上書, 262 頁.
53) 前掲書, 宮本『社会資本論』1970 年, 初版第 5 刷, 339 頁, 括弧内は筆者.
54) 前掲書『産業配置と地域構造』242 頁.
55) 山名伸作『経済地理学』同文堂, 1972 年, 211 頁.
56) 地域問題研究会『地域の社会・経済構造』大明堂, 1983 年.
57) 同上書, 11-12 頁.
58) 同上書, 2 頁.
59) 同上書, 11 頁.
60) 同上書, 12 頁, 傍点は筆者.
61) 鶴見和子・川田侃編『内発的発展論』東京大学出版会, 1989 年, 宇野重昭・鶴見和子編『内発的発展と外向型発展』東京大学出版会, 1994 年.

62) 宮本憲一・横田茂・中村剛次郎編『地域経済学』有斐閣ブックス，1990年．
63) 前掲書『内発的発展論』3頁．
64) 同上書，3-4頁．
65) 同上書，34頁．
66) 前掲書『内発的発展と外向型発展』4頁．
67) 同上書，7頁．
68) 同上書，第4章「内発的発展と模式論」106-107頁．
69) 過渡期における総路線とも呼ばれ，中国の社会主義工業化の実現と農業・手工業・私営工商業に対する社会主義的改造をいう．
70) 人民公社の基本的特徴は，「大」と「公」とである．単独経営農民から出発して，互助組，初級農業合作社，高級農業合作社，さらに人民公社へと発展する．「大」は大　規模化，「公」は人民公社化である．
71) 中国共産党第11期3中全会後の農業・農村改革によって，農村集団所有制経済の中に，かつてなかった経営層としての独立経営農家が誕生し，これが「双層経営体制」を形成する要因となった．集団経営層は，生産と経営に対する統一支配と調節を行う．そこでの農村労働者集団は，土地など生産手段を分割所有することはなく，共同所有である．土地などの基本的生産手段の公有制を前提とし，この「集体」と請負契約を結び，農家は集団経済の中で独立経済実体となった．また，農家は所在集団以外の経済事業体と直接に経済関係を持つことが出来る．請負った農家は，統一的集団中の一つの階層として，経営自主権を持つことになった．こうして双層経営体制は，従来の集団経済体制を打破し，家族経営と集団経営の優位性を発揮し，農業生産を急速に発展させた（楊天賜主編『党的十五大報告経済詞語解釈』中国財政経済出版社，1998年，84頁参照）．
72) 中国共産党第13期代表大会では，「我が国の経済建設の戦略段階は大体3段階に分けて行う．第1段階では，国民総生産額を1980年の2倍とし，人民の『温飽』（人民大衆の基本的生活需要が満たされることを指す）問題を解決する．この任務はすでに基本的に達成した．第2段階では20世紀末までに，国民総生産額をさらに2倍増とし，人民生活を「小康」（「温飽」条件の上に，人民大衆生活の質的改善を達成する），第3段階では，21世紀半ばまで，1人当たりの国民総生産額を「中進国」レベルにし，人民生活が比較的裕福になり，近代化を基本的に達成する」との方針を決定した（人民日報社理論部・『人民論壇』編輯部編『社会主義市場経済百詞解説』人民日報出版社，1992年，52頁参照）．「小康」という言葉は『孟子』から引用してきたもので，もともとの意味は，「大同」（理想社会）に先んずるという儒教理想境界の社会発展段階である．
73) 費孝通「補論：内発的発展と外向型発展―回顧と展望―」宇野重昭・鶴見和子編，前掲書，259-260頁による．
74) 同上書，261頁．
75) 注4を参照．

76) 孔麗「「城郊型農村経済」の発展に関する実証的研究―瀋陽市「于洪区」を事例地域として―」北海学園大学『経済論集』第48巻第1号,2000年,参照.
77) 孔麗・池田均「郷鎮企業の経営実態に関する研究―中国遼寧省の木材木製品加工業を事例として―」北海学園大学開発研究所『開発論集』第62号,1998年,参照.
78) 孔麗・池田均「中国における「個体経済」・「私営経済」支援政策の展開と現状―瀋陽市東陵区のケース・スタディ―」『開発論集』第66号,2000年.

第2章
地域経済研究の課題と方法

1. 地域経済研究の課題

　地域経済研究の対象としての地域経済についての考え方であるが，世界経済が各国国民経済の編成上に成り立っていることから，一国一国の経済を地域経済としてとらえることも出来る．また，もう少し広く地球上の南北とか大陸毎とか，あるいは資本主義経済圏，社会主義経済圏といった範囲で地域経済をとらえることも可能であり，そうしたマクロ的な地域把握のもつ意味もある．特に，今日，1国経済がそれ自体の内部経済循環で完結し得ていないという実態の下では，以上のような視点での地域経済の設定も，研究に際しての問題意識次第によっては大いに意味あるものと考えられる．また，国民経済内部の地域経済を考える場合においても，例えば，EC諸国における各国経済と各国における地域経済との関係は，わが国における国民経済と地域経済との関係とは異なった視点でみる必要がある．

　このように地域経済研究の対象としての地域は，先にみた経済地理学者たちの最大公約数的理解としての「国民経済内部の任意の地域」といった限られた範囲で考える必要がない．要は，地域経済研究を行なう研究者の問題意識によってその範囲は決まるものといってよい．

　以上のことを前提としつつ，本書での地域経済研究の対象地域について述べよう．

　1国経済成立以前の共同体での商品経済の進展に端を発し，次第に広域間

での商品流通が一般化し，この過程で地域毎に資本と労働力が形成され，それらが地域間を自由に移動しつつ，やがて全国的な再生産構造が形成される．このようにして出来上がった国民経済は，逆に，地域経済の編成上に成立しているわけであり，資本主義経済の歴史的発展段階に照応して，その相互関係は変化してきたし，変化していくものである．したがって，資本主義経済の発展段階に照応した資本と労働力の地域的配置とその編成が，まずもって地域経済のあり様を決定づけるものである．

このような関係として地域経済をみるとき，わが国経済のこれまでの発展過程にはいくつかの注目すべき節目となるような変化の時期があった．その中でも，国民経済と地域経済との関係に最も大きな衝撃を与え，地域経済にダイナミックな変化・変質を強いたのが，戦後の高度経済成長期であった．先の「余市研究」では次のように述べている．「高度経済成長過程とは，エネルギー，食糧，技術等の対米依存体制の下で，国内的には，農業・中小企業からの良質，低廉な労働力を獲得，確保しつつ，大資本によって国家の財政金融政策を総動員しておしすすめられた激しい重化学工業化の過程であったとみることができる．この間，太平洋ベルト地帯への企業，工場の異常な集積・集中がすすみ，いまだかつて人類が経験したことがないような幾百千万の『民族大移動』がくりひろげられ，日本列島のすみずみにわたって過疎・過密，さまざまな既存産業・業種の崩壊，おびただしい公害，災害，自然破壊など，数多くの経済的・社会的問題がもたらされた」[1]．

また，これに続く「留萌地域」，「沙流・鵡川地域」研究では，「高度経済成長過程で惹起した地域でのさまざまな諸問題が未解決のまま，これに引き続く長期の不況過程で問題解決が一層複雑，困難な様相を呈しているというのが今日，地域での現状であろう」[2]とし，引き続きわが国経済の変化の下での地域経済研究の一層の必要性を述べている．

このように地域経済研究の対象時期を戦後高度経済成長期と設定しているのであるが，その理由について述べることにしよう．

その第1は，すでに余市研究で検討済みのことではあるが[3]，高度経済成

長過程で生じた地域での諸矛盾に対する評価やその解決方法をめぐって，1970年代半ばから，まずは学界から，中には実践を伴った「地域主義論」が華々しく登場した．次いで1970年代末には，政権政党もが従来の地域開発政策の見直しの上に，新たな全国総合開発計画（3全総）を策定するに及び，一躍「地方の時代」の指導理論としての「地域主義論」がもてはやされた．これらの「地域主義論」に流れる最大の特徴は，高度経済成長過程で生じた地域での諸矛盾がそれまでの政治・経済があまりにも中央集権化したことにより生じているとの認識に立ち，この中央集権的行政システムを地方分権システムに改めることが問題解決の鍵であるとする点にあった．これらの主張は時流に乗ってもてはやされはしたものの，やがてその主張は日を追って精彩を欠き，影を潜めていった．こうした成り行きは，当時すでに予測していたことであり，驚くに当たらない．つまり，現代資本主義が押し進めてきた強蓄積運動の結果として出来上がった再生産構造の下で，露呈した地域での諸矛盾が，高々上部構造変革を主張することによって解決できるわけではないのであって，こうしたまやかしの論理を否定するためにも，この時期における地域経済研究の必要性があると考えたからである．

　第2に，このことがむしろ主要なことと考えていたのであるが，いわゆる「地域問題」について，それが資本主義が未発達な段階であれ発達した段階であれ，それぞれの段階での再生産構造の下で，経済の地域間不均等発展は必然的なものであり，それはそれぞれの段階でそれぞれの地域における生産力と生産関係の矛盾として現象してきたとし，この現象を「地域問題」として一般にいわれていることに対する疑問についてである．地域問題をこのように捉えるとすると，「地域問題」は戦前・戦後を通じたわが国資本主義発達とともにあり，したがって，その時々の地域における経済諸現象が研究の対象ということになる．

　これに対して筆者は，地域問題を戦後段階における特有の問題として考えており，単に資本主義発達に伴って生起するいわば超歴史的な地域での諸問題として考えていないということである．その根拠は，地域問題が資本主義

経済の発展に伴って必然的に地域間経済の不均等発展を生じさせ，その結果として地域に惹起する諸矛盾であるという場合に，地域には，その諸矛盾に対応・対抗する「主体」としての「住民」が存在しているわけであり，これが地域にもたらされた諸矛盾を「問題化」することによって，はじめて地域問題が生起することになると考えるからである．

　このように考えるならば，地域問題が一般にいわれるような個々の現象そのものを指すのではなく，現象そのものとの関係で「主体」がいかなる反応を示すかが問題となり，超歴史的なものではなくまさに歴史的な問題として捉えなければならない問題ということになる．

　具体的には，わが国資本主義の戦前段階において，さまざまな地域矛盾が顕在化した．しかし，矛盾への地域住民の対応は，絶対主義天皇制下での国家権力によって圧殺され，全国民的闘争課題となり得なかったばかりか，地域的にも権力に対して自己を主張し得る条件を持っていなかった．これに対して戦後においては，主権在民をうたった新憲法の下での民主主義諸制度の確立を背景にして，国民が諸矛盾に対応・対抗し，それを解決していく権利を持って存在し得たことにより，国民が労働組合をはじめとするさまざまな自主的諸組織を結成し，問題解決を目指す闘いを進めるという実態が生まれた．特に，高度経済成長過程で生じた諸矛盾（例えば，過疎・過密・公害問題など）が地域のみならず全国民的課題となるに及び，それまでの労働運動の枠組みを越えた大衆的な諸闘争が繰り広げられた．こうした実態は，戦前と戦後での決定的相違であり，地域においてもこの闘う地域主体の形成こそが地域での諸矛盾を「問題化」しているのであり，地域問題を生起させたのである．

　以上のように地域問題を考えるならば，地域経済研究の課題は，おのずと地域矛盾そのものの歴史的性格解明（資本主義の発展段階に照応した，具体的地域での矛盾の発露形態とその本質解明）にあり，同時に，それは矛盾に対する地域住民の対応・対抗関係の解明であり，なかんずく，地域の将来の担い手がどのような階級・階層であるのかを明らかにすることである．その

際に重要なことは, 従来の地域経済研究の多くが地域を代表する産業分析に止まっていたことへの反省から, 産業間の相互関連をその資金循環と物質循環において実態を明らかにすること, そして, なによりも労働力市場に投げ出された労働力が資本との関係でいかなる存在に置かれ, 地域での階級・階層関係がいかなる実態にあるのかを明らかにすることである.

地域経済研究の課題が以上このようなものであるとするならば, 次に, 課題解明の方法が問題となる.

2. 地域経済研究の方法

これまでの考察で明らかなように, 地域経済研究は, 経済学の既存の一般理論と方法論を「幹」とし,「枝葉の経済学」を総動員しつつ進められるべき研究分野である. その課題として重視すべきことは, 具体的地域での諸矛盾の発現形態とその本質の解明であり, その諸矛盾に対する地域住民の対応・対抗関係とその発展方向を見極めることが研究課題として位置づけられなければならないということであった. そのための方法が以下では問題となる.

具体的な地域経済研究の場としての北海道を考えるとき, 前提となるべき社会・経済認識が必要である. その第1は, 日本資本主義と地域経済との関係についての一般認識についてであり, 第2に, 日本資本主義の発展段階に照応して北海道経済が担った地域分担課題についての考察である. 以下では, この2点について, 主としてその政策展開とその下で生じた諸矛盾に注目しつつこれまでの歴史的経過を概観することにする.

3. 日本資本主義と地域経済

以下で対象とする地域経済研究の時期は, 戦後, なかんずく, 高度経済成長期以降についてである. このため日本資本主義の高度経済成長過程を概観

し，その過程を国家と独占資本による経済政策及び地域開発政策を用いた地域の包摂過程としてとらえ，その変遷過程の特徴づけを行なうこととした．

　高度経済成長過程における独占資本の行動は，その蓄積方式がもたらす諸矛盾を度外視し，資本蓄積をめざした生産性向上による生産力増強によって利潤の増大を目指すというものであった．この過程では，独占企業間はもとより各種企業間でも激しい競争が繰り返され，資本間の脱落・上昇という再編成が行なわれてきた．同時に，この過程は，生産手段の変革・再編過程でもあり，結果として，わが国資本主義は飛躍的な生産力発展を遂げた．このような独占資本を中核とした強蓄積運動が国民経済にもたらしたものは，物価上昇を伴った所得の増大であった．そしてこのことは，国家の税収をはじめとする資金吸収装置の発動による財政の大幅増につながった．その結果，国家はこの膨張した財政を主として独占資本の蓄積のために支出してきた．こうした独占資本と国家の癒着のもとに進められた高度経済成長は，巨大な生産力の発展を実現するとともに，地域の社会・経済に大きな矛盾を生起せしめ，このことが逆に，国家政策による地域社会・経済に対する直接・間接関与の増大となってあらわれることになった．つまり「地域開発は，国家独占資本主義の危機対策の一環である長期計画の地域版として登場」[4]したのである．

　この地域開発がわが国でいかに展開し，今日をむかえたのか，その源をなす国土開発との関係でみることにする．「『国土開発』政策は，戦後はじめて登場した政策ではない．それは……世界大恐慌以後，特に1931年以後の戦時国家独占資本主義の下で，発達した資本主義における主要政策として最初に登場した」[5]といわれるように，「国土開発」政策は発達した資本主義の危機における国内再編強化策であったとみてよい．

　戦後，わが国における市場の狭隘化と民主主義が高揚するなかで，国土開発政策はその性格を変え，国政レベルから地域レベルでの政治・経済をも包摂して展開するという，いわば「地域開発」政策として具体化し，同時にそれは高度経済成長期と表裏をなして進行した．

以下では，地域開発に視点を当て，その開発方式の違いによって時期区分を行ないつつ，わが国における国土開発・地域開発の変遷過程を概観する．

　戦後の国土開発は，1950年の「国土総合開発法」によって始まったといってよかろう．同法第1条には，「国土の自然条件を考慮して，経済，社会，文化等に関する施策の総合的見地から，国土を総合的に利用し，開発し，及び保全し，ならびに産業立地の適正化を図り，あわせて社会福祉の向上に資すること」とあり，そのための開発計画として，1) 国土総合開発計画，2) 地方総合開発計画，3) 都道府県総合開発計画，4) 特定地域総合開発計画があげられている．この4本柱の総合開発計画を内容とした国土総合開発法ではあったが，実際にこの法律に基づく「全国総合開発計画」が策定されたのは，池田勇人内閣による「国民所得倍増計画」の実施最中である1962年のことであった．

　この間に行なわれた国土・地域開発は，北海道を除く[6]と「特定地域総合開発計画」[7]によるもののみであった．後述するように，北海道総合開発計画は，この国土総合開発法制定の年に，わが国における地域第1号の開発計画として策定された．

　この特定地域開発は，戦後のわが国資本主義の復興づくりを企図したものであり，電源開発・地下資源開発といったエネルギー資源開発と食糧増産を中心に国土保全や後進地域の産業振興をもその目的としていた．しかし，この計画自体はTVAを見倣ったものであったが，結果としては電源開発に力が注がれ，他の分野では予定した成果を得ずに終わっている．一方，この計画と時を同じくして勃発した（1950年6月）朝鮮戦争によって，わが国資本主義は急速な発展を遂げ，国土・地域開発の方向も明らかな変化を示した．

　このことは経済企画庁『昭和31年度年次経済報告』第1部の「総説」において，「戦後日本経済の回復の速やかさには誠に万人の意表外にでるものがあった．それは日本国民の勤勉な努力によって培われ，世界情勢の好都合な発展によって育まれた．しかし敗戦によって落ち込んだ谷が深かったという事実そのものが，その谷からはい上がるスピードを速からしめたという事

情も忘れることはできない．……もはや『戦後』ではない．われわれはいま
や異なった事情に当面しようとしている．回復を通じての成長は終わった．
今後の成長は近代化によって支えられる」（傍点は筆者）と明確に述べられて
いる．

　米ソの冷戦体制の深化する中で，1949年10月1日，中華人民共和国が樹
立され，翌50年6月に朝鮮戦争が勃発した．この戦争による「特需」がわ
が国経済を急速に復興させたのである．「世界情勢の好都合」，つまり他国民
の悲劇が，わが国経済を復興させたのである．かくして経済自立化の基盤を
整えたわが国は，政治的にも安定（1955年，保守合同による自由民主党と
左右社会党の統一による日本社会党の誕生，第6回全国協議会で自己批判を
行い議会制民主主義の途を確認した日本共産党）し，近代化の途を走り出す
条件を整えたのである．一方，朝鮮戦争後のわが国は，新生中国及びソ連と
の国交回復が焦眉の課題となっていた．特に，第2次世界大戦の戦後処理と
いう点ではソ連との平和条約締結が急がれ，それ故に日中・日ソ国交回復を
求める国民世論も大きく盛り上がっていた．わが国における経済的安定と政
治的安定，そして国民世論の高揚のもとで，1956年日ソの国交回復と平和
条約締結を目指す交渉が行なわれ，領土問題が解決しないまま同年10月19
日の「日ソ共同宣言」によって，日ソ間の戦争終結と国交回復が実現し，わ
が国の国際社会における地位を確固としたといえよう．

　かくしてこの時期，鳩山一郎内閣によって，戦後初の経済政策が（「経済
自立5か年計画」1956～60年）が策定，実行されている．この計画は，わが
国の経済自立と完全雇用を目的として立てられ，そのための重化学工業化に
よる貿易振興を企図したものであった．続く岸信介内閣のもとで策定された
「新長期経済計画」（1958～62年）では，早くも計画目標に極大成長が掲げら
れ，実質10.1%という成長を実現した．

　こうした高度成長を実現するためには，既存の工業地域以外に新たな工業
地域の設定が必要とされ，そのための国や地域レベルでの立法及び経済政策
措置がなされている．その第1に，それまで北海道に限られていた地域開発

投資行為への批判もあって,地方レベルでの開発立法[8]がたて続けに決められたこと,第2に,都府県総合開発計画に基づく都府県レベルでの開発計画[9]が決められたこと,第3に,各府県レベルでも国の経済計画に倣って,それぞれが長期の経済計画を策定していることなどである.

こうして鉄鋼・石油など重化学工業化にとっての基幹となる産業への新たな基地づくりを国家と資本,地方自治体が一体となって進める体制がつくられ,やがて既存工業地帯からこれら新成工業地帯へと工場移動が始められた.

こうした高度経済成長のための前提条件整備の下に登場した池田勇人内閣は,その経済政策として「国民所得倍増計画」(1961~70年)を策定し,極大成長,生活水準の向上,完全雇用をその目的とした.具体的には,既成の4大工業地帯の周辺部とそれらを結ぶ,いわゆる太平洋ベルト工業地帯建設を行い,重化学工業化を進めるというものであった.このため,労働力の確保と貿易自由化に対応できる国内産業構造の転換を図るべく,徹底した農林漁業,中小企業のスクラップ・アンド・ビルド[10]を行なった.こうした経済合理性追及の重化学工業化とそのための経済政策の展開による高度経済成長下で,地域経済の不均等発展は顕著となり,地域間経済格差の是正が大きな課題として提起されることとなった.

以上の状況下で,1962年には「国土総合開発計画」が策定されている.この計画は,これまでの開発政策によって露呈した大工業地帯での過密による弊害と,一方での農林漁業地帯での過疎化による停滞,この両地域での再生を目指すというものであり,従来の大工業集積地域の他に新たに低開発地域工業開発促進法と新産業都市建設促進法により[11],工場分散のための地域指定を行ない,公共投資による産業基盤の整備を行なうというものであった.

具体的には,新産都市及び工業特別整備地域指定を行なった地域を開発拠点とし,そこでの開発効果を周辺地域に及ぼすということであり,そのため重化学工業を拠点産業として位置づけ,これを起爆剤として地域全体の振興を図ろうとするものであった.指定を受けた地域は一様にそのための先行投資(重化学工業立地基盤整備としての用地・用水取得など)を行なった.し

かし，この巨額の先行投資にもかかわらず多くの地域で工場誘致に失敗し，成功した地域においても公害・災害問題など開発によるデメリットが顕在化していった．そればかりかこの「拠点開発」期には，その思惑とは逆に，人口の大都市圏への集中が進み，多くの新産都市指定地域での人口減少が起こっている．こうして国家と独占資本が一体となって押し進めた重化学部門偏重の地域開発は破綻し，これまでの経済政策や地域開発に対する国民的批判を惹起することとなった．既存の大工業地帯や拠点開発実施地域での公害・災害問題の多発，思惑の外れた地域での自治体財政の危機，そして，こうした実態の下で，新たな拠点開発地域指定に対する拒否闘争（三島・清水・沼津での石油コンビナート誘致反対）などさまざまな国民的総批判と具体的闘争は，やがて政治革新を求める世論へと高まり，1967年には首都東京に革新知事を誕生させるに至った．

　この間の政府及び独占資本の対応は，生起した諸矛盾がこれまでの高度経済成長によるものであり，その結果としての国民的批判が体制に係わる危機につながるものとして受け止め，「ひずみ是正」と「均衡がとれた充実した経済社会の発展」を目標とした経済計画をたてている．佐藤栄作内閣による「中期経済計画」(1965年策定)から「経済社会発展計画」(1967年策定)へと引き継がれた時期であり，危機を「社会開発の推進」によって回避しようというのがその政策内容であった．しかし，現実に行なわれた政策は，戦後初の赤字国債の発行を伴った大型財政投融資への財政政策の転換であり，大型企業合併による合理化と，その下での生産過剰回避のための輸出拡大であった．

　上記の「拠点開発」期の経済政策及び地域開発政策への国民的批判を受けて，計画策定されたのが，「新全国総合開発計画」(1969年策定)であった．この計画は，従来の地域開発計画とは全く考え方を異にし，全国1本の国土計画そのものといってよい考え方に立って策定されたものである．それは「わが国土は，東海道から山陽道にかけての中央地帯において，集中的に利用されている」ので，この偏在している土地利用を日本列島全域に拡大する

ため，「全国土を7ブロックに分け，各ブロックを主軸によって結びながら開発整備を進める」[12]というものであった．

つまり，3大都市圏をあくまで中心として，他地域にはそれぞれに合った地域分担をさせるというものであり，例えば，北海道圏，東北圏，九州圏には食料供給基地としての役割を分担してもらうというものであった．しかし，同時に，この計画では「工業生産規模は，資本自由化に象徴される全面的国際化に対処して，とくに規模の利益の大きい重化学工業において，飛躍的に増大する」一方，新技術の進展によって新しい産業も発展するであろうから，「巨大化する生産機能に対応する大規模な港湾，広大な用地等立地条件を整えた比較的少数の地点に巨大なコンビナートを形成するであろう」[13]とし，これまでに追及し，達成した技術の上に成り立つ巨大コンビナートの形成によって，わが国産業の一層の国際競争力強化を図ろうというものであった．したがって，この計画を地域からみれば，巨大な生産設備の立地とその結果もたらされるであろう公害への対応という二面にわたる対応が出来る広大な土地が開発主体から要求されることとなり，そのためには1市町村段階をこえた多くの自治体に係わる問題となったのである．苫小牧東部・むつ小川原，志布志などでの開発問題がその例であった．

このような高度経済成長路線への反省なき大規模，広域開発方針は，計画策定の翌年の1970年には公害問題[14]に代表される国民の側からの総反撃を受けると同時に，1965年以来続いてきた大型景気（いざなぎ景気）の崩壊，そして，1971年8月のドル・ショック，1973年10月以降のエネルギー危機を迎え，日本経済はもとより世界経済全体が出口なき不況過程へと突入することによって，この新全総路線は破産した．

かくして国土・地域開発の見直しが迫られ，1971年12月国土総合開発審議会において，新全総計画総点検についての意見書が出され，その後6年間に及ぶ点検作業を経て1977年11月「第3次全国総合開発計画」の策定をみている．

この計画は，これまでの国土・地域開発による大都市への人口と産業の集

中と地方での過疎問題等に対処しながら，人間居住の総合的環境形成を行なうという「定住圏構想」[15]をその内容としたものであった．また，国民の総批判を浴びた工業配置については，従来の配置が大都市及びその周辺地域に集中したために過密を深刻化させ，工業の地域的展開が遅れた地域では雇用機会に恵まれず，人口の流出，生活水準の立ち遅れが続き，地域経済の基盤が脆弱である．このため既成工業地域については，公害防止計画に基づく工場及び大都市の住工混在地域に立地している中小工場の移転を促進すると同時に，定住構想にそった地域別工業配置を目標とするとともに，基幹資源型工業＝大規模工業基地については，苫小牧東部，むつ小川原，志布志湾地区に建設しようというものであった．

しかし，その後の経過が示す通り，この計画もまたわが国経済が低迷する中で計画倒れとなった．

わが国資本主義は，これまでみてきた戦後の国土・地域開発の下で，石炭から石油へのエネルギー資源の転換を基盤に，鉄鋼，石油精製，電機，自動車などの素材加工型重化学工業を中核とし，1955年から60年代にかけて高度経済成長をなし遂げてきた．

しかし，先にも述べたオイル・ショックを契機にした不況過程で，国土・地域開発は次々に計画倒れとなり，地域間・部門間不均等発展は是正されず拡大方向を辿ってきた．農林水産業と中小企業を中心に地域での経済が低迷する一方，独占資本は，オイル・ショックを契機に，世界の先進資本主義国に先駆けて先端技術の開発と導入を行なうと同時に，徹底した合理化による減量経営の追及によって，世界に冠たる競争力を持ち，輸出拡大とともに海外への直接投資と証券投資を激増させてきている．その結果として円高・貿易摩擦の激化が進行したのであり，その最終のツケが「産業構造調整」によって，不況に喘ぐ農林水産業や中小企業，そして，これらを主産業とする地域経済に回され，深刻な打撃を与えつつあるといえよう．

こうした事態を4全総によって緩和・改善できたのであろうか．

4全総では，3全総において定住構想を計画方式として採用した結果，「昭

和50年代に入り都市圏への人口集中は沈静化し，人口の地方定住が進展し，地域においては自らの創意工夫を生かしつつ地域づくりを進めようとする気運が高まり，地方における居住環境も向上するなど，定住構想は進展をみた」としながらも，「しかし，昭和50年代後半に至り，東京圏への高次都市機能の一極集中と人口の再集中が生じている」一方，「地方圏では急速な産業構造の転換による素材型産業や輸出依存型産業の不振等により雇用問題が深刻化している地域が多くみられる．また，過疎地域での引き続く人口減少ばかりでなく，道県単位でも再び人口減少が生ずるなど，地域振興の上で大きな課題が現出している．こうした状況に対応して，東京一極を是正し，国土の均衡ある発展を達成」するとしている．

しかし，この4全総の背景にあるわが国経済は，その産業構造をハイテク，情報産業へと転換させつつ，その国際中心地として東京圏を設定し，そのための開発計画が次々と打ち出されてきている．その結果，4全総が策定される以前に，この計画が「東京一極集中」といわれ，事実，そうした開発方針を受け，独占資本による東京都心部を中心とした「土地買占め」によって地価は異状な値上がりをはじめ，やがて東京周辺及び大都市圏へとその影響は拡大し，大きな経済・社会問題となった．

一方，政府・独占資本の進めるこのような産業構造転換と東京圏中心開発によって，農林漁業，鉱業はもちろんのこと，かつて高度経済成長を支えてきた基幹産業である鉄鋼，造船などについても地域的再編が迫られ，地域経済の将来は極めて不安なものとなっている．以下では，こうした日本資本主義の国土・地域開発の変遷過程で北海道がいかなる地域分担課題を担いつつ今日を迎えているのかについて述べることにする．

4. 地域開発と北海道

(1) 戦前の開拓政策

日本資本主義の発展過程における北海道経済の位置づけを考える場合，指

摘されるのがその後進性についてである．それゆえに北海道における資本主義の発展過程についてさまざまな角度からの研究が積み重ねられてきており，なかでも後進性なるが故に国策として行なわれてきた拓殖・開拓に関する研究は多い．ともあれ北海道における資本主義の発達は，この拓殖・開拓の歴史とともにあったということがいえようし，また，戦後においても北海道開発の歴史とともに北海道経済の姿が大きく規定されてきたといえよう．後進性なるが故に行なわれてきた拓殖・開拓政策及び戦後の開発政策について素描し，地域経済との係わりについての指摘を行なうこととする．

　北海道が全国的な商品経済に組み込まれていくのは，資本主義に先立つ社会においてであった．しかし，この段階では，「幕藩体制に寄生しつつ蝦夷地を経済的に完全に掌握した場所請負人は，アイヌに対しても雇用和人漁夫に対しても苛酷な搾取によってなんらの蓄積を許さず，本店たる内地へ資本を吸い上げていた」[16]といわれるように漁業生産物を中心とした北海道の天然の産物が全国へと流通していたにもかかわらず，それらは場所請負人制度の下での前期的商人資本たる場所請負人及びこの場所請負人から二八制度により場所を借り受け漁業者に仕込みをすることによってその生産物を受け取っていた商人によるものであり，また，生産の現場は，道外からの出稼ぎ人及びアイヌ人であり，共に搾取の対象としての労働者であった．こうした状況では，北海道における資本蓄積は望むべくもなかったといってよかろう．

　北海道経済がわが国経済の下に本格的に組み込まれるのは，明治期に入りわが国が資本主義の道を明確に歩みはじめてからのことであり，それは場所請負人制度や沖之口制度といった封建遺制の廃止によって北海道を国内唯一の拓殖・殖民地として政策的位置づけが行なわれて以降のことである．

(2) 開拓使の設置とその役割

　「明治政府は蝦夷地を北門の防衛，拓殖の要地と認め明治元年四月箱舘裁判所(府)を開設し，清水谷公考を総督に任命したが，間もなく奥羽戦争の余波を受け，榎本武揚の率いる幕府脱走軍のため占領され，新政も中途から挫

折するのやむなきに至った」[17]．明治2年叛乱が収まるや，開拓督務を開拓長官に改め（明治2年7月13日），蝦夷を改め北海道とし，北海道を11国86郡に分割した（明治2年8月15日）．

「鍋島直正は，初代開拓長官に任命されたが，任地に赴くことなく罷免（明2.8.2），後任に東久世通禧が任命され，他の幹部と共に函館に赴任し，新たに開庁（明2.8.25）した函館開拓使出張所で政務を総攬し，札幌（銭函），根室，宗谷に出張所を置いた．3年閏10月9日東京に在る使庁を廃して銭函出張所を本庁とし，4年5月本府が築造されると共に札幌に開拓使庁を移し，ここに札幌は全道行政の中心地となった．開拓使は，初め蝦夷地（北海道）及び北蝦夷地（樺太）を所管するものとされたが，政府は財政上の理由から，開拓使のみの力をもって全域を経営する事が事実上困難であると認め，2年7月太政官布告をもって諸藩その他に分領せしむることを決定した」[18]．しかし，「諸藩の中には鋭意支配地の開拓経営につとめ，相当の成績を挙げたところもあったが，遠大なる意図をもって拓殖に従事しようとするものは至って少なく，酷寒，交通不便の地に初めて経験する開拓に失敗し，府，寺院等の支配地にあっては当初から利権獲得を目的としていたため成功する筈もなく，逐次支配地の返上が行われて開拓使の所管に帰した」[19]．

明治5年6月米国人開拓顧問技師を伴って帰国した開拓使次官黒田清隆の建言に基づき，明治5年以降14年にわたるいわゆる「開拓使10年計画」を実施する．同時に明治5年開拓使は地方機構を整備することによって，独立した殖民庁としてその地位を確立した．かくして「土地の払下，各種官営工場の新設，札幌農学校の開設，教育並びに産業の奨励，移民の保護，屯田兵の設置，道路及び鉄道の建設，鉱業の開発，札幌の経営等各般の施設に全力をあげ」[20]た．開拓使事業報告書による明治2年の人口58,467人が，開拓使10年計画の終了した明治14年には22万3千人あまりとなった．

開拓使10年計画の終了を前に政府は，開拓使を廃止して県を置く方針を決定し，明治15年2月，札幌県，函館県，根室県の3県設置を決定した．北海道開拓が財政投資に見合った成果を得ていないという批判，官有物払下

げ処置の不明朗さに対する批判，政府の財政事情などが重なって開拓使の廃止が決定されたとされている．

3県体制下では，開拓による一括支配から農商務省，大蔵省，工部省，陸軍省，司法省，宮内省などの分割支配を経て1年，省間の連絡がうまくいくはずもなく，事業の進捗がはかばかしくなく，明治16年1月産業振興にかかわる事業の総合性を図るために農商務省内に北海道事業管理局を設置したが，県庁と管理局，県庁間での連絡調整に手間取り，北海道経営に齟齬をきたすばかりであり，4年間で3県1局時代は終了した．

(3) 北海道庁の設置とその役割

3県1局時代の行政弊害を北海道で実態調査したのが金子堅太郎大書記官であり，その建議に基づき明治19年1月26日，北海道庁設置が布告され，再び北海道は統一的行政機構によって経営されることになった．

その布告には，「北海道ハ土地荒漠，住民気象ニシテ富庶ニ事業未ダ普ク辺隅ニ及ブコト能ハズ．今全土ニ通ジテ拓地殖民ノ実業ヲ挙グルガ為ニ，従前置ク所ノ各庁分治ノ制ヲ改ムルノ必要ヲ見ル．因テ左ノ如ク制定ス」とし，第1に，「函館，札幌，根室三県並北海道事業管理局ヲ廃シ，更ニ北海道庁ヲ置キ，全道ノ施政並集治監及屯田兵開墾授産ノ事務ヲ統理セシム」．第2に，「北海道庁ヲ札幌ニ，支庁ヲ函館，根室ニ置ク」とした．

これによって北海道は，内閣（後に内務省，拓殖務省，そして内務省へと変遷）に直属する北海道庁長官によって，北海道の開拓・殖民に関するすべての行政を一括統治することになった．

北海道庁の設置と同時に，わが国資本主義発達による民間資本の成長を背景に，拓殖事業も従来の直接保護事業から間接保護事業へと大きく変化した．北海道庁時代の初期には開拓計画はなく，いわば空白の時代であったが，明治19年～33年における主な施策は，土地払下規則の制定，殖民地の選定と区画，官営工場の払下げ，道路・港湾建設，鉄道の敷設，電信・電話の架設，北海道国有未開地処分法制定などであった．その多くは産業立地条件の整備

に係わる社会資本投資であった．かくして1900年（明治33年）には，本道人口が約98万5千人となっている．この間，明治22年の帝国憲法発布，23年には府県制の制定があり，本道においても北海道議会設置等地方自治制度の確立を求める要望が高揚し，1897年5月（明治30年）北海道区制と1級町村制が制定された．さらに1901年の第15回帝国議会において北海道会法案及び北海道地方費法案が議決され，4月1日をもって施行されるに及び，漸く北海道も「自治制」を認められることになった．

この開拓計画空白の時代の後，「北海道10年計画」（1901～10年）が立てられ道路，港湾，鉄道の建設と造田事業と殖民事業が積極的に進められた．しかし，日露戦争（1904年2月～1905年9月）によって財政困難となり，予定を1年繰り上げて1909年に打ち切られている．1909年（明治42年）当時の人口は約154万人であった．

(4) 第1期，第2期拓殖計画

これに続く計画は，これまでの計画の主内容であった拓殖を前面に出した「第1期拓殖計画」（1910～26年）として立案された．計画は，殖民地の選定と区画，国有未開地の処分，移民の保護・奨励などを主内容としていた．この計画は，当初15年間であったが第1次世界大戦の勃発などの時局が激変するなかで，計画は度々変更され，1917年には計画期間を2年延長することを決め，1926年までとした．計画終了年の1926年人口は約244万人であった．この計画の後，「第2期拓殖計画」（1927～46年）が引き続き決められ，農耕地開墾，牛馬の充実，移民197万人を収容し，本道人口を600万人とするなどが計画されたが，「本計画は前半においては，相次ぐ冷水害によって事業の縮小を余儀なくされる一方，満州事変以後における政府の海外殖民政策のため，本道は一時閑却せられ，また，後半期においては，支那事変に引続き第2次世界大戦に遭遇して，連年時局に即応する大幅の改訂を余儀なくされたため，計画の眼目であった殖民，土木事業は殆ど振るわず，道路，河川，港湾事業などは，計画の半に達せず，森林経営の合理化，農，畜，水産

等の基本施設も殆ど未完成であった」[21].

このように計画自体は，3県1局時代及び1882年～1900年にわたる空白期間を除き国家により立案され，北海道を内国殖民地として位置づけ，もっぱら殖民・殖産のための上からの政策遂行がなされた．しかし，日中戦争に始まる本格的な戦争経済へとわが国経済が突入すると，本来計画上にあった拓殖計画も容易に中断・変更させられ，戦争遂行のための軍需品と食糧生産に集中させられるという，北海道に特有の地域経済分担が課せられてきたのであった．

5. 戦後の北海道開発政策と地方自治

戦後，日本経済の大幅な民主化（絶対主義天皇制廃止の下での財閥解体，地主制の廃止等）の下で戦争経済から戦後経済復興へと向かうことになる．ここで再び北海道経済に対する位置づけが国家的脚光を浴びることになった．そして，北海道に対する地域分担課題として与えられたものが，外地からの引揚者・復員者を含む人口収容であり，国民への緊急食糧供給であり，エネルギー確保のための資源開発であった．このような北海道に対する国家的位置づけは，明治初期以降においては開拓・拓殖計画として実行されてきたが，戦後においては，経済政策と連動した国土・地域開発政策によってその方向が決められることになる．

その最初のものが「緊急開拓実施要領」（1947～51年）に基づく，緊急開拓事業の実施であった．北海道庁開拓部地方技官高橋達男執筆の『北海道緊急開拓事業の概要』（1947年，5頁）によれば，この計画は，「21年10月『北海道戦後開拓者実施要領』を定めて入植者の受入，指導をなすこととなった．之に拠って入植した者を戦後開拓者と稱んでいる．政府に於いても開拓事業の構想を煉っていたが11月9日『終戦後の食糧事情及復員に伴ふ新農村建設の要請に即應し大規模なる開墾，干拓及土地改良を実施し，以て食糧の自給化を図ると共に離職せる工員，軍人其他の者の帰農を促進せんと

す』といふ方針の下に『緊急開拓事業実施要領』が閣議に於て決定され全国開墾面積155万町歩，内北海道70万町歩，20万戸を目標として緊急開拓事業がその緒に就いたのである」.

これは戦後混乱期の食糧問題の解決と民生安定を図るための緊急対策であり，例えば，全国の未利用地約150万町歩のうち70万町歩を北海道で開拓するというものであり，当時の北海道が差し当り食糧増産の地として位置づけられていたことがわかる．

一方，戦前（昭和2年）から引き継がれてきた第2期拓殖計画が1947年で終了するということもあり，それに代わるべき計画が必要であったことに加えて，敗戦による食糧問題及び人口収容問題が緊急課題となっていたことから，敗戦の年の45年8月22日，早くも北海道庁内（増田甲子七長官）に「北海道総合開発調査委員会」ができ，その後，同年11月9日に閣議決定された緊急開拓実施要綱と併行して開発計画の立案に当たっている．

1946年11月3日新憲法が公布され，地方自治の確立及び地方公共団体首長の住民による直接選挙が保障されることになった．北海道の所管官庁であった内務省は，46年11月省内に設置した北海道開発調査会で北海道開発に関わる方針を検討した結果，①開発事業を推進するため，北海道開発法を制定し，内務省に北海道の開発計画を樹立する開発局を設置し，北海道が実施，②開発予算は補助金として北海道に交付，北海道は特別会計を設けて経理する，との方針を各省に提示したが，各省は北海道開発に対する行政分割論（所管＝縄張争い）を主張し，内務省案は否定された．

北海道開発に関するもう1つの案（大蔵省案）が，1947年1月8日閣議決定されている．それは，①北海道拓殖の重点を国有未墾地開発とし，②内閣に北海道開発庁を置き，直轄行政を行なう，というものであった．開発庁は，開発計画の樹立と執行に当たり，北海道の開拓部・土木部の大部分を北海道に設置する出先機関に吸収して事業を実施するというものであった．この案は，北海道行政から開発行政を分離するというものであり，地方分権を唱った憲法の精神に反するとの立場から，北海道は猛反対した．こうしたな

かで，翌47年4月17日地方自治法が施行され，北海道知事選挙が行なわれ，田中敏文が初代公選知事となった．政府は閣議決定した大蔵案の占領軍総司令部承認を得ようと努力したが，総司令部は，「北海道開発の重要性は認めるが，北海道にのみ他府県と異なる特別な機構を設けることについては，承認し難い」としたため，政府は，開発庁設置案を廃止せざるを得なかった．

こうして北海道開発計画を立案・実施する術を失った政府は，総司令部の認める範囲内で，1949年3月25日，内閣総理大臣（吉田茂）の諮問機関として内閣に「北海道総合開発審議会」の設置を閣議決定している．

設置された北海道総合開発審議会は，「北海道総合開発に関する基本事項を規定する北海道開発法案を立案し，国会に提出すること」を基本とした「北海道総合開発に関する中間答申」（49年10月12日）を行なっている．同審議会は，この中間答申後，北海道開発法案の国会提出に向け審議し，49年12月19日，開発庁設置を含む「北海道開発法案要綱」を提出，各省との折衝に当たったが，各省の反対によって「要綱」内容を大きく変更させられ，総司令部の承認を得て，1949年3月25日第7国会に提案され，国会でも激しい論議の末，4月21日修正可決成立し，6月1日施行された．

一方，地方自治法に基づく民選知事が選出（1948年）されると，先に述べた北海道庁長官のもとにあった「北海道総合開発調査委員会」の委員が知事のもとで新たに選出され，48年9月に『北海道総合開発計画書』（以下「計画書」）が立案されている[22]．

「計画書」では，北海道の総合開発を進めるうえで欠かせぬ施策として以下の5項目を挙げている[23]．

1. 開発行政機構の確立．2. 開発予算の確立．3. 開発事業に対する特別金融措置．4. 総合開発研究機関の設立．5. 北海道開発法の制定．

「計画書」が求めたこの5項目がその後どのように実現していったのかについての経過は，『開発論集』[24]創刊号での対談「戦後北海道開発20年(I)—北海道開発法制定まで—」にその詳細が記録されている．対談は，北海学園大学の創立者であるとともに，「計画書」作成者でもあった上原轍三郎教

授とわが国で初めて「開発政策論」を開講した池田善長教授によるものである．1950年5月に北海道開発法が公布されて以降の経過につき上原教授は，「開発庁が昭和〔25年6月〕，そうすると〔27年7月〕に開発局ができ（〔　〕内は筆者）……私が申しましたこの行政機構がまず確立したわけですね．……このときでは，10年なら10年計画をもってひとつの長期の予算を立てて，そうしていきたいというのが当時の念願であったのですけど，戦後早々で，まだ財政も充分整わないで毎年毎年予算をとらなければならなくなった．これがはじめひとつの非常な欠点であったんです．……それにしても予算の措置もあるところまではできたとこういうわけです．それから今度は，特別金融機関の設置，これについては充分必要を認めまして，例の北海道開発公庫というのができたわけです．のちに東北が入って北海道東北開発公庫となっています……．もうひとつ残っているのは，開発研究機関の問題で，これを私はなんとかしてもらいたいと思ってたびたび意見を述べたのですが，どうもこれはうまくゆかなかった．それでそれに代ってどうなったかというと北海道庁のうちに開発事務局を設けて，その事務局で調査研究をする．こういうかたちでずっときていたわけです．……私からいえば国立のものはついにできなかったのです．それでこの点私は非常に残念に思いまして，私は北海学園大学に昭和25年に入って27年に経済学部を開いたときに，なんとかひとつここで開発の問題を研究して，とくに北海道の開発のためにやるんだというので，ここで池田善長さんにお願いして，開発政策という講座をこしらえて，それは当時どこにもこんなのはなかったのです．これはどうしてもやってもらわなければならないと，しかもこれはむかしの『植民』とちがって，文化の高い国民が文化の低いところの国民を助け，また国民とともにまだ開けていない土地を拓くということをやらなければならない……いずれにしても開発の研究は学問的にどこかで研究する必要がある．もし国でやってくれないならば，ひとつうちの大学でやろうというわけで……本学に『開発研究所』を昭和32年に特設したのです．……『開発研究所』は学問的な立場で，北海道に限らず日本全体，人類全体のためにひとつ寄与したいとい

うことなんですね．それでさきに私がいった5つのものでただひとつ残っておるものがこの開発研究所の問題，それがここにあらわれている」[25]と述べ，「計画書」が求めた5項目が，開発法，開発審議会，開発庁，開発局として実現し，残る1つであった総合開発研究機関の設立は実現しなかったもののその役割を北海学園大学が担うという気概が語られている．

こうした経過をみると，戦前の拓殖計画に引き続く戦後計画が，民選知事の下で，地方自治体によって「総合開発」という新たな理念をもって立案されたという点で画期的なことであった．しかし，この計画は，国と北海道との激しい確執の後[26]に流産させられる．その後，政府によって「北海道開発庁」の設置（1950年）と「北海道開発局」の設置（1951年）がなされ，開発計画はもとよりその実施についても政府主導という今日の北海道開発の姿を決めることとなった．

このような経過を経て北海道では，「以上の中央の動きに対応する機関として知事の諮問機関としての『北海道総合開発委員会』が昭和25年に新設され，翌26年にはその立案にかわる『第1次総合開発5か年計画』を生み出して政府に具申している．これこそ，今日われわれが問題とするわが国において実現をみた総合開発の最初のものである」[27]．

また，「この計画案は，北海道開発庁において閣議を経ないまま『北海道総合開発計画及び第1次5か年計画』として決定をみて，翌27年を初年度とする10か年を計画期間とする前期（第1次）及び後期（第2次）にわたるものである」[28]という計画がスタートしている．第1次5か年計画は，戦後事情を反映した食糧増産と人口収容，原料資源開発が目的となっていた．しかし，その成果は思わしくなく，開発計画に対する批判が続出した．

これに続く第2次5か年計画が実施に移されたのが1958年4月であり，第1次計画終了後1年間が費やされている．この第2次計画は，1)主要経済圏を結ぶ道路・鉄道網の整備，港湾整備，2)鉱工業地帯の整備，3)国土保全・住宅対策，4)文化厚生・労働施設の整備などを行なうというものであり，予算上も前1次計画の農業関係から道路・港湾，工業部門へと重点が

移されている．こうした方針に沿って，苫小牧工業港開発，根釧地域パイロットファーム，篠津泥炭地開発，地下資源開発などの特定地域開発を目的とした投資がなされた．このように第2次計画は，前述した通り国政レベルの経済政策及び国土開発政策にそった北海道版計画であり，来るべきわが国経済の高度成長のための産業基盤整備と産業振興に目標がおかれていた．これに続く第2期計画（1963～70年）は，わが国経済の高度成長によりすでに顕在化していた既成工業地帯への産業の過集中による諸矛盾と，一方での低開発地域における諸矛盾を「解決」するために拠点開発方式が考えられていた．こうした考え方に対応してこの第2期計画では，既成工業地帯への過集積に対しては，苫小牧・室蘭・釧路・白糠での重化学地帯の造成，また，低開発地域に対しては，農林漁業構造改善事業によってそれぞれ拠点を設置して開発に当たるという計画であった．次の第3期計画（1971～80年）も前2期計画同様，国家による国土・地域開発計画の方針を受け，その地域版として計画されたものである．この第3期計画は"生産と生活が調和する豊かな地域社会の建設"を目的とした10か年計画であった．計画の具体的内容は，シビルミニマム確保のための広域生活圏の設定，苫小牧東部大規模工業基地開発，大規模広域酪農開発，大規模森林開発などの先導的開発プロジェクト計画，新ネットワーク編成などを推進することによって全体計画の達成を目指そうというものであった．しかし，先に述べたようにわが国資本主義の再生産構造自体の歪みと，それをとりまく世界経済の動向は，この計画のスムースな実行を許さなかった．具体的には，計画実施初年度の1971年8月に起こったドルショックと益々深刻化していく公害問題によって，計画自体の見直しが迫られることになった．そして，第3期計画の計画3年目に当る1973年4月，北海道総合開発委員会によって計画の「総点検」が決められ，約1年後に「道民意向をとり入れた」新計画を作成することを結論づけている．こうした計画の見直しによって作成されたのが「北海道発展計画」（1978～87年）であった．この計画は，所要資金29兆3千億円という膨大なものであり，前第3期計画での18兆8,570億円に比べても64％以上の伸び

である．内容的にみると3期計画では，工業開発を中心とした産業開発への投資が全計画の52.7％であったのに対して，この発展計画では40.1％とダウンし，生活（社会資本）投資比率が高まっているのが計画上の特徴となっていた．しかし，この計画もまた第3期計画同様に計画倒れに終わり，今日の「北海道新長期計画」(1988～97年) へと時代は移った．

このようにみてくると，国土・地域開発が「国土総合開発法」(1950年) に基づく「特定地域開発計画」として戦後のスタート切って以降，1962年の「全国総合開発計画」，1969年の「新全国総合開発計画」へと変遷する中で，北海道の開発もまたこれと連動して進められ，第2期計画までは，計画と実施実績との差を認めつつも，計画自体はその計画期間に一応終了している．しかし，第3期計画以降は，国の計画同様にその計画は中断を余儀なくされ続けてきた．つまり，戦後におけるこの間の北海道経済は，日本資本主義の再生産構造の下での地域分担課題を地域開発政策によって負わされ，構造変化を遂げてきたといってよかろう．そして，"円高・貿易摩擦"の下での日本経済の"構造調整"の必要性から，北海道経済が地域分担の柱としてきた農林漁業，石炭，鉄鋼などについての"構造調整"が迫られたのである．

かくして，北海道経済をみる場合の欠かせぬ視点として，国土・地域開発政策とその北海道版としての北海道開発政策の展開があり，これとの関係を抜きに北海道での具体的地域に関わる地域経済研究はありえない．以下では，北海道における代表的地域産業である農林漁業に着目し，農山漁村地域における地域開発と地域経済との係わりについて論述しよう．

注
1) 前掲書『地域の社会・経済構造』，7頁．
2) 前掲論文「地域産業の相互関連調査」『北海道経済調査』第4号，北海道開発調整部経済調査室，1984年，2頁．
3) 前掲書『地域の社会・経済構造』第1編第1章第1節．
4) 宮本憲一『社会資本論』有斐閣ブックス，1970年，初版第5刷，339頁．
5) 西崎邦男「「国土開発」・「地域開発」政策の歴史的展開とその本質」『経済』

新日本出版社，1976年3月号．
6) 北海道総合開発計画は，1950年国土総合開発法制定の年に，地域開発計画としてはわが国における第1号として策定された．
7) この点については，『ジュリスト増刊総合特集』(1978年, No.111) での座談会「地域開発の生活圏構想」の中での佐藤竺報告「戦後地域開発をかえりみる」において，以下の報告がなされている．「この国土開発法というのは，今度の三全総の根拠法になっていますが，この法律自体は，私の学んだ限りでは，もともとは当面の電源開発の要請をTVAに範をとった一点集中の地域開発方式でやろうとしたものであった．ところが，これが先ほどの国土全体のバランスのとれた開発でなければいかぬという国土計画の側からの反撃にあって，『国土』総合開発法という二つのものをくっつけた形のものになった．こうして特定地域開発のほかに，国土計画と地方計画が入ってきました．もっとも法の上では，この地方計画は都府県計画（北海道を除く）と二都府県以上にまたがる地方計画の二つに分かれます．そして，その国土計画，地方計画の面がその後今日まで残っているわけで，他方当時の本命の特定地域の方は実は10年という一応の予定の中で初期の電源開発を初め目的を達成したということから，今日意義を失いました．そういう初めは全く予期しなかった全国総合開発計画の策定という付け足しにすぎなかったものが今日の主体になっているわけです」．
8) 全国に先駆けて制定された北海道開発法に基づく北海道の総合開発をみて，未開発地方の地方開発法制定への要請が強まり，東北開発促進法（1957年），九州地方開発促進法（1959年），四国地方開発促進方（1960年），北陸地方開発促進方（1960年）が立法化されている．
9) 1960年代に多くの府県で独自の長期計画を策定している．こうした計画の柱となっていたものは，工業立地条件の整備によって工場を誘致し，地域経済を工業化により振興させるという点であった．
10) エネルギーの石炭から石油への転換に際し，石炭鉱業調査団が行なった報告内容（1962年）をスクラップ・アンド・ビルド方式と呼んだのであるが，もう1つ同じ年に行なわれた貿易自由化（自由化率88%）によって，産業のスクラップ・アンド・ビルドが行なわれた．
11) 低開発地域工業開発促進法（1961年10月），新産都市建設促進法（1962年3月）．
12) 新全総，第1部，第3, 1, (1)「国土利用の考え方」による．
13) 新全総，第1部，第4, 2-2, (2)「工業の地域展開と対応」．
14) 水俣病，イタイイタイ病，四日市喘息をはじめ食品，水汚染，大気汚染，農薬汚染などの公害反対とその対策に対する国民世論が頂点に達した時期であった．
15)「定住圏は地域開発の基礎的な圏域であるが，流域圏通学通勤圏，広域生活圏として生活の基本的圏域であり，その適切な運営を図ることにより，住民一人ひとりの創造的な活動によって，地域ごとに特色ある総合的居住環境が整備される

ことを期待する．全国におよそ200〜300の生活圏で構成される」（「国土総合開発総覧」昭和53年版，序説，2，第3次全国総合開発計画の概要，48頁）．
16) 拙稿「戦前・北海道における水産物市場の展開構造」(1)，北海道立総合経済研究所『北海道漁業研究』第11号，1973年，参照．
17) 北海道総務部総合開発企画本部『北海道開発行政機構の変遷』1957年，1頁．
18) 同上書，1-2頁．
19) 同上書，3頁．
20) 同上書，4頁．
21) 同上書，16頁．
22) 同上書，40頁．
23) 『北海道総合開発計画書』が画期的なものであったとしたのは，戦後の混乱する中で敗戦のその月に「委員会」が設置され，民選知事に引き継がれ北海道民が自らの地域を総合開発することを決定し，計画立案したことにある．計画書の基本方針では，「我国は，狭小なる国土に多数の国民を抱え，甚だしき窮乏と廃墟の内に，民主的にして文化高き平和国家を再建すべく，政治，経済，社会，文化各方面に亘って凡ゆる努力を致しつつあるものであるが，此の際国内に包蔵する凡ゆる資源を開発して生産を挙げ経済を充実し，国民の生活を安定することが最も金曜である．然るに我が北海道は開道茲に80年に及び耕地74万町歩，人口402万人に達し，我国民経済上社会上極めて重要な位置を占むるに至って居るものであるが，今なお多くの未開発資源を包蔵し，其の開発は我国再建の上に最も重要なる意義を有するものである．従って其の計画は充分慎重なることを要するが，本計画に於いて基本方針とした所は次の如くである」（同計画書，1頁）とし，以下の8項目を挙げている（同計画書，1頁）．
　1. 北海道は我国唯一の未開発資源地であるから，其の開発は日本再建の一環として最も強力に行なわれるべきものであること．
　2. 開発の根本は，人の移住と資本の導入であるから，北海道の開発を行なうに当っては，北海道に，国民の居住地として快適であり，投資地として有利な理想形体を形成することに基本理念を置くこと．
　3. その為に，国は財政的にも行政的にも積極的施策を樹て，国民の定住と投資の誘致とに努めること．
　4. 然し其の効果に就ては経済，社会，文化各種の方面より考察して最も合理的なものであるべきこと．
　5. 従来北海道の開発は拓地殖民に重点が置かれてきたが，今後はさらに豊富の賦存する各種の資源開発に重点を置くこと．
　6. 更に北海道をして，従来の原料生産地的性格から脱却して工業的高次生産地たらしめること．
　7. 開発計画は，各種開発事業相互の関連性と作用性とを考察し，更に其の緩急軽重の度を考慮した総合的，合理的なものたるべきこと．

8. 我国の現段階は政治，経済，社会，文化共に動揺を来たし，将来に見透しが甚だ困難であるが，本計画に於ては今後10ケ年を期して目標を定め，急速に其の開発を計り日本再建の目標に副ふこと．

　さらに，「この開発計画が，円滑且つ完全に遂行せられるためには，次の事項が要望せられる」（同計画書，139頁）とし，5項目を挙げている．

　1. 開発行政機構の確立
　2. 開発予算の確立
　3. 開発事業に対する特別金融措置
　4. 総合開発研究機関の設立
　5. 北海道開発法の制定

24) 北海学園大学の付属研究所として1957年4月「北海学園大学開発研究所」が設立され，その定期刊行誌『開発論集』の創刊号（第1巻第1号）が1965年3月に発行され，2000年12月まで66号発行している．
25) 同上誌『開発論集』創刊号，80頁．
26) 小田清「戦後の日本経済と北海道開発の論点」，大沼盛男・池田均・小田清編著『地域開発政策の課題』第2章，大明堂，1983年．
27) 池田善長「北海道総合開発計画」『ECONOMIC FRONTIER』第3号，北海道情報広報センター，1976年．
28) 注3に同じ．

第2部　地域開発と沙流・鵡川地域

第3章
地域開発に伴う地域問題

1. 沙流・鵡川地域研究の位置

　すでに「はしがき」で触れた通り，この第2部で考察する沙流・鵡川地域を事例とした研究は，これまで行なってきた一連の地域研究のまとめに当る研究であった．そのため，これまで行なってきた北海道余市町を対象地域とした調査研究をまとめた研究成果は，地域問題研究会編『地域の社会・経済構造』（大明堂，1985年）として，次いで行なった北海道留萌市周辺地域を対象とした調査研究は，北海道開発調整部経済調査室発行の『北海道経済調査』第3号（1983年3月），4号（1984年3月）において，「地域産業の相互関連調査」I，IIとして，さらに沙流・鵡川地域研究については，北海道開発調整部経済調査室発行の『北海道経済調査』第5号（1985年3月），6号（1986年3月），7号（1987年3月）において，「農山漁村の産業と就労実態に関する調査」（I，II，III）としてそれぞれ報告されている．

　『地域の社会・経済構造』（以下，余市研究）では，そもそも研究対象としての「地域」概念が，極めて曖昧であり，そこでの仮説的結論としての地域とは，「一般的には土地，水利用などで共同作業を必要とする数家族以上が居住する地理的範囲，または雇用・被雇用関係が成立している社会集団が居住する地理的範囲であり，一国経済の成立する地理的範囲より小さい範囲である」[1]．そして地域をこのような範囲で考えるとすれば，地域経済研究の課題によって，その対象としての地域の範囲は変わり得るわけであり，その

意味で研究対象としての「地域」の範囲は「伸縮自在」であると述べていた．このように余市研究段階での「地域」概念は，先の引用にあるように「……共同作業を必要とする」云々といったいわば共同体社会を想定する「地域」概念と「……雇用・被雇用関係の成立している」[2]云々といった資本主義社会を想定する概念が混同されているかにみえる曖昧さがあった．

このように「地域」概念をめぐっての混乱はありながらも「どのような範囲の地域をとらえても，その社会・経済を自足的なものとは見る事はできず，それはあくまで日本社会，日本経済の一断面，一局面であるということ」，さらに「地域経済研究の原点は，人と人との関係にあるという視点から，地域住民の『顔が見える』研究を行なう必要がある」[3]としていた．余市研究では，「地域」を「自治体」として差し当り設定し，地域の住民形成過程（住民形成史）と産業形成過程を調査し，その過程の延長線上にある両者の現状分析を行なった．その結果，次の2点についての指摘を行なっている．その第1は，地域住民が漁業，農業，工業，商業等々に就労しつつ生活をしていること，この過程で一見産業間での相互関係がないか，場合によっては対立しているかにみえる関係が，流通関係を通して見ると，それぞれが相互に依存し合って1つの地域社会を形成していることが明らかとなった．こうしたことから，地域の歴史過程を含めた産業間，住民間の相互関連を明らかにするならば，異なった産業基盤に依拠する住民各層の相互理解に大きく寄与するばかりか，地域住民による統一した地域づくり運動をも展望しうることになるであろうこと，そして，第2に，余市町における諸産業間関連及び町外諸産業との関連について，「建設業を部分的例外とする物的側面での域外関連の強化＝域内関連の相対的稀薄化は余市町に止まらず，地域経済一般に，とくに高度経済成長期に急に進展したと考えることができるであろう．量産消費財の地域への浸透はむろんのこと，生産財についても技術革新の過程が一次産業を含めた生産手段の内容を一変させ，新たな生産資材の域外依存をもたらすとともに，従来域内で供給されていた資材をも大工業の製品に代替していったといえよう」[4]とし，今日でも一部の論者が主張する「経済

の地域内循環の拡大」が問題解決の基本方向ではないことを指摘している.

以上の 2 点をふまえて,「変貌する地域の社会・経済の中で, 地域住民自身が置かれている位置を科学的に認識するという意味での地域認識は, 住民自身によって継続して行なわれなければならないし, 個々の住民が個々に認識していればよいというのではなく, 住民集団の主体的運動として展開されなければならない. こうした意味での地域認識運動」[5] を地域住民に提起している.

このような余市研究段階での地域経済に対する分析から, 地域経済を域外経済との関連において研究することの必要性に迫られることになった. ただし, 余市研究段階での地域設定が差し当たり自治体ということであったので, 第 2 の留萌地域研究では, 地域を「1 自治体」に限定するのではなく, もっと拡がりをもったものにする必要があった. そこで対象とする地域を留萌市を中心にこれに隣接する増毛町と小平町にまで広げて設定し, 地域の諸産業を当該地域の域際関係の中に占める位置によって整理し, そのうえで地域の諸産業の相互関連を明らかにしようと試みたものであった. さらに, この研究では, 余市研究ではなし得なかった労働力の産業間, 地域間移動・関連について, 部分的ではあるが調査研究を進めている.

この留萌研究によって,「地域外の市場に対応し, 域際関係において収入をもたらす産業」[6] が地域経済にとって決定的な役割を果たし, それが地域内の資源を基盤とした産業であるならば, 地域の主体的努力にによる発展の可能性が秘められているという意味で一層重要であることを指摘している. また, 労働力の産業間, 地域間関連と移動については, 高度経済成長期における首都圏を中心とする道外及び道内都市, そして, 留萌市を中心とした市街地への大量の人口・労働力移動が現在は沈静化してはいるものの, 依然, この地域の農山漁村地域を中心に地域全体からの流出が続いていることが明らかになった. こうした地域の人口・労働力の全体動向のもとで, この地域の労働力市場の最大の特徴が, 大量の不安定・低賃金季節労働者の存在にあることを指摘している. そして, この季節労働者の給源が農漁業にあり, そ

の農漁業における労働力就業構造をみた結果,「農漁家子弟が農漁業以外に就職,農家世帯主の多くが地域土建業へ,主婦層が水産加工業へ就労する一方,漁業では,男女とも地域土建業への就労で家計維持を図っていることがわかった.また,地域外労働力市場との関係では,農家からは道内外土建業への出稼ぎ,漁業からは道内澱粉工場及びサケ・マス孵化場への出稼ぎを行なっていることがわかった.そして,何よりも重要と思われることは,これら様々な形態での兼業がこの地域で一般化し,これにより辛うじて農漁業が守られているという事実であり,この労働力を通じて地域の諸産業,なかんずく,土建業,水産加工業が再生産を行なっているという事実である.こうして複雑に絡み合った地域の産業が,労働力という一断面からみても,どの一角がくずれてもドミノ現象となって他産業にはね返ってくる」[7]としている.

以上の2つの地域経済研究では,当該地域の諸産業及び労働力について,それが地域内外の諸産業と労働力市場とどのような相互規定関係をもって存在しているかという点で考察を進めてきた.しかし,こうした地域の諸産業,労働力そのものの存在形態を大きく規定づけてきたと考えられる地域開発と地域経済との関係については沙流・鵡川研究を含めて,充分な検討をしてきたとはいえない.そのため以下では,地域開発が地域経済にいかなる影響を及ぼしてきているのか,再度,沙流・鵡川地域での実態から問題指摘を行ない,そのうえで当該地域における地域経済の現状と問題点を明らかにするものである.

2. 沙流・鵡川地域

胆振東部を流れる鵡川流域には,穂別町と鵡川町があり,苫小牧大規模工業基地開発(以下,苫東開発)に直接隣接し,開発関連投資と関連企業の立地をみている.この地域に並行して流れる沙流川流域には日高町,平取町,門別町が位置し,ここでも苫東開発に伴う沙流川からの工業用取水のための

2つのダム（二風谷ダム及び平取ダム）建設が始められるなどの開発投資が行なわれた。

この沙流・鵡川流域5町は，北海道の中でも積雪量が少なく温暖で農林漁業資源にも恵まれ，先住民族であるアイヌの人々が広く定住していた地域である。このため北海道の中では比較的早い時期に豊富な土地と森林，漁業資源を求めて府県からの移住・定着が行なわれ，明治，大正，昭和そして高度経済成長が本格化する1960年頃までは着実に人口増加がみられた地域であった。

しかし，全国での農山漁村と同様に，当該地域においても高度経済成長期を境として急速な人口減少が起こっている。この間の人口減少を国勢調査結果でみると，1960年の当該5町人口が58,138人であったが，1985年には40,102人（31％減），1995年には35,405人（39％減）となっている。特に，日高町，穂別町などのいわゆる山村地域での人口減少が著しく，共に50％を越える人口減少となっている（表3-1参照）。

こうした農山漁村地域での過疎化は，この沙流・鵡川地域のみならず全道的動向であった。そして過疎化が進んだ地域では，そのいずれの地域もが自治体を中心に過疎化に歯止めをかけ，地域振興を図ろうとしてきた。そのためそれぞれの地方自治体が「地域開発計画」を立て，地域振興を図ってきている。しかし，その計画の多くは上位計画としての国や北海道の計画に整合させたものであり，先にも述べたとおり地方自治体が競って工場誘致のため

表3-1　人口の推移

	1960	1970	1980	1985	1990	1995
鵡川町	9,751	9,043	9,316	9,099	8,413	7,853
穂別町	10,108	6,511	5,275	4,969	4,458	4,114
日高町	6,747	5,182	3,653	3,151	2,748	2,652
平取町	13,387	10,770	8,494	7,767	7,352	6,883
門別町	18,138	16,046	15,222	15,116	14,228	13,903
計	58,131	47,552	41,960	40,102	37,199	35,405

資料：総理府統計局『国勢調査』による。

の先行投資を行ない，結局，目算が外れ自治体財政に大きな打撃を受けざるを得なかったというケースが多かった．北海道第3期総合開発計画（以下，3期計画）以降の事態がその典型といえる．つまり，具体的地域の開発計画は，上位計画への「対応」かそれの「利用」の諸形態として現われてくるとみてよい．しかし，高度経済成長期を通じたわが国の社会・経済が激変するなかで，地域開発計画を自ら立案するまでには至らず，まして上位計画が当該地域を包摂している場合，あるいはそれに隣接して計画されている場合には，一層困難な状況に置かれることとなった．例えば，北海道において新産都市建設指定地域及び周辺市町村において，あるいは3期計画の目玉としての苫東開発地域及びその周辺地域がそれであった．これらの地域では，これらの上位計画に「対応」し，自らの地域計画を立案するため研究者への地域調査依頼を行ない，その報告書[8]を基に地域開発計画を立案している．

　本研究の対象地域である沙流・鵡川地域についてみると，苫東開発隣接地域としてこれまで多大な影響を受け続け今日に至っている．

　苫東開発は，先にも述べたように，新全総と連動して計画された3期計画の中心的事業の1つである．3期計画が，北海道開発委員会から北海道知事に答申されたのは1969年9月であり，閣議決定をみたのが1970年7月であった．そして翌8月に開催された「苫小牧東部大規模工業基地開発連絡協議会」において初めてこの計画が一般に公開されている．

　計画は，「苫小牧東部地区において広大な工業用地を先行的に確保し，港湾の築設，産業基盤の整備をすすめ，鉄鋼業，非鉄金属製造業，石油精製業，石油化学工業，ガス化学工業，電力等の基幹産業と，これに関連する企業の立地を促進して，大規模工業基地の建設をはかる」[9]というものである．また，この時期に苫東計画が立案されたということは，「苫東地域においては，現在の住区から隔絶した地域に良好な条件をもった1万ヘクタールの用地確保が可能である．第3期計画では，ここに基礎素材型工業を『封じ込む』ことで，公害問題を制御すると同時に，これを全道にわたる，その他の重化学工業の起爆剤として利用するという，戦略部門の選択を行ったものと理解さ

れよう．この計画は今日，全国的にも装置型工業が著しい立地難に当面していることから，これに最適の用地を供給するものとして高い評価を受け，ナショナルプロジェクトとしてその推進が図られている」[10]とあるように，既成の工業地域では受け入れ難い重化学工業の移出をこの地域が受け持つということであった．

　この計画が，当該地域及びその近隣地域に及ぼした影響は甚大であった．第1に，この計画が一般に公開された1970年8月には，開発予定地9,818haのうち，6,060ha分の土地代金の支払いが終わっている．計画決定後わずか1か月で開発予定地積の60%をこえる土地が取得されていたのであった．こうした土地の先行取得によって，周辺地域における土地移動は本格化し，「近年は資金の過剰流動性を背景とした全国的な土地ブームと苫東関連の移動が本格化し，それに随伴する不動産業者の暗躍も本格化している．すなわち，1965年当時と最近3年間（1968～70年）を比較すると，地目では原野，山林，牧場での移動が激化しており，1件当たり面積も大型化している．しかも，所有者の動向も基本的には町内所有者が主体となっているが，実質町外所有者のウエイトが高いと思われる．また，このような移動の激化は，当然土地売買価格の高騰につながり……」[11]とし，この開発に伴う土地買収が近隣地域での地価高騰とそのスプロール化を生じせしめていることが指摘されていた．

　第2に，開発による海面埋立て・堀込み等の港湾建設計画がもたらす漁業権＝漁場の消滅についてである．この漁業権消滅に対する補償は，前記の開発用地取得の際に行なわれた戸別農家との交渉とは異なり，漁業生産手段としての海面利用の性格（共同利用を基本とする）から単位漁業協同組合毎及び関係漁協に対して行なわれた．それが行なわれたのは，農地を中心にした土地買収にほぼ見通しをつけた後であった．

　単協に対しては，「大規模工業基地建設に伴う漁業対策」として，①漁業補償，②将来の漁業振興，③公害，④移転，⑤就業，などの対策を提示しながらの交渉であった．これが具体的な金額提示を伴って一般に知られたのが

1972年9月であった．それは，苫小牧，厚真，鵡川の漁協に対する総額40億円余の漁業補償額の提示としてであった．以降，胆振東部7単協に対する102億800万円にのぼる漁業補償で交渉が妥結するまで長期の交渉がもたれている．結果は，漁業権を生産に行使しうるだけの漁民が，国民全体の海面をこの計画主体に売り渡すことになった．交渉の過程で，補償金吊り上げのためとも思われる反対ポーズをとりつつも安易に補償に応じた漁民層は，その組合をも含めて自らの営漁と組合の将来に展望を持ち得ないところにその原因があったとみてよい．組合ごと，最後まで反対を続けた厚真漁協とは好対象をなしていた[12]．なお，消滅漁業権の実態を含め，この地域の漁業と「大規模開発」との関係については次節で詳述する．ともあれ結果は，厚真町の海浜買収，関係漁民の移住，港湾築設のための臨海海域漁業権が消滅している．

第3に，苫東開発に伴う水問題がある．この点については，すでに前掲著『地域開発政策の課題』第3章の「苫小牧東部開発と沙流川水資源問題」で詳述しているので重複を避けるが，計画の骨子は，日高町，平取町，門別町を流れる沙流川の過去10年間の年間平均流量が約17億トンあり，1日平均460万トン流れていることになるので，日量56万トンを平取町内2か所（宿主別，二風谷）に建設するダムによって確保し，二風谷ダムから導水管によって苫東基地に送水するというものであった．

このダム建設に伴う実施計画調査の要請を受けた平取町は，1971年以降この実施計画調査について検討した結果，「ダム建設工事は，町及び関係住民の同意のない限り絶対に着工しない」などの5項目の要求を国と道に認めさせ，1973年12月に実施計画調査に同意している．その後，調査は1973年から81年まで9年間にわたって行なわれ，この間にダム取水量が日量56万トンから27万トンに変更され，さらに，平取町，門別町の水道用水，灌漑用水，発電が認められ，現在二風谷ダム建設は終了している．

以上の3点（土地買収，漁業権補償，ダム建設）は，開発を推進する側にとっても，地域及び地域住民にとっても重大な問題であった．

3. 地域問題の生起

　苫東開発計画のこれまでの経過をみると，北海道開発庁から基本計画が発表されたのが1969年9月であり，これと同時に，北海道と関係市町とが苫東計画に係わる連絡協議会を設置し，同時に土地買収に着手している．

　一方，政府は，1970年第3期計画を閣議決定し，1971年5月苫東開発基本計画案を発表し，翌6月にはこの計画に対する関係市町の要望がまとめられている．また，1972年7月には苫東開発株式会社が発足し，1973年7月苫小牧市が地域懇談会を開催するに至っている．

　以上の経過をみると，この計画が国から道，関係市町，そして，地域住民へと「下ろされた」ものであったことが分かる．地域では，自治体及び住民がこれへの「対応」を迫られたのであった．この間の事情を逸早く批判的に調査報告している日本弁護士連合会・公害対策委員会は，その報告書『苫小牧東部大規模工業基地開発実態調査報告書』（1974年3月）の54頁で次のように述べている．「計画案策定の過程において，国ないし道が開発地域および開発の影響を受ける地域の住民に対して，計画案を公表したり，説明会がもたれたりして，住民の意見を問うといった作業は全く行なわれていない．道は本計画の内容をひた隠しに隠した上で，用地の先行取得のための買収を，基本計画案発表の直後から開始し，現在までに民有地につきその94％を取得している．このように広大な土地をほとんど抵抗らしい抵抗なしに買収を完了したこと自体，本計画の策定が秘密裡に行なわれてきたことのなによりの証左であろう」．かくして前節で述べた地域開発に伴う第1の問題点である「土地問題」が，住民（農民）からみれば，ナショナル・プロジェクトに対する協力を建前とする役人（お上）による土地（農地）買収交渉の進展に伴って顕在化することになった．交渉は極めて順調に進んだ．その理由はいくつか考えられるが，1つには，開発主体である国や道が計画の全容を地域住民に知らせず，土地所有者間（農民間）での情報交換の暇もない状況下で，

個別交渉によって土地取得を行なうという極めて巧妙な手法を用いたこと，2つには，当該地域の土地（農地）条件が悪く，土地所有者（農民）の多くが将来（農業）への展望を持っていなかったこと．こうした状況の下で，私有財産たる土地（農地）がその所有者（農民）の意志によって「自由」に売却された．

このように苫東開発に関する基本計画が発表される以前に進められた土地買収は，誠にスムーズに行なわれたかにみえたが，こうした道の強引な用地買収過程での農地法違反が問題にされ，北海道議会に「百条調査特別委員会」が設置され，用地買収の実態が道民に明らかにされる一方，苫東開発と同じ位置づけで計画されていた志布志，むつ小川原開発地域における住民の反対運動，そして，研究者によるこの種の開発計画に対する警鐘[13]もあり，地域住民のなかに不安と疑問が大きくなりはじめていた．

ともあれ道による土地買収が一応の決着をみた段階で，港湾建設と工業用地建設に伴う海浜埋立及び船舶航路に係わる海域の漁業権買収へと事態は推移した．わが国の漁業権は，定置漁業権，区画漁業権，共同漁業権からなり，それぞれが行政庁の免許によって一定の水面において排他的に漁業を営む権利である．このすべての漁業権が当該地域では問題となったが，特に，共同漁業権の消滅が大きな問題となった．それは共同漁業権の性格が，「共同漁業権の本質は，一定の漁場を共同で利用して漁業を営むということである．共同で利用してというのは，その地区の漁民の入会漁場であるという性格が強いことを意味し，一般的には漁業協同組合又は漁業協同組合連合会が漁業権を有し，その制定する漁業権行使規則に基づいて組合員がその漁場で入会って漁業を行なうものである．このような漁業協同組合が管理する漁業権（一般に『組合管理漁業権』という）は，もともと経営者に直接免許される漁業権（一般に『経営者免許漁業権』という）とはその本質を異にし，漁民による漁場管理としての性格を有している．それが排他的効力を有する漁業権とされていることは，定置，区画の個別的漁業権が第三者の侵害を排除しなければ技術的に成立しえない漁業形態であるのに反し，組合管理漁業権は，

漁法からいえば特にその必要性はなくても，関係漁民に漁場を管理させるためには，その漁民の集合体である組合に，それに必要な権利を付与することが適切であるので漁業権としたものである．漁民団体による漁場管理という性格は，共同漁業権にだけ固有のものではなく特定区画漁業権についてもみられるものであるが，共同漁業権において，それが本質的なものであるのに対し，特定区画漁業権においては必ずしもその本質をなすものではない」[14]というものであり，当該地域の漁業権が，個別漁業経営体の判断によって「消滅」させることが出来ない漁業協同組合有の共同漁業権であり，漁業協同組合の合意が漁業権買収には必要であった．個別農家の判断で売買が可能な農地と協同組合の合意が必要な漁業権とでは大きな違いがあった．漁業権消滅は「苫小牧市，厚真町，鵡川町の1市2町の沿岸海域に広がっている．漁業権別には，苫小牧漁協組が権利を有する胆海共18，19号の過半5,210haの消滅，厚真漁協組が権利を有する胆海共20，21号の全面消滅による3,100ha，鵡川漁協組が権利を有する胆海共22，23号の一部の540haのように，沿岸線に沿った3単協単独有の共同漁業権8,850haの消滅を基本としている．さらに，苫小牧漁協組ならびに厚真漁協組がそれぞれ権利を有する胆海共24，25号の一部，6,030haが消滅する．この胆海共24，25号の消滅部分6,030haは，室蘭漁協組，登別漁協組，虎杖浜漁協組，白老漁協組，苫小牧漁協組，厚真漁協組，鵡川漁協組の以上6市町7単協が共同で権利を有する胆海共31，32号の一部分」[15]であり，航路の規制海域部分をあわせると広大な海域にわたっていることが分かろう．

　こうした苫東開発の全容が一般地域住民に知れわたった1973年7月，苫小牧市，千歳市，早来町，白老町，追分町，厚真町，鵡川町，穂別町，平取町，門別町などの住民が参加して「大資本奉仕，公害たれ流しの苫小牧東部開発に反対する会」が結成されている．この時の参加者は130名余，結局，この会には71団体，3個人が参加し，その後の反対運動を続ける1つの母体となっている．この結成大会でのアピールを見ると，苫東計画について関係地域住民に何の相談もないこと，高度成長の"つけ"としての公害をこの

地域に押し付けようとしていることが窺われることなどから，この計画に明確に反対することが述べられている．この会の事務局は，苫小牧地区労内に置かれ，会はそれぞれの参加団体の独自活動を妨げないこととして活動を開始しはじめていた．

　一方，苫小牧市は，この会が発足する以前に苫東開発を地域住民に説明し，これへの理解を得るために住民懇談会を開催するが，「懇談会は，地域住民および各種団体を対象に12か所で行われ，約1,400名の市民が参加した．住民の合意を求めて開かれた懇談会であったが，どの会場でも苫東開発に反対する住民の声が大勢を占め，苫小牧市は窮地にたたされた．この懇談会の開催中に反対する会が結成され，苫小牧市をはじめとする開発を進める側に対し，物言わぬ大きな圧力となったことは言うまでもない」[16]という実態であった．

　しかし，苫小牧市は，この住民懇談会の開催を根拠にした市の独自計画を発表し，これに対してこの会は反対の請願署名を行なっている．この請願署名が否定され「苫東開発に関する市の基本方針」が議会で可決されると，次には，港湾審議会開催阻止運動を行なっている．また，この会の発足後間もない1973年8月には，「厚真町東部開発を考える会」が，9月には，「厚真町自然と生活を守る会」が結成され反対運動が行なわれるが，農漁業の将来に展望を持ち得ない農漁民から次第に土地売却・漁業権補償に応じはじめ，やがて最後まで反対を貫いていた厚真町漁業協同組合が補償に応じたことによって，この段階での住民運動は一応の結末を迎えている．

　かくして，1976年8月，苫小牧東港建設のための作業船溜り工事のための捨て石投入が開始されるに至った．

　この間の当該地域自治体の対応は，その置かれた客観的状況（農林漁業生産の停滞とその下での商工業の停滞）としての過疎化の下で，この苫東開発計画という「上位計画」への「対応」かそれの「利用」に止まり，それに合わせたそれぞれの地域の地域開発計画を立案していた．それ故に，その後の経過が示す通り，上位計画の頓挫とその見直しによって，それぞれの地域計

画も頓挫し,その見直しが迫られたのであった.

すでにみてきたとおり,第3期計画及びその下での苫東計画は,その大幅な計画変更を迫られたのであるが,この間に進められてきた港湾建設工事(防波堤,厚真・鵡川地区での漁港建設,道路等関連土木工事)に伴う膨大な額の公共投資がなされる一方,火力発電所建設,石油備蓄基地建設などへの投資によって,当該地域経済への大きな影響を与えた.また,苫東基地での将来の水需要に備えた沙流川水系でのダム建設工事及びそれに伴うさまざまな公共投資が続けられ,これに伴う地域経済への影響もまた大きなものであった.

このように地域開発は当該地域経済に大きな影響を与え,その結果として地域住民の側からのさまざまな問題提起がなされる一方,具体的な住民運動が展開されて行った.つまり,地域開発によって地域に諸矛盾が惹起し,その諸矛盾を地域住民がさまざまな形態で「問題化」したのである.

当該地域住民が以上のような歴史的経験を蓄積しつつ,今日もまた地域における諸矛盾に直面し,それにさまざまな形態で対応・対抗している地域問題の実相を,この地域の生産力の担い手に着目しつつ,以下で考察することにする.

注
1) 前掲『地域の社会・経済構造』14頁.
2) 同上書,14頁.
3) 同上書,14頁.
4) 同上書,245頁.
5) 同上書,264頁.
6) 前掲「地域産業の相互関連調査」(II),112-113頁において,地域内諸産業を,当該地域の域際関係の中に占める位置づけによって整理するために行なった分類方法によれば,「I」産業として,地域外の市場に対応し,域際関係において収入をもたらす産業.「II」産業として,地域内において物的な生産活動を行なっているが,その市場が基本的に地域内に限られている産業.「III」産業として,地域内産業一般に対して用役を提供する産業.「IV」産業として,直接住民生活に対応する産業,などがあり,留萌地域の経済は,その生産所得から見れば全体の

1/5 の所得しかない「I」産業が地域内経済循環の「起点」となり，他の「II 〜IV」産業にその存立基盤を与えている．
7) 同上書「地域産業の相互関連調査」(II)，139 頁．
8) 苫東計画策定以降，これに関連した自治体からの地域開発計画策定のための調査依頼は多く，筆者が参加したものでも恵庭町，早来町，鵡川町，厚真町，平取町などがあった．当時の地域開発に対する考え方は，以下のようなものであった．戦後の国の地域開発政策で一貫している点は，公共投資の資本効率を重視するという原則に立った投資の地域配分であった．この配分原則が貫かれる限り，成長地域に投資の集中を生むという優遇政策がなされ，地域性を無視した地域開発計画によって公共投資を呼ぼうとする地域間競争が繰り広げられる一方，企業も無秩序に近い地方進出の競争を展開し，時には，思惑による企業の立地競争さえ行なわれ，公共投資が後追いするという事態さえみられた．

　こうした事態の中で，地域の側からすれば，いかにして地域に多くの公共投資を導入するかが目標となり，国民経済発展への協力というよりは，むしろ企業誘致と企業への奉仕に力を入れるという結果となっていた．こうしたことからわが国の地域開発は，地域がもっている固有の開発課題がナショナル・レベルでの開発政策によって事実上抹殺される結果となった．こうして現実に進行した地域開発が，資本主義経済の下での無慈悲なまでの資本の論理の貫徹によって，地域住民が主体となった開発とはかけ離れたものとなっていたことへの批判から，国民生活や地域住民の立場からの均衡のとれた地域開発に正すべきであるとの考え方に立って，地域からの調査研究依頼に応えていた．
9) 「3 期計画」第 2 部，5 の (2) のア，重化学工業の開発振興．
10) 『総合開発新報』第 26 号，北海道総合開発研究所，1973 年 7 月，9 頁．
11) 前掲書『地域開発政策の課題』157 頁．
12) 拙稿「大規模工業開発と漁民意識」『総研時報』第 36 号，1972 年，北海道立総合経済研究所，において，厚真町漁業が少数の階層差のない漁民が漁協に結集し，長年の努力の結果，増養殖漁業による高級魚介類の計画的生産体制の確立をしていたこと，漁家の家族構成からみて若年層が分厚く，専業率が高いこと，そして，共同作業，共同経営が定着していることなどをあげ，結果として，将来の漁業に展望をもっていたことにより，簡単に漁業権を売り渡すことをしなかったことを指摘している．
13) 佐々木洋「苫小牧東部開発に対する厚真町としてのあるべき基本姿勢と諸方策」『厚真町における地域総合計画策定上の基本事項中間報告書』1971 年，厚真町．この論文は，厚真町から地域調査依頼を受け，池田善長教授（北海学園大学）が組織した 9 名の研究者グループの共同調査研究の成果を中間報告として佐々木洋が取纏めたものである．また，むつ・小川原開発問題研究会編『むつ・小川原開発読本』北方新社，1972 年などがある．
14) 金田禎之『実用漁業法詳解』成山堂書店，1997 年，増補 10 訂版，41 頁．

15) 工藤勲「臨海地域開発と漁業」『北海道漁業研究』第14号，1976年，31頁．
16) 苫小牧環境問題対策協議会編『苫小牧東部開発計画との闘い』武蔵野書房，1981年，7頁．

第4章
沙流・鵡川地域の農業

　国土・地域開発が地域経済に及ぼす影響が極めて大きく，沙流・鵡川地域においても，苫東開発との関連によって地域経済が大きく左右されたことを指摘してきた．

　前章では，この苫東開発の初期段階での苫小牧・厚真地域での地域問題について若干述べておいたが，苫小牧市や厚真町のように土地買収や漁業権買収によって直接的な住民移動が行なわれた地域に隣接した地域である沙流・鵡川地域においても地域問題が顕在化したし，今日も現存し続けている．この点につき触れる前に，この地域の産業と就労実態についての概要についてみておくことにする．

　この地域の経済は，自営農林漁業を中心にした第1次産業及び地域の資源と労働力に依拠して立地している第2次産業，そして，これらを基盤に分厚く存在している第3次産業によって成り立っている．以下では，この地域の主要な産業としての農業を担っている自営農業についての考察を行なうことにする．

1. 地域農業の実態

(1) 耕地及び家畜の推移

　沙流・鵡川5町（穂別町，鵡川町，日高町，平取町，門別町）の農業開拓は，「鵡川，沙流川の両水系に沿って下流部から上流部への順序で進み，最奥地の日高町を除いてほぼ明治末年から大正初期にかけて一定の段階に到達

し」[1],「明治20年代以降本格的な展開を遂げ，明治末年に一定の到達点に達したこの地域の開拓農業は，第1次大戦に際会して畑作農業として大きな外延的拡大を果たすものの，大戦後不況や地力問題等のために大きく後退し，かわって大正から昭和初期にかけて水田農業が定着してその再編成をほぼ終える」[2]．この水田定着過程において，日高町が若干の遅れをみせた以外，他の4町はいずれも大正末期には戦前の開田水準に達していた．しかし，いずれの町においても農業が本格的展開をはたすのは，戦後開拓及び農地改革という2大施策を出発点とする戦後過程においてであった．

　戦前における北海道は，「拓殖」という言葉が示す通り内国殖民地としての位置づけがなされ，その下での強力な移民政策によって農林漁業及び鉱業への人的投資がなされた．しかし，戦後における北海道は，植民地を失った日本資本主義にとって死活を制する地域として位置づけられ，復員・引揚者を中心とする人口収容と食糧確保の地として大きな役割を担わされた．1945年11月に閣議決定をみた「緊急開拓実施要領」は，「富源の開発と民生の安定といふ2大要請に応えてクローズアップされてきた戦後本道の開拓については，第2期拓殖計画の終了に伴い新たなる構想の下に『第3期拓殖計画』が樹てられることとなり，昭和21年7月，北海道官民の全智を結集した『北海道綜合開発委員会』が道庁を中軸として発足し，目下着々調査立案を進めているのであるが，現下の情勢はこの第2期より第3期に移行する間において緊急の対策を要求している．終戦直後の緊急開拓事業がこれであって，昭和20，21年度を第1年度として昭和25年に至る5か年がその期間として」[3] 計画され，全国の未利用地150万町歩の開拓を決め，そのうち70万町歩を北海道が受け持つことになった．この計画は，結果として未達成に終わったものの，1946年から56年にかけて全道で16万2千haの開墾がなされている．沙流・鵡川地域においても山村地域を中心に入植・開墾が行なわれた．

　沙流・鵡川5町の総耕地面積と田畑別の平均耕地面積をみると（表4-1参照），1960年段階で耕地面積がピークに達しているのは日高町のみであり，

穂別町ではこの45年間さほどの変化なく推移し，鵡川・平取・門別の各町は1995年が最大の耕地面積となっている．耕地内容からみると，いずれの町でも1970年まで田の作付面積が一貫して増え，逆に，畑の作付面積が総じて減少している．戦後緊急開拓の始まる1947年以降，わが国資本主義が北海道に課した地域分担課題としての人口収容（開拓入殖）と食糧増産（農地開拓）という2大課題に応えるべく，この地域でも農地開拓が進められたことを示すものであり，中でも水田化が激しく進められたことが分かる．北海道開発の歴史からみれば，緊急開拓以降の第1期第1次5か年計画下での食糧増産政策の強力な推進，これに続く第2次5か年計画下での農業生産基盤整備，そして，1963年に始まる第2次総合開発計画下

表4-1 田畑別作付面積の推移

区分	年度	経営耕地面積	田の作付面積	畑の作付面積
鵡川	1950	2,327	1,615	712
	1960	2,578	1,913	664
	1970	3,273	2,581	690
	1985	3,530	1,752	887
	1995	3,679	1,897	1,012
穂別	1950	1,843	231	1,611
	1960	1,908	658	1,248
	1970	1,824	1,266	550
	1985	1,949	870	618
	1995	1,855	840	761
日高	1950	912	116	798
	1960	941	244	696
	1970	771	452	310
	1985	545	188	169
	1995	541	158	176
平取	1950	2,778	627	2,149
	1960	3,347	938	2,410
	1970	3,360	1,759	1,579
	1985	3,874	1,363	1,935
	1995	4,104	1,349	2,341
門別	1950	3,000	962	2,037
	1960	4,124	1,067	3,056
	1970	4,567	1,449	3,088
	1985	6,865	1,058	5,262
	1995	7,499	918	6,358

資料：『北海道農業基本調査』より作成，1995年は『農業サンセス』より作成．

での「農業近代化」政策などにより，それぞれの時期に大きな政策投資がなされ，本道農業の生産力は飛躍的な発展を遂げたのである．こうした推移の下で食管制度による「相対的有利性」を根拠として水稲栽培が急増したのであった．しかし，本道においても，また，当該地域においても稲作作付がほぼピークに達した1970年に農政の一大転換がなされたのであった．稲作生産調整の実施である．これまで食糧増産を奨励され，相対的有利性を持つ米

第4章 沙流・鵡川地域の農業

作りに励んできた農民に米を作るなということであり，特に，傾斜生産調整配分を受けた本道農業は試練に立たされることになった．以来，本道農業は，この稲作生産調整，つまり第1次減反期においては，単純休耕に始まり通年施行による地域ぐるみ対応，そして飼料作物への転作が一般的に行なわれている．これに対して1978年に始まる水田利用再編対策，つまり第2次減反期においては，飼料作物への転作を引き続き行なうと同時に，いわゆる有利な「特定作物」生産へと転作を行なってきた．以上が1次・2次減反期における本道農業の一般的対応であったが，地域や農民階層によってその対応は異なっている．

　以下では，当該地域5町の農業につき，いくつかの指標に限り分析を行ない，地域農業の現状を明らかにすることにする．最初に，耕地についてみると（前掲表4-1参照），総耕地面積では，1963年以降一貫して増加傾向にあるのは鵡川・平取・門別の各町であり，さほど変化がないのが穂別町で日高町は一貫して減少している．一方，これを1戸当たりの平均経営耕地面積でみると，全町で面積増となっているが，第1次減反政策実施直前の1973年では鵡川・平取・門別各町で4ha台であるのに対して日高・穂別両町は3.5ha未満である．

　次に，田の耕地面積の推移をみると，この5町が持つ農業のそれぞれの特徴が現われている．鵡川町は，この地域では最も古くからの水田単作地域であり，1963年時点ですでに1戸当たりの平均水田面積が3.0haと他の町の2倍以上の面積を有し，その後も順調に開田を進め，1973年には1戸平均4.1haと他町のそれを大きく引き離し，さらに1995年には7.5haに達し，農業の基本的生産手段である農地保有上極めて有利な立場にあったことがうかがえる．これに対して日高町は，山村地域で稲作条件も悪く，加えて小規模経営面積であり，1973年段階で1戸当たりの面積が2.3ha，1995年に至っても3.2haでしかない．

　畑の面積では，日高町を除く4町で1973年以降耕地拡大が行なわれるなかで鵡川町と門別町では1973年から1995年にかけて約2倍の拡大である

（表4-2参照）．後に考察することになるが，第1次減反期以降，稲作プラス「α」を稲作以外の農業に求めるための耕地拡大であった．さらに「α」として求めた農業の性格，つまり酪農か畑作かの違いが1戸当たりの平均耕地面積に現われている．特に，門別町では，この地域が他の4町に比べ酪農，軽種馬生産に特化しているという地域農業の性格を反映しての結果である．

このような町毎の耕地面積及びそこでの作付推移をみる限り，その推移がそれぞれの町が持っている農業種類を背景に，減反政策を直接の契機として変化してきたものとして理解されよう．

表4-2 田畑別平均耕地面積の推移

町	年度	田	畑
鵡川	1963	3.0	0.8
	1973	4.8	1.5
	1995	6.3	2.6
穂別	1963	1.6	1.3
	1973	3.5	1.4
	1995	4.6	2.7
日高	1963	1.3	1.7
	1973	2.8	1.2
	1995	3.2	1.7
平取	1963	1.4	1.8
	1973	3.6	2.7
	1995	4.6	5.1
門別	1963	1.3	2.2
	1973	2.7	6.7
	1995	3.8	11.4

資料：『北海道農業基本調査』，1995年は，『農業サンセス』より作成．

換言すれば，高度成長過程における外国農産物の大量輸入，それへの対応策として日本農業が稲作モノカルチャー化を進行させたその時，頼りとした稲作そのものが減反政策により否定され，次の対応策の1つとして，この地域では，耕種部門と畜産部門の結合が重要な課題となってきたとみてよかろう．

表4-3は，この地域における家畜保有状況の推移を示すものである．まず乳牛についてみると，全町に酪農経営農家の存在を認めることができるが，1983年時点で飼育農家数が層をなして存在しているのは，平取と門別の2町であり，1963年以降，飼育農家戸数を激減させつつ，1戸当たり飼育頭数が急増（多頭化）している．次に肉牛についてみると，全町で多頭化傾向が顕著であるが，門別町の1戸平均90頭が頭抜けた規模となっている．

軽種馬経営では，門別町が他町とは異なり酪農と並んで町農業の重要な柱となっている．この部門についても多頭化傾向は否めない．最後に養豚についてみると，平取・門別・鵡川の各町での飼育頭数が多く，1973年以降多

表 4-3　大型家畜経営農家数・頭数の推移

区分	年度	乳用牛		肉用牛		軽種馬		豚	
		農家数	頭数	農家数	頭数	農家数	頭数	農家数	頭数
鵡川町	1963	61	297	—	—	704	1,182	211	317
	1973	42	504	10	55	76	417	145	1,710
	1983	17	537	49	818	53	588	38	1,792
	1995	9	477	39	1,371	7	262	10	2,664
穂別町	1963	48	115	11	13	469	801	272	446
	1973	25	112	44	266	20	67	71	728
	1983	5	14	47	933	12	121	13	617
	1995	—	—	45	1,083	—	—	—	—
日高町	1963	38	122	—	—	234	315	123	238
	1973	11	178	34	283	0	0	13	698
	1983	4	106	26	311	0	0	3	180
	1995	3	142	13	276	3	93	—	—
平取町	1963	235	842	13	23	700	1,250	425	944
	1973	105	1,098	82	686	71	612	169	1,257
	1983	53	1,738	100	1,576	52	631	57	2,516
	1995	34	1,985	74	2,633	32	1,194	18	3,125
門別町	1963	595	2,702	38	91	964	2,473	356	816
	1973	336	3,472	45	258	375	3,280	88	851
	1983	168	4,968	21	908	323	4,393	28	2,505
	1995	101	5,655	33	2,959	100	3,390	12	3,701

資料：『北海道農業基本調査』，1995年は『農業サンセス』より作成．
注：1963年，1968年の軽種馬には農用馬が含まれる．

頭化が進んでいる．

　このようにみてくると，この地域には，乳牛，肉牛，軽種馬，養豚などの家畜生産農家の広範な存在を認めることが出来るが，酪農と軽種馬農業が主体の門別町，肉牛を主体にすべての家畜部門経営を持つ平取町がこの地域の特徴といってよいと同時に，耕種部門での稲作が一大転換を迎えたその時期以降，畑作部門同様，畜産部門での地域的多頭化展開がなされてきていることに注目しなければならない．

(2) 農家流出と耕地規模間階層移動

　農業基本調査結果により 1963 年から 1983 年に至る農業の変化をその担い手に即してみると，当該 5 町合計で農家戸数の減少が 1,637 戸，農家人口の減少が 12,487 人，農業従事者数の減少が 3,637 人である．この 20 年間に実に多くの農業人口を減少させてきたといえよう．さらに 1983 年から 1995 年にかけても全町で農家数，農家人口，従事者世帯員数で共に減少が続いている（表 4-4 参照）．

　まず，農家数についてみると，鵡川町と日高町が両極をなしている．鵡川町は，1968 年から 1978 年にかけての第 1 次減反期に大きく農家数を減少させてはいるものの，その後の第 2 次減反期以降の減少は鈍化し，1963 年対比 1984 年変化は 74 である．これに対して日高町では，1978 年時点ですでに半減し，その後も農家の減少が続き指数は 48 である．この他の町はこの中間に位置している．

　農家人口の推移をみると，農家戸数の減少よりも著しく，5 町すべてで 1995 年の指数値が 50 以下となっている．男子が女子よりも早く流出するという一般的傾向がこの地域でも示されている．この点でも日高町での流出が激しく，次いで山村部を持つ穂別町と平取町での人口流出が多くなっている．鵡川町での流出は少ない．

　次に，農業の実際の担い手としての農業従事者世帯員数の推移についてみると，従事者世帯員の推移では，鵡川町における従事者世帯員の残存率が高く，次いで門別町となっている．門別町の数値は，この町の持つ農業が酪農と軽種馬農業に特化していることからくるものであり，鵡川町での実態は後にみる如く，稲作単作農業の一般的特徴である兼業による経営維持を表わしている．

　このようにこの 20 年間，当該地域農業から多くの農家及び農家人口の流出をみているのであるが，以下では，その過程を農地規模間移動でみることにする．

　表 4-5 は，5 町における耕地規模別農家数の推移を示したものである．

表 4-4 農家人口・農家数，従事者世帯員・兼業従事者世帯員数の推移

区分	年度	農家人口 総数	農家人口 指数	世帯 総数	世帯 指数	A 総数	A 指数	B 総数	C
鵡川町	1963	4,870	100	824	100	2,230	100	123	3
	1973	3,482	71	709	86	1,923	86	695	20
	1978	2,935	60	639	78	1,729	76	525	10
	1984	2,691	55	604	73	1,835	82	613	23
	1985	2,664	55	596	72	1,684	76	604	23
	1995	1,970	40	490	59	1,292	58	534	27
穂別町	1963	4,023	100	706	100	1,880	100	509	13
	1973	2,499	62	564	80	1,293	68	539	22
	1978	2,037	51	509	72	1,174	62	548	27
	1984	1,627	41	443	63	1,089	58	450	28
	1985	1,619	40	431	61	1,040	55	462	29
	1995	1,176	29	320	45	681	36	318	27
日高町	1963	1,782	100	313	100	806	100	224	13
	1973	871	49	198	63	419	52	300	34
	1978	651	37	163	52	422	52	230	35
	1984	559	31	149	48	389	48	224	40
	1985	564	32	151	48	404	50	233	41
	1995	425	24	131	42	281	35	165	39
平取町	1963	6,454	100	1,175	100	3,123	100	530	8
	1973	4,015	61	921	78	2,298	74	912	23
	1978	3,234	49	780	66	1,968	63	696	22
	1984	2,743	42	697	59	1,845	59	650	24
	1985	2,686	42	689	59	1,730	55	665	25
	1995	1,868	29	510	43	1,240	40	451	24
門別町	1963	7,699	100	1,342	100	3,117	100	281	4
	1973	4,345	56	902	67	2,614	84	572	13
	1978	3,794	48	836	62	2,262	73	451	12
	1984	3,459	43	782	58	2,285	73	488	14
	1985	3,348	43	758	56	2,135	68	488	15
	1995	2,538	33	605	45	1,725	55	371	15

資料：『北海道農業基本調査結果報告書』より作成.
注 A：農業従事者世帯員数，B：兼業従事者世帯員数，C：農家人口に占める兼業従事者割合.

1963年時点で分厚く存在していた 5ha 以下層が，1984年までに全町で半数以下に激減している．減少の時期は 1978年までが著しく，その後は鈍化している．この層に続き多い 5〜7.5ha 層での動きをみると，1963年から 1973

年にかけて農家数が増加し，その後1978年まで停滞傾向を示し，それ以降漸減傾向を示している．さらにこの上の7.5ha以上層をみると，鵡川，穂別両町がすべての層で農家数の増加がみられるのに対して，平取，門別両町では1978年時点が7.5～10ha層での増加のピークであり，それ以降の時期での増加は10ha以上層に移っている．こうした4町とは異なった動きを示しているのが日高町であり5ha以上層においても1973年をピークに減少に転じている．

　以上のことからこの地域の農業が，5haを境に大きく階層間移動を行なってきたことがわかる．具体的には，0～5ha層の下層を中心とした離農と，上層を中心にした上向化が進んだものと考える．さらに，5ha以上層においてもこの間に大きな動きがみられ，年を追う毎に上層での肥大化が進んでい

表4-5　耕地規模別農家数の推移

区分	年度	総数	0～1	1～5	5未満計	5～7.5	7.5～10	10～15	15～	5以上計
鵡川町	1963	824	70	627	697	97	12	18	0	127
	1973	709	55	390	445	203	36	13	12	264
	1978	639	65	276	341	201	63	18	16	298
	1984	604	67	225	292	170	73	48	21	312
	1995	490	49	146	195	124	93	50	28	295
穂別町	1963	706	186	445	631	73	1	1	0	75
	1973	564	141	286	427	104	26	5	2	137
	1978	509	151	208	358	105	29	14	2	150
	1984	443	108	172	280	85	42	32	4	163
	1995	131	24	74	98	18	8	3	4	33
平取町	1963	1,175	325	669	994	135	37	9	0	181
	1973	921	221	431	652	150	56	37	26	269
	1978	780	193	299	492	117	93	58	20	288
	1984	697	147	258	405	93	80	69	50	292
	1995	510	86	160	246	86	42	66	70	264
門別町	1963	1,342	405	714	1,119	115	62	42	4	223
	1973	902	110	432	533	160	84	74	51	370
	1978	836	83	326	409	152	96	101	78	427
	1984	782	72	261	333	127	74	126	122	449
	1995	605	38	144	182	84	57	96	186	423

資料：『北海道農業基本調査』，1995年は『農業センサス』より作成．

る．しかし，こうした一般的傾向と同時に，先にも見たように，町によって離農傾向が大きく異なっていることにも注目しておかなければならない．その第1は，離農率についてである．この間の離農率（1963年～1973年間の農家減少数を1963年の農家戸数で除したもの）が高い順に町をみると，日高町が37，門別町が33，平取町が22，穂別町が20，鵡川町が14となっている．第2に，5haを分解基軸と仮定した場合，5ha未満層のうちどれだけの農家が上向展開を果たしたのか，つまり，5ha以上層での1963年～1973年に至る純増農家数を5ha未満層での純減農家数で除したものを上向化率とすれば，日高町がきわだって低く14％でしかない．次いで門別町が25％，平取町が26％，穂別町が30％，鵡川町が54％となっている．

以上の2点から，日高町での離農が際立って多く，しかもこの間の階層間移動で上向化を遂げた農家が実数にして僅か18戸でしかなかった．これに対して鵡川町では，5町中で一番離農率が低く，上向化を遂げた農家実数が137戸にも及んでいる．その後，1983年まで，日高町を除く4町で5ha以上層が増加を続け，それ以降漸減しつつある．平場農村と山村，所有耕地面積規模，農業種類などの相違によってこうした差異が生まれたものと考えられるが，以下でみる通り，農業あるいは農家自体が生き延びるための条件としての兼業による農外収入の確保が可能かどうかという問題を抜きには結論を出すことは出来ない．つまり農業あるいは農家をとりまく労働力市場条件の相違が農業継続の大きな要因となって，この間の移動があったとも考えられるのである．したがって，次にこの点についての分析を行なうことにする．

(3) 地域別の兼業対応

農民層の分化・分解は，個別農家の脱落と一方での上向化を指し，その契機はさまざまであるが，一般的には農業生産力の発展に基づく労働力の農外排出であるが，この期の特徴は，先にみたとおり農政の激変を契機とした流出であった．また，農業における兼業化の進展についても，基本的には農業生産力発展に基づく労働力排出の一形態であり，それが可能な地域と農業に

おいて進行する．表 4-6 は，当該地域における農家の兼業対応を示したものである．まず，専業率をみると，日高町の専業率の低さと門別町の高さが目につく．日高町については，山村農業が持つ特徴としての地域林業との兼業による高さであり，門別町については，この町の農業が酪農，軽種馬農業に大きなウエイトを

表 4-6　専業農家率の推移

区分	鵡川	穂別	日高	平取	門別
1963	75.4	49.6	9.3	40.0	52.4
1973	31.3	28.7	11.6	30.4	54.3
1978	41.9	25.3	15.3	36.8	59.2
1983	33.4	29.6	16.0	36.4	56.2
1985	35.4	31.3	14.6	37.3	57.0
1995	35.9	30.0	26.0	42.9	60.0

資料：『北海道農業基本調査』，1985・95 年は『農業センサス』より作成．

有していることに起因した高さである．一方，他の 3 町については，いずれも 1963 年段階での専業率が高く，特に鵡川町のそれが高い，稲作中心の農業地域のこの時点での特徴である．しかし，1970 年の第 1 次減反期を経た 1973 年をみると，3 町とも専業率を低下させ鵡川町では 1963 年の 75.4 から一挙に 31.3 へと変化している．こうした 3 町の特徴は，ここでの農業が，ほぼ稲作単作とみてよい鵡川町，稲作を基幹作物としつつも他にも多様な農業を町内に持つ穂別，平取町から成り立っていることによる．減反以前における稲作単作地域としての鵡川町での専業率の際立った高さが，開拓以来この地域の農民がかけてきた稲作への情熱をみてとることができ，それ故に減反そのものが稲作農業へ大きな影響を及ぼしたのである．減反への対応として，農業（稲作）を守りつつ，1 種兼業を中心に家計を補充し，農家として存在し続けたとみられよう．

次に，農家人口に占める兼業人口の推移を先の表 4-4 でみると，1963 年時点での農業人口に占める兼業人口比をみると，鵡川町の 3% と門別町の 4% が際立って低く，次いで平取町の 8% が続いている．他の 2 町についても 13% 台と低く，この時期には全体として農家労働力の他の労働力市場への対応が絶対数において少なかった．その後 1973 年になると，門別町の 13% を除く 4 町で兼業人口が 20% を越え，日高町では 34% に達している．減反以後の農民対応の姿であり，その後もこうした傾向は変わらず，その比率は微増傾向にあった．

2. 集落農業の現状

これまで1963年以降の当該地域における農業概況につき,その統計的把握を行なってきた.1963年といえば高度成長の真っ直中のことであり,北海道においては,第2期総合開発計画のスタートの年である.この計画は先にも述べた通り拠点開発方式がとられ,当該地域の労働力市場にその後大きな影響を及ぼした苫小牧臨海工業開発が本格化する年にも当たっていた.北海道全体としても,農業からの人口流出を中心に,それらの道外への流出がますます進みつつある時期でもあった.農業からみれば,基本法農政下での近代化の時代であり,農業の機械化と化学化により生産力が大きく高まりつつある時期であり,農業で余剰となった労働力が流出しつつあった.沙流・鵡川地域においても,1963年から1969年にかけて開田が進むなかで農家減

表4-7 集落農業の実態

区分	年度	農家総数	専業	一兼	二兼	農家人口	兼業従業者数	田面積	畑面積
鵡川町二宮	1970	64	33	30	1	372	36	26,030	1,460
	1975	63	11	48	4	330	53	27,143	1,328
	1980	54	1	42	11	285	61	26,641	1,187
穂別町稲里	1970	48	37	8	3	257	10	22,060	1,190
	1975	45	27	6	12	182	18	19,840	1,757
	1980	47	23	6	8	183	22	21,013	4,178
平取町紫雲古津	1970	73	18	44	11	279	59	20,320	2,570
	1975	67	16	38	13	308	57	20,214	3,483
	1980	62	2	43	12	276	62	21,987	4,100
平取町豊糠	1970	26	13	9	4	112	19	2,680	15,570
	1975	21	6	10	5	82	18	3,228	13,271
	1980	21	13	4	4	72	8	2,564	14,656
門別町平松	1970	31	29	1	1	149	2	0	38,320
	1975	28	22	5	1	130	3	0	34,951
	1980	26	24	2	0	108	2	0	45,855

資料:各町資料及び聞取り調査による.

少が進んでいた．その際，山村地域からの流出がより激しく，こうした山村部を持つ町での農家減少がより速く多いことは日高町での実態から窺うことができた．その後，1968年になるといわゆる総合農政が提唱され，1969年には米過剰問題が深刻化し，翌1970年には稲作生産調整が実施された．この生産調整が農業にもたらした影響は甚大であり，単純休耕や通年施工によりその場を凌ぐ一方，農業の機械化・組織化による生産力発展の下で，農外への人口流出と兼業化が進んだ．

沙流・鵡川地域においてもそれぞれの地域農業の実態を反映した農家対応の姿がみられ，稲作を基幹とした地域（例えば，鵡川町）では一挙に兼業化が進行し，酪農・軽種馬生産地域（例えば，門別町）ではそうした変化がみられなかった．この間においても山村部からの農家・農業人口の流出は激しく，日高町がその典型となっていた．こうした動きの中で，わが国経済に大きな転換の時が訪れ，そのことにより農業が一層苦境に立たされることになった．1971年8月のいわゆるドル・ショックを経て，1973年10月のオイル・ショック以降の長期不況過程への突入がそれである．

この時期における困難は，高度成長期とは異なり，農業からの労働力流出と不況過程での労働力需要とが結合しなくなったことによるものである．これに1978年に始まる水田利用再編対策が追い討ちをかけるかたちで地域の農業に困難をもたらし，新たな農業対応を迫ったのであった．以上をふまえてこの地域の農業が具体的にいかなる対応をし，また，しようとしているのかを明らかにするために，日高町を除く4町につきそれぞれの町の農業を特徴づける集落を選定して調査を行なった[4]．まず，稲作単作地域としての鵡川町については二宮集落，稲作を基幹としながらも形態を異

ハウス	乳牛	肉牛	豚
0	0	0	11
2	1	1	3
6	0	0	1
0	1	0	2
5	1	11	1
9	0	10	2
3	6	0	18
13	4	4	11
18	3	4	10
2	17	2	4
2	10	1	3
0	9	1	1
0	28	12	23
0	24	1	0
0	23	1	0

にした複合経営をめざす穂別町と平取町については，穂別町の稲里集落と平取町の紫雲古津集落と山村集落としての豊糠集落，酪農・軽種馬農業地域としての門別町については平松集落をそれぞれ選定して調査に当たった（表4-7参照）．

　その結果を要約すると以下のとおりである．まず，地域農業・集落農業の分析に当たってそれぞれの地域なり集落が経てきた歴史過程が，そこでの農業に，既存統計からは推し量ることが出来ない影響を及ぼしているとの理解から，対象集落の形成過程についてのとりまとめを行なった．その結果，第1に，開拓入植時期の相違が，今日の集落農業の性格を大きく規定づけているということである．この点については，戦前開拓の稲里，二宮，紫雲古津と戦後開拓の豊糠，平松開拓とでは，戦後農業生産を行なう上でスタート時点で大きな違いがあった．具体的には，農地基盤の優劣であり，家屋や農業道路，電気，水道に至るすべてにおいて戦後開拓農家の負担は大きく，開拓諸政策による援助があったにしても，それらの基本的整備を戦前段階で終えていた集落とは比べようがない格差であった．このことは豊糠，平松開拓両集落での入植間もない離農の多さがそのことを如実に物語っていた．第2に，入植時期が同じであっても，入植者の農業歴がその後の経営に大きく影響している点があげられる．平松開拓地域での入植者たちの例では，戦前段階ですでに八雲町において酪農経験を持ち，一定の蓄積を持って入植した人々と，戦後引き揚げなど止むを得ず入植した人々との差は明らかであり，後者のほとんどが1965年段階までに姿を消しているのに対して今日の平松農業を担っているのは前者である．第3に，集落指導者層の思想が，集落の性格規定に大きな役割を果してきたことをあげることができる．例えば，二宮集落における勤倹貯蓄を柱とした尊徳思想は，戦前・戦後を通して伝えられ，特に，「借金をしない」という考えの定着は，過大投資による借金返済に悩む農家が多いなかで特筆すべきことであった．また，こうした「伝統」を伝える恰好の場として，明治中期以来続いている「お茶講」が重要な役割を果してきたものと考えられる．このほか稲里集落での「中穂別農談会」に始まる協

同組合運動の発展過程とその過程で培われた共同精神が，今日の地域農業を みる上で欠くことのできないものであるという指摘もあり，指導者層を中心 に地域農民が歴史的に培ってきた精神面での蓄積が今日の地域農業の性格を 規定しているといえよう．第4に，北海道農業，なかんずく，沙流・鵡川地 域農業をみる場合に重要なこととしてアイヌ給与地への小作入植，そしてそ の後の農地改革による自作農化の過程での土地移動と農民層の分化・分解に ついてである．調査に当たった集落における現在の土地所有関係を規定した 経過をみると，まさにこうした関係の下にあり，元アイヌ給与地の今日に至 る過程そのものについての今後の研究が必要である．

このように地域農業の現状を規定してきた歴史過程が，それぞれの地域で 多様に展開し，今日の農業・農民像を形成してきたということができる．

以上の歴史過程を前提に，集落調査結果から得た地域農業の現段階と今後 の問題点について述べよう．

集落調査に当たって，差し当たり問題にしたのは1960年以降のことであ った．先にも触れた通り1960年といえば高度成長の真っ直中のことであり， 北海道からの人口転出超過の転換点となった年であった．また，1960年に は農業基本法が制定され，わが国農業が「農業近代化路線」を歩みだした時 にも当たっていた．それ以降1970年頃までがわが国資本主義の発展過程 （高度成長過程）に照応した農政（基本法農政）と労働力流動政策が行なわ れた時期であり，農業の激変と労働力の全国的流動化が進んだ時期であった． 沙流・鵡川地域での集落農業についてみるならば，①稲里，二宮，紫雲古津 などの稲作地及び豊糠，平松などの酪農地域での3ha未満層において激し い分化・分解がなされる一方，それに伴う規模拡大が進んだこと，②この時 期までは，稲作地域での専業率はその後のいかなる時期よりも高い，③兼業 については，山村部（稲里，豊糠）において冬山造材と夏山造林への兼業が 確認できたこと，④機械化が進んだこと，などが特徴的な動きであった．つ まり，1955年以降の高度成長過程における全国的な労働力市場の展開が 1960年段階で北海道をも，道外への労働力流出超過という形で捉えたので

ある.農村から都市への新規学卒などの若年労働力を中心に激しい移動が起こった,当該地域もその例外ではなかった.同時に,この時期の農業にも大きな変化が現われていた.農業における新たな機械化段階への進展であり,具体的にはトラクターの導入による省力化であった.調査に当たった5集落についてみると,稲作3集落については,こうした機械化段階に対応できない小規模(3ha 未満)層を中心に激しく離農が進む一方,新たな機械化段階に対応すべく離農跡地を取得し上向化展開を果たした農家群があった.こうした動きは全道での一般的動向と同じである.これに対して,酪農集落としての平松開拓については,同じ戦後開拓入植者の中でも,入植以前における酪農での蓄積の有無が分解の決め手となっていた.また,1960年段階での稲作地域での専業率の高さは,地域労働力市場の未発達もあって,農業を続けるか否かを決めかねていた多数の農民を含んだ結果を示したものと考えられる.こうした集落とは明らかに異なった対応をみるのが豊糠についてであった.つまり,この時期における兼業率が70%であり,他の集落とは異なっていた.これは戦後の山村開拓農民が経験した苛酷な労働実態をそのまま表現しているといってよい.炭焼き,鉱山離職者,引き揚げ者など,それまで農業でのノウハウを持っていなかった人々を中心とした入植者達にとって山仕事は不可欠の収入源であり,それが兼業のすべてであった.しかし,やがてこうした生活と農業に展望を見失い,大挙して離農したのであった.

　以上でみた通り,この期の農業は集落によってさまざまな動きを示し,農業がその生産力の高まりと農外での労働力需要の高まりによってのみ影響を受けてきたのではなかったことに注目しておかなければならない.

　長期にわたった高度成長も1971年のドル・ショック,1973年のオイル・ショックを経て終焉を告げ不況過程へと突入する.農政においても,米の過剰問題が顕在化する中で転換期を迎えることになった.1970年に始まる稲作生産調整及び1978年からの水田利用再編対策がそれであった.また,酪農においても,生乳市場での需給不均衡が次第に激しくなり,1979年以降乳価据置となっている.加えてこの間に進行した円高・貿易摩擦が畜産物市

場への外圧となってきていた.

　次に,1970年以降の集落農業の動向についてみると,稲作3集落においても稲作生産調整の始まる以前の対応がそれぞれ異なっていた.この3集落いずれもが1960年以降次第に兼業化傾向を強めてきてはいたが,1970年時点で紫雲古津では75%の農家が兼業であり,次いで,二宮で48%,稲里で23%となっていた(前掲表4-7参照).同じ稲作集落におけるこの差異をどのように理解すべきかが問題である.この差異を生んだ理由の1つは,3集落での稲作を中心とした耕地面積規模の差が兼業依存度を決めたとみられる点であり,2つには,それぞれの集落をとりまく地域労働力市場の形成度合に規定されているという点である.兼業度合の高い紫雲古津では,まさにこの2つの条件を他の集落にくらべて強く持っていたといえる.1970年の1戸当たり平均耕地面積をみると,稲里が4.8ha,二宮が4.3ha,紫雲古津が3.1haであり,1戸当たりの平均耕地面積が少ない順に兼業依存度合が逆に強くなっている.

　こうした状況下での稲作生産調整は,この稲作3集落の3~5ha層での分化・分解による脱落と上向化及び兼業化を激しく進行させた.ちなみに1975年時点での3集落における兼業度合をみると,二宮が一挙に80%を超える兼業率を示し紫雲古津(74%)を抜き去っている.この間に紫雲古津には,今日でも多くの地域農民にとっての兼業先となっている土建会社2社が進出している.地域労働力市場の形成度合が,農家兼業の質量を決める重要な要因となったのである.こうした兼業化傾向は,1980年代に入っても変わらず,1980年の二宮では専業農家が僅か1戸,集落総兼業化である.こうした傾向は稲里でも認められたが,すでに後退を続けていた造材・造林部門での労働力需要減少と1戸当たりの経営耕地面積の大きさからくる有利な経営という,2つの理由によって兼業は他の2集落にくらべて少なくなっていた.

　1975年度の稲作集落での兼業化を条件づけた今1つの要因についても触れておかなければならない.それは稲作機械化で,残されていた田植えと収

穫過程の機械化が完成し，稲作における機械化一貫体系が実現したことである．稲作農業の新たな生産力段階への到達であった．一方，1975年以降，不況は長期化し，労働力市場は次第に狭隘化しつつあった．加えて1978年に始まる水田利用再編対策によって，稲作農家はそれまで依拠してきた「稲作」プラス「兼業」による生活が脅かされ，新たな対応が迫られたのであった．当該地域においても同じであり，稲作農業の進むべき新たな道をめぐって動きが始まっていた．「農業選択の道か，農業の放棄か」．「農業選択の道」とはいかなる道なのか．このことをめぐってこの3集落においても多様な農業展開が繰り広げられた．当該集落での実態をみよう．1975年～1980年にかけて二宮での離農がやや多いものの，1984年に至るこの間，紫雲古津，稲里の動向を含め，離農は極めて少なかった．つまり農業選択の道を全体として歩んできたといえよう．その選択の道はどのようなものであったのか．全体としては従来からの「稲作」プラス「兼業」の道であったが，新しい胎動をもはっきりとみてとることができる．それは「様々な形態での農業複合化による農業発展」を目指す道であった．そしてこの複合化を支える1つの基盤となったのが「機械利用組合」であった．

　稲作機械化一貫体系の下での機械利用組合は，1975年に稲里で，1976年には紫雲古津で成立し，この地域で複合経営が展開し，二宮ではこれの成立をみていない．3集落での新しい農業の動きをみよう．

　稲里では，複合作物としてハウス・メロンと肉牛を選択しているが，中心となっているのはメロンである．メロンが複合作物として導入されるには，この集落においてそれまでに各種機械の持寄りによる部分協業が行なわれていたこと，減反への対応手段としてメロンの育苗施設組合を作って活動を始めていたことなどが条件となって，機械利用組合が設立されていたからであった．機械利用組合は21戸によって組織され，このうちメロン農家は12戸である．ここでの問題は，第1に，機械利用組合の対象水田面積が120haと限られ，集落全体の水田を対象に組合員を組織できないということであり，第2に，メロンという複合作物がもつ技術的困難とともに，出役を伴う組合

の運営上,現状をこえるメロン農家を組合員として組織できないということであった.第3に,複合経営一般にもいえることではあるが,複合部門(メロン)での過重な労働力投入により,日常的に管理を必要とする稲作部門への十分な労働力投入が出来ず,稲作生産そのものに影響を及ぼしかねないということがあった.こうした問題点を抱えつつも厳しい農業環境に立ち向かっている稲里での試みは沙流・鵡川地域での先進例の1つであった.これに対して同じ鵡川水系の二宮でも,「稲作」プラス「兼業」農業を主流としながらも,「稲作」プラス「α」という農業での生活基盤確立を目指す動きをみてとることができた.このプラス「α」部分をめぐっての模索のなかで,調査時点の二宮では,ホウレン草のハウス栽培が試みられていたが,二宮には機械利用組合はなく,すでに,個別農家毎に機械化一貫体系を確立し,それを前提にした,個別農家による複合化の模索が追及されたのである.

　次に,紫雲古津についてみると,前二者とは異なった複合化段階をみることができた.この紫雲古津を含む平取町農業をみる場合,早くから肉牛やハウス野菜の導入を地域ぐるみで行なってきたという過程が重要である.今日では,「平取トマト」は札幌中央市場で銘柄品として名が通っているし,また,肉牛についても積極的な売り込みを行い,1986年には札幌市に直販店を開設し,今日(2000年)でも営業を続け,生産から販売に至る町を挙げての取り組みが強化されている.こうした町全体の農業に対する取り組みの中に紫雲古津農業も位置づけられている.ここでの農業複合化への取り組みは早く,隣接する去場集落とともにハウス・トマトが複合作物の主力となっている.全町に広がる肉牛とは異なり,ハウス・トマトは紫雲古津及び去場における複合作物といってよい.また,ここでは豚,乳牛を複合化の柱としている農家もあり多彩である.つまり,紫雲古津での複合経営は,ハウス・トマトを主力としつつも多彩な複合作目を個別農家が選定し定着させた段階にあり,ここでの課題は次の段階にどのように移行するかということであった.これまでのここでの複合化は,あくまで稲作を基幹に据え,そこでの投下労働力を機械利用組合によって節減し,それによって余剰となった労働力を個

別農家が選定した複合作物生産に投入するというものであった．さらに畑地の共同開発による新たな農業展開が試みられようとしていた．この新たなという意味は機械の共同利用に加えて，畑地の共同購入とその利用の共同化が考えられていることをさす．こうした考えがでてきた背景には，限られた水田面積の下での「稲作」プラス「α」というこの地域の農業が生き残るための模索であり，10年間にわたり続けられてきた機械利用組合を基盤にした稲作複合化による農業生産力の新たな発展を目指した模索であり，ハウス農業における健康問題克服の模索でもあった．

　これまで稲作3集落における農業の現状をみてきたが，酪農集落としての平松開拓は，戦後開拓にもかかわらず沙流・鵡川地域におけるトップレベルの酪農経営集落を形成していた．しかし，ここでも問題がないわけではなかった．第1に，乳価の低迷，外国畜産物輸入圧など酪農をとりまく環境の厳しさに対する不安であり，第2に，農地のスプロール化と高地価に狭撃され，今後の規模拡大が不可能なことであった．ともあれ自家労働力の完全燃焼によって築いてきた酪農経営の一典型が平松酪農であるといってよかろう．

　次に，豊糠酪農についてみると，戦後開拓での労苦をした入植1代目を継ぐ2代目に経営が移りつつあった．ここでの課題は，第1に，苫東開発でのダム建設に伴う集落再編成や農地の壊廃にどのように対処して行くかであり，第2に，後継者の配偶者をどう確保するかであり，第3に，借地に依拠した経営から農地規模拡大をどのように果たすかということなどであった．この集落についての詳細は，後の第5章で展開する．

　以上が集落調査結果の概要であり，それぞれの集落が集落の歴史，土地条件，地域労働力市場条件などに規定されつつさまざまな農業を形成してきている．長期の不況過程での労働力市場条件の悪化とともに，減反，乳価据置き，外国畜産物輸入圧等々，農業をとりまく情勢は極めて厳しい．その中でいずれの集落でも「農業選択の道」を選び，生き残る道の模索が続けられていた．稲作集落では，それが可能な集落では「稲作」プラス「兼業」を主流としつつも農業専業を目指す試みが確実に広がっていた．一時期の男子労働

力を中心とした総兼業化の過程で稲作農家における主婦労働力が農業の機械化・化学化に対応した労働力へと質的転換を遂げていたことも重要なこととして指摘しておかなければならない．「夫婦共働き」が都市労働者の一般的な姿になりつつある今日，農村でも共働きが一般化しているのである．こうした事態の進展の下で，農業関係の事故やハウス病などのマイナス面が次第に顕在化しつつあることも見逃せない問題であった．

注
1) 小池勝也他「農山漁村の産業と就労実態に関する調査」(I)『北海道経済調査』第5号，北海道開発調整部経済調査室，1985年，165頁．
2) 同上書，167頁．
3) 北海道庁開拓部地方技官高橋達男『北海道緊急開拓事業の概要』北海道庁開拓部，1947年，4頁．
4) 昭和59年～61年に行なわれた共同研究「農山漁村における産業と就労実態に関する調査」(調査結果は『北海道経済調査』第5号～7号に収録)のうち昭和60年に行なった調査は，調査票に基づく聞き取り調査であり，その結果については，それぞれの集落調査に当たった主調査担当者によって『北海道経済調査』第6号に報告されている．本論文では，これらの諸論文及び調査票に基づきそれぞれの集落農業の現状と課題を要約的に明らかにした．

第5章
地域の産業と自営業

1. 地域の事業所

　この章での目的は，沙流・鵡川地域（穂別町，鵡川町，日高町，平取町，門別町）に隣接する苫小牧東部地域において，北海道第3期総合開発計画に基づく苫小牧東部大規模工業基地開発が企図され，挫折はしたものの投資が行なわれた結果，地域の産業構造と就労構造にいかなる影響を与え，また，与え続けているかを考察することにある．そのため地域の主要な産業構造とそこでの就労構造を統計的に把握し，その実態に関しては地域における事業所調査によって明らかにすることとした．

　沙流・鵡川地域の民営事業所と国公営事業所の事業所数及び従業者数を「事業所統計調査報告」により明らかにしたものが表5-1である．1981年度の全事業所数2,434，全従業者数15,515人であり，うち民営事業所が2,081，国公営事業所が353，従業者数はそれぞれ12,402人と3,113人であった．

表5-1　民営・国公営事業所（5町合計）

区分	事業所数	従業者数	平均従業者数
民営事業所合計	2,081	12,402	6.0
農林水産業	119	1,037	8.7
建設業	203	2,430	11.0
製造業	135	2,114	3.7
卸・小売業	967	3,568	15.7
サービス業	482	2,030	4.2
その他	175	1,223	7.0
国・公営事業所合	353	3,113	8.8
公務	51	746	14.6
その他	302	2,367	7.8

資料：1981年『事業所統計』より作成．

　全体に占める国公営事業

所数の割合は大きく，全事業所の15%，全従業者の20%となっている．こうした国公営事業所が地域に占める割合が高い中で，さらにその内容をみると，公務労働の占める割合が圧倒的に高いのが特徴となっている．つまり，当該5町の公務従事者数は746人であり，これは国公営従業者数の24%に該当する数値である．農山漁村地域の労働力市場において，国公営事業所がその雇用量からみても，また，安定就労の場を提供しているという質的側面からみても重要な位置を占めていると同時に，地域の社会・経済発展の方向を決めるうえでも，本来，指導的役割を発揮すべき立場にある労働者群であるといってよかろう．

次に民営事業所についてみると，卸・小売業が，事業所数967（46.5%）でも従業者数3,568（28.8%）でも大きな地位を占めている．製造業については，当該地域の主産業である農林漁業生産を基盤として成立している造林・造材や製材工場と農畜水産物加工工場などであり，この中でも林業関連事業所及びそこでの従業者が多くを占めている．この他では窯業・土石製品製造業が多く，その事業所の大部分が鵡川町と門別町に集中している．他の3町には，生コン製造事業所がそれぞれ1事業所，穂別町にその他の1事業所があるのみである．この窯業・土石製品製造業については，「鵡川町は厚真町に隣接する海岸部（晴海町）に，門別町は字富川にそれぞれ事業所の大部分が立地集中しており，鵡川町の場合等はさながら一大コンクリート工場群の観を呈す」[1]る状況である．これらの生コンクリート製品製造業を中心としたこの地域の窯業・土石製品製造業は，「苫東開発等近隣する工業都市苫小牧市の発展やその後背地としての当該地域における建設公共工事の活況，そして地域に賦存する砂・砂利の骨材資源等を背景として，特に昭和40年代以降，鵡川町晴海町地区，門別町富川・富浜地区を中心にかなりの事業所の立地をみてきた．また，そこに於ける雇用は地域全体のなかでかなり重要な位置を占めるなど，窯業・土石製品製造業は，木材製品製造業と並ぶ当該地域製造業の一方の柱をなしてきた」[2]のであり，そこでの就業者が非常用で農漁業出身者が多数を占めていることからみて，農山漁村としてのこの地

域における特有の労働力市場形成の一翼を担っているものである.

建設業は，203事業所（9.8％）に2,430人（19.6％）の従業者が就業している．建設業でには，比較的規模の大きいいわゆる総合工事を行なう事業所と零細規模が多い職別工事業や設備工事業などの事業所があり，後者については自営業者が多い．ここでの就労者は非常用労働者が多く，農家の兼業就労者が多くを占めていた．

最後に，当該地域にとっての大きな特徴となっている農林水産業事業所では，119事業所（5.7％）に1,037人（8.3％）の従業者が就業していた．この事業所のうちの多くが有限会社形態での軽種馬生産育成業であり，この地域の特徴を現わしている．この他は林業・林産業事業所であり，このうち林産関係企業が46社あり，その大部分が製材とチップ生産を行なっている企業であった．しかし，この部分では，近年の一般製材需要の低迷過程で工場数及び従業者数をともに減らしてきている．ちなみに当該地域の林業・狩猟業就業者数の変化を国勢調査結果からみると，1970年に1,821人であったものが1980年には891人へと激減している．一方，木材・木製品製造業就業者数の変化を工業統計でみると，1973年に872人であったものが1983年には496人へとこれも半減している．

以上がこの地域の主な事業所であり，これらの事業所での雇用がこの地域の労働力市場の大宗を占めている．

次に，業種別にみてこれらの民営事業所がどのような規模で地域に立地しているのかをみたのが表5-2である．全事業所では，その70％が1～4人規模に集中し，そこに25％の従業者が雇用されている．卸・小売り，サービス業などにみられる多数の零細事業所の存在がこうした動向を規定している．逆に，従業者規模が大きくなるに従い事業所数は急減するが，従業者数30人以上の規模の事業所での雇用が重要な位置を占めていることが分かる．農林水産業事業所については，先にも指摘したとおり，軽種馬生産育成業と林業・林産業事業所であり，前者のほとんどが有限会社形態をとりつつも実態は家族就労の自営零細事業所である．次に，地域にとって重要な労働力市場

を提供している建設業と製造業についてみると,両者の事業所と従業者の規模別構成がほとんど同様の傾向を示していることがわかる.すなわち,建設業及び製造業では,従業者規模1〜4人という自営業者層ランクにそれぞれ38%,36%の事業所が立地し,30人以上の事業所に40%,50%の従業者を擁している.建設業の内容をみると,先にも述べた通り比較的大規模な事業所には総合工事業が位置し,職別工事業や設備工事業などでは零細な自営業層が位置している.製造業では,歴史的にこの地域を代表する木材・木製品製造業の他,昭和40年代半ばからこの地域に進出してきた食料品製造業やコンクリート製品製造業などが主流となって比較的大規模な事業所群を構成する一方,地域住民の生活に密着した食料品や木製品製造業などの自営業層によって担われている製造業がある.

表5-2 産業別全事業所・従業者数の推移

区分	1981		A		1986		1991	
	事業所	従業者	事業所	従業者	事業所	従業者	事業所	従業者
全産業	2,434	15,515	70	25	2,372	15,105	2,247	14,544
農林水産業	161	1,446	46	15	163	1,402	161	1,730
鉱業	29	320	14	5	31	243	33	331
建設業	203	2,430	38	7	190	2,272	198	2,208
製造業	135	2,114	36	5	121	1,754	124	1,864
電気・ガス・水道・熱供給業	19	93	73	25	12	77	15	98
運輸・通信業	121	943	70	17	112	705	81	690
卸・小売・飲食店	969	3,577	82	49	944	3,494	832	3,208
金融・保険業	23	204	30	7	23	200	26	214
不動産業	27	47	92	56	18	30	23	50
サービス業	696	3,595	80	25	712	4,156	708	4,391
公務	51	746	―	―	46	772	46	760

資料:総務庁統計局『事業所統計調査報告』より作成.
注:穂別・鵡川・日高・平取・門別各町の合計事業所数と従業者数である.
　Aは,1981年度の産業別事業所数・従業者数に占める1〜4人規模層の構成比である.

2. 地域の自営業

前章でみた通り,沙流・鵡川5町における産業・経済は,2,667の農家(1984年),115の漁家(1983年),2,434の国公・民営事業所(1981年)によって構成され,営まれていた.今,これらの農漁家及び事業所のうち,自家労働力を基本に経営されているもの,つまり雇用労働力が自家労働力を超えない経営を自営業とするなら,2,081の民営事業所のうち,従業者1～4人規模の1,463事業所がそれに該当することになる.したがって,地域の産業・経済は,農漁家もそのほとんどが自営業とみなすことが出来ることから,2,667の農家と115の漁家に1,463の自営事業所の合計4,245が自営業ということになる.1981年時点での農漁家と民営全事業所の合計が4,863事業所であり,うち4,245(87%)が自営業に該当し,この地域の産業・経済がこの87%に及ぶ自営事業所によって経営されていることになる.かくしてこの地域の自営業が地域の産業・経済を担うばかりか,地域の針路に係わる意思決定においても,重要な位置を占めていると考えられ,これら自営業者についての分析が以下での課題である.

このため農業については,1985年に実施した農家面接調査のうち鵡川町(二宮)・穂別町(稲里)・平取町(紫雲古津)の3町における各1集落,計3集落,37戸についての調査結果の分析を行なった.また,商業,サービス業をはじめとする自営業については翌1986年に行なった面接調査結果を用いて分析を行なった.この自営業調査は,鵡川町市街の事業所集積地での43の自営業と平取町の山村市街地である貫気別の14の自営業についてであった.これら合計57の自営業の内訳は,商業30,サービス業19,その他8がであった(調査に当たった自営業者を事業所統計の産業小分類別にみると表5-3の通りである.

調査は,自営業の①生成過程,②現状,③将来について,現経営者から聞いたものである.創業者については,創業者が現経営者からみて誰であった

表5-3 調査対象自営業

小売業計	30	旅館	2
婦人・子供服	2	理容業	6
各種食料品	6	美容業	2
酒・調味料	3	公衆浴場業	1
食肉	1	写真業	2
鮮魚	1	一般診療所	2
菓子・パン	1	助産所	1
その他の飲食料品	1	仏教系宗教	1
自転車	3	飲食店	2
家具・建具・畳	1	その他の自営業計	8
金物・荒物	1	木造建築工事業	3
花・植木	2	大工工事業	1
医薬品・化粧品	2	塗装工事業	1
燃料	2	その他の食料品製造業	1
時計・眼鏡・光学器械	2	建具製造業	1
他に分類されない	2	その他の鉄工業	1
サービス業計	19	合計	57

注：調査対象事業所を事業所統計の産業小分類別に表示．

のか，出身地はどこか，その前職は何か，創業時は何時であったのかなどについて調査した．また，現経営者についても，その家族を含めた出身地，学歴，家族・同居家族の就業状況及び就学状況，後継者の有無などについての調査を行なった．また，あわせて自営業における雇用労働力についてもその数は少ないのではあるが，その雇用形態などについての調査を行なった．

以下では，これらの調査にもとづき農業，商業，サービス業，その他の自営業について，業種毎の現状分析を行なった結果を述べよう．

(1) 創業者と創業年次

現経営者からみた創業者についての調査結果は，表5-4に示す通りであった．農業については祖父または父というのがすべてであった．これに対して商業では，祖父が創業者というのが少なく，父または本人が創業者である場合が多くなっていた．祖父が創業者である3事業所は，酒類を扱う2事業所を含むいわゆる地域における老舗である．サービス業については，祖父及び

表 5-4 創業者及び創業者の出身地と前職

区分		農業	商業	サービス	その他
創業者	祖父	17	3	2	ー
	父	17	14	3	1
	本人	1	10	13	5
	その他	2	3	1	2
	計	37	30	19	8
出身地	町内	3	12	5	2
	隣接町	1	2	3	ー
	道内	2	6	4	3
	道外	31	8	6	2
	不明	ー	2	1	1
	計	37	30	19	8
前職	農業	37	ー	ー	ー
	商業	20	20	ー	ー
	サービス業	4	4	14	ー
	農林漁業	5	5	1	1
	その他	ー	ー	3	5
	不明	1	1	1	2
	計	67	30	19	8

資料：聞取り調査による．

父というのが少なく，本人が中心である．祖父が創業者となっている2事業所はいずれも旅館であった．また，父が創業者となっている3事業所は，浴場，理容，寺院である．次に，その他の事業所についての創業者をみると，すべて本人となっている．

以上の創業者が，何時の時点で創業を始めたのかをみると，農業については，明治期を中心に大正から昭和初期にかけて祖父または父が入植・定着してきたことが窺える．商業については，先にみた酒類を扱う2つの老舗のうちの1事業所と先祖代々地域に居住するアイヌ系住民の経営する1事業所である．この2事業所について大正から昭和初期にかけ酒類，食料品雑貨，薬品，自転車，菓子を扱う事業所が創業している．サービス業については，明治9年創業の旅館が一番古く，ついでもう1軒の旅館と寺院，浴場が戦前の創業となっている．戦後創業の事業所は，理・美容院，医院などであった．その他の自営業についてみると，いわゆる豆腐屋と大工が戦前創業であり，その他はすべて昭和30年以降の創業であった．

次に，創業者の出身地と前職についての調査結果から，農業では，道外出身者による創業が31と多く，このうち富山，福井，石川の各県出身者が14と多くを数えるほか，南は福岡から北は岩手県まで9県に及ぶ広がりを見せている．聞き取り調査結果によれば，これらの道外出身者が直接当該地域に

入植した例は少なく，道内を転々とした後の定着が一般的であった．また，これら農業における創業者の道外生家は農業であり，彼等は農家の長男以外の子として生まれ，労働能力を持つ年齢に達すると生家を出て北海道に渡ってきた者である．

　これに対して商業，サービス業，その他の自営業創業者の出身地は，道外についても道内についても特定の地域に偏ったものとはなっていない．また，町内及び隣接町出身者が創業者となっている場合，そのほとんどが本人による創業となっている．次に，この商業，サービス業，その他の自営業者の創業前の状態をみると，商業では，行商，商店店員，他の商業などの商業に従事していた者が圧倒的に多く，農業からの転身が5人，その他で表示されているものの中身は，教員，国鉄，炭焼，職人などである．サービス業については，サービス業従事者からの転身が多く，これに農業からの転身者が続いている．その他の自営業者についても現在の経営と無関係の職業からの転身者は1人のみであり，他は前職で得たノウハウを持って自営業を創業している．

　以上のことから，第1に指摘できることは，まず明治から大正にかけて農業が定着し，ついで戦前に一部と，主として戦後に商業をはじめとする自営業の成立をみるという，当該地域の生成過程をそのまま現わす結果となっていること，第2に，農業においては，明らかに府県農業での過剰人口の道内収容過程を現わすものであり，商業やサービス業，その他の自営業についても農業ほどではないが道外からの流入が多い．第3に，農業においての創業者のほとんどすべてが農業出身者であるのに対して，商業やサービス業では創業業種の雇われ経験者の他に他業種，特に，農業からの転身者が多く，地域の特徴を現わしているといえよう．

(2) 現経営者とその家族

　現経営者の出身地などについての調査結果を表示したものが表5-5である．農業では，現経営者のほとんどの者が父祖から引き継いで農業を営んでいる

表5-5 現経営者の出身地・同居家族数・前職・学歴

区分		農業	商業	サービス	その他	区分		商業	サービス	その他
①出身地	町内	32	20	8	2	③前職	商業	10	—	—
	隣接町	—	1	3	—		サービス業	3	12	—
	道内	3	8	5	3		農林漁業	3	1	1
	道外	2	1	3	2		その他	4	3	5
	不明	—	—	—	1		不明	9	3	2
	計	37	30	19	8		計	30	19	8
②同居家族数	1人	0	2	1	0	④学歴	大学	4	4	—
	2人	8	6	6	3		短大・専門	1	3	—
	3人	4	9	3	1		高校	9	5	1
	4人	3	1	4	4		中学	6	3	4
	5人	2	4	2	0		小学校	6	1	—
	6人	8	6	0	0		不明	4	3	3
	7人	11	2	3	0		計	30	19	8
	8人	1	0	0	0					
	計	94	30	19	8					

資料：聞取り調査による．

結果，同一町内出身者が多数を占めている．相続についての聞き取り調査結果によれば，長男が病弱であるとか死亡した場合を除き長男となっていた．

商業については，同一町内出身者が22と多くを占めているが，道内出身者も8名を数えている．サービス業とその他の自営業については，その出身地はまちまちで偏りがない．

次に，現経営者の前職を見ると，農業については，表示してはいないが，調査結果では37戸中2戸のいわゆるUターン後継者については，学卒後に他の職に就いた後に戻っていたが，その他はすべて学卒と同時に自家農業に従事している．商業については，商業またはサービス業での従業員経験者が多く，次いで前職「なし」が多い．この「なし」は，学卒後ただちに家業を継いだ者を指している．サービス業では，同業での従業員を経験後開業している者が商業よりも多い．ここでの「その他」2というのは，公務員といわゆる「馬車追い」である．その他の自営業者については，「その他」の5が示す通りそれぞれ前職での従業経験を生かして独立した者が多くなっている．

以上でみた通り，農業，商業，サービス業，その他の自営業が持つ産業としての特性を反映した経営者像が浮き彫りにされている．すなわち，農業については，その後継に際して「土地」という特種な生産手段の贈与を伴うこと，機械化されたとはいえ依然経験に基づく強壮な労働力が必要であり，いきおい学卒の長男にその経営を委ねることとなっていること．これに対して商業では，学卒後の後継もあるにはあるが，主として商業，サービス業従業ではあるが，様々な前職を経た後に現在の経営を行なっている者が多い．サービス業やその他の自営業者についても，代々その職業を後継してきたものとしては旅館経営があるのみで，他はそれぞれの業種での従業者を経験した後に現経営の創業にこぎつけている．

　このようにみてくると，農業では，「土地＝財産」の相続による後継ということから，他の自営業でみられるように，場合によっては，「間口一間」をもって営業を開始しうるというものではなく，したがって「誰でもが容易に新規参入出来る」業種ではないということが出来よう．では，農業以外の自営業に，「誰でもが容易に新規参入出来る」かというとそうではない．第1に，現経営者の前職でみた通り，多くの現経営者が創業以前にそれぞれの業種に係わる被雇用者としての経験を持って開業していること，第2に，表5-5に示した通り商業，サービス業での経営者の学歴が大学，短大，専門学校卒業者が12名にのぼり，こうした高学歴を有する者が農業では皆無であることと対照をなしている．これら学卒者の具体的業種を見ると，大学卒業では薬科大学卒業者が医薬品店へ，医科大学卒業者が診療所へ，専門学校卒業者が理容・美容院及び助産所へと，それぞれの業種を継ぐにしろ，創業するにしろ学歴が必要不可欠なものとなっていること，第3に，いわゆる老舗といわれる経営については，歴史的に地域に根ざした「実力」を持った経営であり，これまた新規参入者に真似のできるものではない．したがって，農業以外の自営業についても「誰でもが容易に新規参入出来る」とはいいかねる側面があることを指摘しておかなければならない．次に，自営業者の世帯構成について，前掲表5-5でみると，農業では，世帯構成人員が多く6～7

人というのが一般的である．しかし，その農業において2～3人家族というのが12戸あり，聞き取り調査結果によれば，これらの多くが老齢夫婦による経営体であり，後継者が確定していないというのが実態であった．これに対して農業以外の自営業者では2～4人世帯が多くなっている．次に，これら世帯構成員の就業状況をみると，農業では，夫婦2人が14戸と多いのであるが，先に指摘した通り，このうちに後継者を持たない老齢夫婦経営を多く含んでいることを考えると，3～4人での経営が農家としての一般的な姿とみられる．これに対して，農業以外の経営については，1～2人の家族就労者というのが多くなっている．この点については後述することになるが，ここでは家族労働力に雇用労働力がプラスされて経営が行なわれている．農業とそれ以外の自営業での違いである．

(3) 兼業業種と雇用形態

調査対象農家及び自営業世帯において，世帯員のうち何人が自家労働力として働いたかを示したのが表5-6である．農業では，世帯員の2～4人が農業に従事しているのに対し，商業・サービス業では，1～2人が従事し，その他の自営業では，1人である．

次に，自営業者世帯構成員の兼業実態を表したのが表5-7・8である．農業では，37世帯のうち21世帯から29人の兼業就労者を出している．これ対して，農業以外の自営業では，54世帯中14世帯から16人の兼業就労者を出しているにす

表5-6　家族就労者数

区分	調査世帯数	1人	2人	3人	4人	5人
農業	37	1	14	8	13	1
商業	30	6	17	3	4	―
サービス業	19	8	10	1	―	―
その他	8	5	1	1	1	―

資料：聞取り調査による．

表5-7　兼業世帯数・世帯員数

区分	調査世帯数	兼業世帯数	兼業就労者数
農業	37	21	29
商業	30	9	9
サービス業	19	4	6
その他	8	1	1

資料：聞取り調査による．

表5-8　自営業者世帯員の兼業実態

区分	No.	世帯主との関係	勤務地	業種	職種	雇用形態
商業	1	三男	町内	商業	単純労働	常雇
	2	長男の嫁	町内	公務	技能労働	常雇
	3	長男	町内	土建業	単純労働	常雇
	4	本人	隣接町	清掃業	－	自営業主
	5	本人	町内	土建業	－	自営業主
	6	本人	町内	造園業	－	自営業主
	7	母	町内	農業	単純労働	臨時日雇
	8	本人	町内	土建業	単純労働	常雇
	9	本人	町内	農業	－	農業主
サービス	10	父	町内	商業	事務労働	常雇
	11	夫	町内	商業	事務労働	常雇
	12	長女	町内	土建業	事務労働	常雇
		次女	町内	農協	事務労働	常雇
	13	夫	町内	造材・農業	事務労働	常雇・農業は自営
		本人	町内	農業	単純労働	自営業主
その他	14		町内	農業	－	自営業主

資料：聞取り調査による.

ぎない．そこで農業における兼業実態をみると，表5-9の通りである．29人の兼業就労者のうち世帯主本人による就労は9人と少なく，20人が妻子によるものである．これはすでに述べてきたことではあるが，近年の様々な形態での農業複合化の進展に伴う農業内での基幹労働力の必要性により，こうした結果が生まれてきているものと考えられる．これらの就労地をみると，7人が隣接町に就労している以外は同一町内就労である．就労先の業種では，全体の1/3に当たる10人が土建業への就労であり，この部分はすべて単純労働（土工）と照合している．この他の就労先はさまざまであるが，聞き取り調査結果では，有力農家子弟の農協への就労がいくつかあったのが特徴である．次に，雇用形態についてみると，男子が土建業で働く場合，失業保険受給資格を得るに足る季節雇用が多く，女子の場合には臨時日雇が多い．

農業以外の自営業世帯についてみると，調査対象57世帯中14世帯から16人の兼業就労者を出しているにすぎない．世帯主との関係では本人が6

表 5-9　農家世帯員の兼業実態

農家番号	世帯主との関係	年齢	勤務地	業種	職種	雇用形態
1	長女	20	町内	農協	事務労働	常雇
2	長男	36	町内	土建	単純労働	季節雇
3	本人	36	隣接町	土建	単純労働	季節雇
4	本人	53	隣接町	土建	単純労働	季節雇
	長男	22	隣接町	土建	単純労働	季節雇
5	長男	29	隣接町	自動車整備	技能労働	常雇
	長男の嫁	29	町内	農協	単純労働	季節雇
6	本人	61	町内	ゴルフ場	単純労働	季節雇
	長男	35	町内	塗装業	—	自営業主
7	長男	24	町内	農協	事務労働	臨時雇
8	本人	49	隣接町	土建	単純労働	季節雇
9	本人	60	町内	学校	単純労働	常雇
	妻	60	町内	農業	単純労働	臨時日雇
10	本人	58	隣接町	土建	単純労働	季節雇
11	本人	44	町内	水道・電気	技能労働	臨時日雇
	妻	38	町内	土地改良区	単純労働	臨時日雇
12	長男	29	町内	農協	技能労働	臨時日雇
13	本人	46	隣接町	土建	単純労働	常雇
	妻	43	町内	土建	単純労働	臨時日雇
14	長男	32	町内	—	技能労働	臨時日雇
15	長女	27	町内	町役場	事務労働	臨時日雇
16	長男	29	町内	農協	事務労働	常雇
	本人	55	町内	造材	単純労働	臨時日雇
17	長男	62	町内	土建	単純労働	常雇
	妻	60	町内	土建	単純労働	臨時日雇
18	妻	58	町内	学校	単純労働	常雇
19	長男	33	町内	造材	単純労働	臨時日雇
20	次男	25	町内	福祉施設	事務労働	常雇
21	妻	45	町内	製造業	単純労働	季節雇

資料：聞取り調査による．

人と多く，しかもこのうちの5人までが他の自営業業主との兼業であった．こうした関係は，農業では全くみられないことである．就労先の業種はさまざまであるが，雇用形態は常雇が多く安定就労とみることができる．この点でも農業における兼業とは異なっているといえよう．

　次に，他の自営業との兼業となっている層について，これらがいかなる性

格を持つものなのかにつき立ち入った分析を行なうこととした．それはこれらの自営業層が資本蓄積の結果，他の自営業をも営むことになったのか否かを知るためであった．その前提として，この調査が，調査対象となった自営業の所在場所での訪問調査であり，2つの自営業を兼業している場合，どちらがいわば本業なのかを知る必要があった．この点についての聞き取り調査結果から，次のことが明らかとなった．まず，経営体番号4，5，6番については，商業そのものは従であり，それぞれ他の自営業で得た所得が家計の中心をなしていた．具体的には，4，5番については清掃業，土建業経営が先でそこでの蓄積によって現在の商業（いずれも飲食店）を行なっていた．また，6番については，山村部における小売店であり，地域での人口流出と市街地他店による訪問販売攻勢によって経営が脅かされたことにする対応としての造園業である．9，13，14番については，いずれも農業との兼業であり，農業が従であった．9番については1人住まいの零細な商店であり，農業についても出来れば手放したいということであった．また，13番は旅館経営を本人が行ない，夫は地域の造材業に雇われ，農繁期には夫婦で農業に従事していた．14番については，夫が建設業経営者であり，妻が農業専従という世帯である．いずれも零細自営業を補完するための兼業とみることができる．

このように調査に当たった農業，商業，サービス業，その他の自営業をみる限り，そこでの資本蓄積の結果，他に資本投下を行ない発展的な事業展開を行なってきたという例はなかった．

(4) 流出労働力の性格とその市場

現経営者の子弟の流出理由と流出先をみたのが表5-10である．流出理由については，就業，結婚，就学，流出先については，町内，道内，道外にそれぞれ区分し，道内については流出先として多い札幌市と苫小牧市についても表示した．

農業については，調査に当たった37戸の現経営者世帯から74人（1戸平

表 5-10 現経営者世帯員の流出

区分		合計	町内	道内 計	道内 苫小牧	道内 札幌	道外
農業 37戸	就業	46	11	23	6	8	12
	結婚	26	3	21	6	4	2
	就学	2	—	2	2	—	—
	計	74	14	46	14	12	14
商業 30戸	就業	17	5	8	5	1	4
	結婚	9	5	4	1	2	—
	就学	6	—	5	3	—	1
	計	32	10	17	9	3	5
サービス業 19戸	就業	8	1	6	3	2	1
	結婚	10	1	6	1	4	3
	就学	4	—	3	3	—	1
	計	22	2	15	7	6	5
その他自営業 8戸	就業	10	3	6	2	4	1
	結婚	2	—	1	1	—	1
	就学	1	—	1	1	—	—
	計	13	3	8	4	4	2
合計・結婚 94戸	就労	81	58%	20	43	16	15	18
	結婚	47	47%	9	32	9	10	6
	就学	13	13%	—	11	9	—	2
		141	100%	29	86	34	25	26
		141	(100)	(21)	(61)	(24)	(18)	(18)

資料：聞取り調査による．
注：下段（　）内は構成比（％）である．

均2人）が流出している．商業30戸からは，32人（1戸平均1.07人），サービス業19戸から21人（1戸平均1.16人），その他の自営業8戸からは13人（1戸平均1.62人）の流出であった．先の表5-5に示した通り，農家の世帯員構成の多さと後継者が1人に限られることから，長子（男子）以外はすべて流出することになり，農家からの流出が多くを数える結果となっている．

流出理由については，全体で就業によるものが81人（58％）と多く，次いで，結婚が47人（33％），就学が13人（9％）となっている．就業による

流出先では，札幌市と苫小牧市を中心にした道内が多く，町内と道外にほぼ同程度の流出であった．結婚及び就学による流出では，商業の結婚を除き町内，道外への流出が少なく，これも札幌市と苫小牧市を中心に道内が多い．商業における結婚流出で町内が多いのが特徴である．

つまり，就業，結婚，就学による141人の流出者の流出先は，道内61％，道外18％であり，町内には21％の人が残ったにすぎない．また，札幌市と苫小牧市には，実に59人（全体の42％）が出ているのである．

最後に就業による流出者の就業先について，聞き取り調査結果をまとめてみると，町内への就業では，農協及び町役場への就業による例が多いほか，学校，保育所，病院，福祉施設，土地改良区などの公務・公益的職種があり，農山村に特有の就業先への就業となっている．これに対して，道内，道外での就業業種をみると，多数を占めていたのは多様な民営企業業種への就業であった．

(5) 後継者の有無

調査に当たった地域における農業，商業，サービス業，その他の自営業についての分析結果を要約すると，以下の通りである．

まず，自営業者の生成過程については，北海道開拓の歴史をそのままに沙流・鵡川地域においても農林漁業が開拓の緒を築いてきた．調査結果からは，北陸3県（石川，福井，富山）の農家出身者を中心に明治，大正，昭和初期にかけて定着してきている．こうした農家の定着を追うように道外出身の酒，味噌，醬油，雑穀などを扱う商業や旅館経営者が明治期に定着している．しかし，それらの数は限られたものであり，商業では，大正期以降，徐々に商業経験者によって店舗開店がなされている．戦後，高度成長過程には，商業経験者に加えて離農者による店舗開店もあり，地域の特徴となっている．一方，サービス業では，旅館，寺院，浴場など，当時にとっては必要な業種に限って明治から大正期に開設されている．その他のサービス業については，昭和期，それも高度成長期に集中的に開設されている．その創業者は，同業

種従業者の独立という傾向が強かった．この点に関しては，その他の自営業についても同じであった．

　こうした経過で創業されてきた自営業の現状からは，農業においてはもとより，農業以外の自営業についても「誰もが容易に新規参入出来る」状況ではないと同時に，そこでの蓄積によって資本展開が可能かといえばその可能性も認めることが出来なかった．

　次に，自営業主を含む世帯員の状況では，農業での兼業が多く，男子が土建業を中心にした季節雇われ，女子では臨時日雇いが一般的であった．また，農業以外については，自営業主による他の自営業兼業，その子弟の常雇形態での就労が特徴であった．

　さらに，世帯員の世帯外流出については，後継者を除く子弟は基本的に流出し，世帯員の多い農業からの流出数が多かった．流出先については，札幌市，苫小牧市への流出が極めて多く42%を占めていた．

　以上が当該地域における自営業の実態であった．最後に，こうした実態の下でそれぞれの自営業が今後どのような対応をしようとしていたのか，後継者の有無についての調査結果を表5-11に示した．これによると後継者が「有り」というのが39経営（41%），「無し」というのが25経営（27%），不明が30経営（32%）となっている．中でも商業，サービス業については「無し」が多い．また，「不明」というのは，子弟が幼いか，その意思を確認出来ないでいる例であり，経営が継続出来るかどうかは極めて不安な面が多い．つまり，農業では，すでにみてきた通り，当該地域農業の方向が「多様な形態での複合化」によって活路を見出そうとしている中で「不明」を除いても62%の農家が後継者を確保して

表5-11　後継者の有無

区分	有	無	不明	計
農業	23 (62)	6 (16)	8 (22)	37 (100)
商業	9 (30)	7 (23)	14 (47)	30 (100)
サービス業	4 (21)	9 (47)	6 (32)	19 (100)
その他の自営業	3 (38)	3 (38)	2 (24)	8 (100)
計	39 (41)	25 (27)	30 (32)	94 (100)

資料：聞取り調査による．
注：下段（　）内は構成比（%）．

いる．これに対して，農山漁村地域における人口流出が続く中での需要減少にまともにさらされている商業，サービス業では，「廃業」，「やがて廃業」，「後継者がいなければ廃業」を口にする経営者が多く，両者で対照をなしているかにみえる．しかし，農業においても，調査地域における農業が「稲作」を基本にした多様な「α」部分によって成り立っているのであり，「稲作」そのもの及び「α」部分次第では，前者同様どうなるかわからないといってよい．その意味において，今後の「農政」のあり方が大きく係わっているといえよう．

3. 地域開発と集落

(1) ダム建設と集落

これまでの考察で明らかなように農山漁村における地域の社会・経済の担い手としての主役は自営業者であり，彼らの動向が地域の意思決定に大きな影響を与えていることは間違いない．第4章でみた通り，沙流・鵡川地域における地域問題の生起に際しても，地域の自営業者の最終判断が地域開発の賛否を決めてきたとみられよう．具体的には，苫東開発に対する地域住民の反対運動が地域の農民の土地売却と漁民による漁業権放棄によって1つの終末を迎えていることからもそのことが指摘できよう．

ここでは，同じ苫東開発に係わる沙流川水系のダム問題に際して，地域の住民がいかなる対応を行なったのかを，沙流川水系の1集落についての実態から明らかにしようとした．以下は，平取町豊糠集落の実態である．

平取町豊糠集落は，日高山脈を源流とする額平川が最初に接する山村集落である（図5-1参照）．この集落は，額平川沿いに点在する酪農家と畑作農家を中心に2つの造材事業所と豊糠小中学校に働く人々によって構成されている．戦前の豊糠地域は，地域を2分する2人の地主によって所有されていた．その1人が所有する地域は，鉱山地主であった富本が所有する額平川上流地域であり，岩内地区と呼ばれていた．もう1人が所有していた地域は，

図5-1 沙流・鵡川地域図

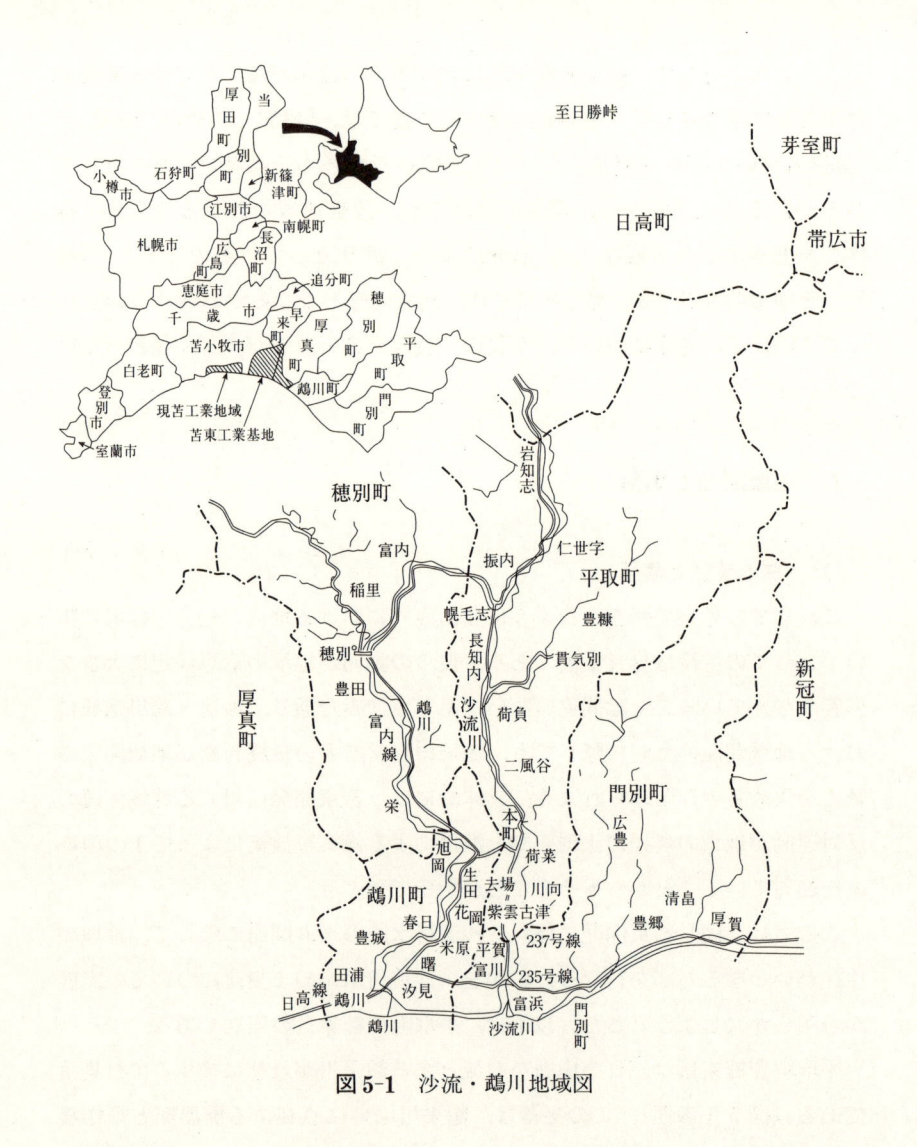

前者の所有地域の下流に位置し，山林地主である遠藤の所有する土地であり，シケレベ地区といわれていた．この地区での住民はなく，狩り場であったという．したがって，豊糠が今日の姿の概容を現わすのは戦後においてであっ

た．

　豊糠地域には，終戦と同時に復員してきた人を含む4戸が入植したが，当時畑らしいものは2か所のみであったという．その後，1945年11月に人口収容と食糧増産を目途とした緊急開拓実施要領が閣議決定され，さらに45年と46年の2度にわたる農地改革により農地解放がなされ，岩内・シケレベの2地区も緊急開拓の斧が入ることとなった．これにより岩内地区には，1戸当たり10haの開拓地が与えられ19戸が入植し，シケレベ地区には，1戸当たり6haが与えられ19戸が入植している．以後，この入植した38戸の辛酸に満ちた開拓の歴史が始まったのである．

　開拓は，鬱蒼たる原始林の伐木と抜根から始められ，一家で1年かけて1haの伐木畑地づくりがようやくであった．この伐木畑地にキビ，イモ，ヒエなどの自給作物を植え，飢えを凌ぎ，多くの人が栄養失調で力が出なく，それでも生きるために働いた．こうした開墾の末にようやく販売作物生産に漕ぎつけた．開墾のなかでも抜根が一番の困難であり馬が重要な生産手段であった．1950年代半ばに火薬抜根が始められるまでは，大木の根は放置せざるをえなかった．この間1950年代初期に各戸に1頭ずつ国により貸付牛が与えられ，これがこの地における酪農経営の端緒となったとみられる．その後，開田・開畑が次第に進み農業が定着するかにみえたが，1950年代半ばに入り国の農政転換と地域での連続冷害により農家の経営は困難を極め，64年の離農対策以降16戸が離農，22戸が残ることになった．その後も第3章第1節での考察の通り，2度にわたる農民層の分化・分解があり，今日（1985年）では14戸の農家を残すのみとなった．

　こうして豊糠地域の農業を担ってきたのはどのような人々であったのであろうか．この14戸の農家のうち5戸についての聞取り調査結果について述べよう．5戸の農家の経営主についてみると，生年については，明治末が1人，大正初期が1人，大正末が3人であり，全員が北海道への移住2代目であった．次に，1代目の出身地をみると，石川，岩手，秋田，富山，宮城の各県となっていた．5戸の現経営主はいずれも戦後緊急開拓で入植した人々

であり，豊糠農業経営主としては1代目である．これら5戸の農家の定着過程は様々であるが，豊糠地域の人々の定着過程を代表すると考えられるのは次の2つのタイプである．

　A氏は，大正期にA氏の父が祖父とともに宮城県から後志管内の真狩に入植し農業を行なうがうまくいかず，宗谷管内の抜海に移住したが，そこでもうまくいかず，祖父を抜海に残し単身樺太に渡り，農業を行なっている．樺太での農業に見通しをつけた段階で抜海に残した祖父を呼び，農業のかたわら林業労働者として働き生活をたてていた．さらにその樺太に，富山県出身で抜海で住職をしていたお坊さんの娘を呼び結婚し，終戦まで暮らしている．敗戦により1947年に引き揚げ，知人を頼って日高管内新冠町の炭焼きの焼き子として雇われ，その後49年に緊急開拓によって豊糠へ入植している．今日に至るまで厳しい労働と生活の連続であったという．

　もう1つのタイプとしてのB氏についてみると，大正期に父母とともに加賀移民団の一員として日高管内門別町清畠に入植，1921年（大正10年）に隣接する門別町福満に移り，水田と畑作農業経営を行なっていたが，現豊糠におけるクロム鉱山における好況とそこでの労働力不足という事態をみて，弟とともに1941年から終戦に至るまで鉱山労働者として働いている．その後，緊急開拓により46年に豊糠に入植，49年の農地解放と同時に岩内地区に定着し，今日に至っている．

　このA，B両氏の生活史は，そのままこの地域への開拓入植者たちの定着過程を示す2つのタイプとなっている．

　このように戦前・戦後を通じて幾多の困難を経験しつつも定着してきた豊糠の人々に，その生産と生活のすべてに係わる重大問題が提起される．それは1971年に策定された苫東開発計画とこれに伴う沙流川水系からの取水計画の発表であった．この取水計画は，先にも述べたように，沙流川に流入する額平川上流の豊糠地域に平取ダムを建設し，さらにその下流の二風谷地域に二風谷ダムを建設し，平取ダムと二風谷ダムとを沙流川導水トンネルで結び，二風谷ダムからは鵡川導水トンネルによって苫東基地に工業用水を供給

するというものであった.

　平取町にとって「この取水計画は納得のいくものではなかった．平取町がそれまで把握していた沙流川の流量は，北海道電力発表の250万m³/日であったが，これ（沙流川取水計画）によれば苫東への取水150万m³/日，農業用水100万m³/日，合計250万m³/日となり，維持流量はゼロとなる．これに対して北海道開発局は，沙流川の流域面積から推計するとその流量は450万m³/日であり，250万m³/日を取水しても維持流量は可能であると説明していた．これは北海道電力の推計よりも実に200万m³/日……」多く，とうてい町の納得出来るものではなかった．こうした状況を危惧した町は，独自の調査結果に基づき町の将来にわたっての必要維持流量を示し，その実現を要求した．

　調査は，1975年10月に始まり1976年11月には早くもその結果が公表されている．「水は，農山村にとっての母である」という書き出しに始まる調査報告書は，それまでこの問題を判断する確固たる材料を持っていなかった町及び町民にとって貴重な力となった．

　調査報告書が主張していたのは「要は，ダム建設についてのすべての計画及び影響の予測調査を全住民に情報として提供・公開し，農業用水の利用及び災害発生に不安のないことを確認出来るまで慎重な検討を行い，補償問題を含めて合意できるまで周到な態度を維持し，すべての条件を満たした段階で住民の賛否（代表民主制による地方議会）をとりつけて決定すべきである」[5]ということであった．

　町は，このような調査結果に基づく報告書の主張を入れて慎重な対応をし，1980年9月以降平取町に対して「補償関係基本説明」「ダム用地測量物件の結果説明」が北海道開発局によってなされるまでに十分な勉強を行なっていた．その後，1980年1月に水源地域住民を対象とした「沙流川総合開発事業に係わる実施計画調査説明」が行なわれるに及び，水源地域住民によって以下のような組織が次々と設立されていった．

　1. 平取ダム建設地権者会設立…1980年2月（豊糠地区で土地，家屋が水

没する地権者で構成，20名）
2. 二風谷ダム反対対策協議会設立…1980年3月（二風谷地区で水没者のうち主に山林原野等が水没する地権者で構成，20名）
3. 二風谷ダム対策荷負地区地権者協議会…1980年3月（二風谷ダム上流の荷負地区で土地及び家屋が水没する地権者で構成，67名）
4. 二風谷ダム用地補償連絡協議会…1980年4月（二風谷川向地区で水田が水没する地権者を中心にして構成，56名）

このように1980年の前記「説明会」以降，平取ダム関係1団体，二風谷ダム関係3団体が組織され活動を始めている．そして，翌1981年8月には，これら4団体の連絡協議会が「沙流川ダム地権者協議会」として設立されている．

これらの諸組織の中心的担い手は農民であり，すでに述べた苫小牧地域における「苫東開発反対運動」を担った労働者階級とは対照をなしていた．組織名称に「反対」を掲げていた「二風谷ダム反対対策協議会」もその後，1983年10月その名称を「二風谷ダム対策協議会」と改称している．いずれの組織も地域住民を含めた激しい住民運動を展開することはなかった．

もともと苫東開発は，わが国経済の発展にとって必要なだけではなく，工業化の立ち遅れが北海道経済の活性化を妨げているとする北海道としての要求とも合致して出されてきた開発計画であり，北海道経済の活性化はとりもなおさず当該地域経済の活性化につながるという論理の下で立案された計画である．この論理の是非は，この計画が発表されて以降の経過が如実に物語っているところであろう．

以下では，差し当たり豊糠集落にとってこの計画がどのような意味を持ち，何を地域にもたらしつつあったのかをみることにしよう．

平取町豊糠は，前掲図5-1に示した通り，鵡川と沙流川にはさまれた山脈を隔てた山村集落であり，この開発と直接係わることが考えられない地域である．豊糠の住民に，この開発がNational Projectであり，北海道経済の活性化にとって欠かせぬ計画であるといっても納得のいくものではない．そ

れは戦後食糧増産を第1の政策課題とする緊急開拓政策により入植してきた人々にとって当然のことであった．

この平取ダム建設に伴い豊糠地域に何が起こったのであろうか．表5-12によれば，住宅総戸数29のうち16戸が水没したのを始め，水田・畑地を中心に地域農業にとって重要な生産手段が水没している．つまり，当時この集落住民は，生産と生活の両面にわたって決定的ともいえる変化を

表5-12 平取ダム建設に伴う水没戸数と面積
(単位：アール)

区分		豊糠
住宅数（戸）		29
水没戸数（戸）		16 (55.2)
農用地		19,420
土地	水田面積	2,280
	水没面積（％）	1,680 (73.7)
	畑面積	16,690
	水没面積（％）	2,450 (14.7)
	採草・牧草地	450
	水没面積（％）	0
	山林	1,608,702
	水没面積（％）	5,620 (0.3)
	宅地	504
	水没面積（％）	340 (67.5)
	その他	56,174
	水没面積（％）	1,580 (2.8)
	合計	1,684,800
	水没面積（％）	11,670 (0.7)

資料：『北海道農業基本調査』及び平取町資料による．
水没面積：北海道開発局沙流川ダム建設事業資料（昭和57年度）．

迫られていた．こうしたことから1985年8月の調査時点では，ダム問題でこの集落を去った戸数は，苫小牧に3戸，町内岩知志地区に1戸，町内振内地区に1戸がそれぞれ移住し，さらに1988年に町内に1戸が移住している．また，地域のセンターともいうべき豊糠小中学校や生活改善センター，教員住宅も水没し，すでに新しく建て直されている．しかし，住民の減少により学校への入学者が減り，中学校は休校となり，小学校についても今後の入学者は当分望めない状況であった．

以上の状況下で豊糠の人々は，将来に対しどのように対応しようとしていたのであろうか．この場合，本人の意思によって地域に定住することが考えられない教員や林業労働者については，考察の対象外とした．ここでは地域における自治組織としての豊糠自治会構成員のうち世帯主の意向をみること

によって明らかにすることとした．

　ここでの自治会は3班22戸で構成され，そのうち1つの班5戸が教員のみによって構成されていることからこれを除外し，他の2班についてみることとした．残りの2つの班17戸の内訳は，13戸が農家であり，1戸が林業専業労働者世帯であり，他の3戸がいわば農業リタイヤ世帯である．1985年8月の調査時点での人々の意思は明確であり，全員がこの地を去ることを考えてはいなかった．特に，高齢者の意思は固く，戦後開拓で入植し，1代でこの地を開拓してきた人々の偽らざる心情をそこにみてとることが出来るのである．ここでの問題は，後に見る「花嫁」問題であった．以下では，ダム建設にさしたる反対なしに補償に応じたこの地域の農民と農業の実状についてみることとした．

(2)　集落の現状と問題点

　先にみた通り緊急開拓で入植した38戸の農家が辛酸を嘗めつつ開拓した豊糠には，その後も入植する者が微増し，離農の始まる1964年以前には44戸の農家を記録し，64年を過ぎると激減している．1970年には26戸になり，1975年には21戸にまで減り，その後落ち着いていた（表5-13参照）．

　こうした農家の兼業動向と後継者の有無をみると，1975年に専業農家が一時減るもののその絶対数は変化していなかった．豊糠での兼業先はすべて地元での造林・造材業であり，特に，冬山造材への就業であった．後継者の有無については，1980年に6戸となっているが，聞き取り調査結果では，酪農家については1970年以降変わらず後継者があったという．しかし，調査時点での集落にとっての問題は，後継者の結婚問題であった．

　戦後40年のいわば短い

表5-13　専兼別農家数の推移と後継者の有無

区分		1960	1970	1975	1980
農家数	合計	44	26	21	21
	専業	13	13	6	13
	一兼	25	9	10	4
	二兼	6	4	5	4
後継者の有無		―	8	5	6

資料：『世界農林業センサス』より作成．

農業の歴史の中に，この地域の農業及び集落が持つ幾つかの特徴を見出すことができる．

　第1に，戦後開拓によって入植した人々の多くが農業での蓄積のない復員・引揚者や鉱山離職者であり，入植と同時に自らの生活の糧を得るための生産が主となり，商業的農業がこの地で展開するのにはかなりの時間を要している．このことを端的に示しているのが，開田の遅れとそれへの執念であった．開田は1955年代の火薬抜根が可能になって以降徐々に進み，第1次減反政策中にも開田が続いている．小規模水田面積の下でさえ1970年時点での農産物年間販売額の第1位に稲をあげた農家が8戸もあり，ここにこの地域での農業の零細性をみるのである．

　第2に，自給的農業から次第に脱皮し，商業的農業へと展開する過程での2度にわたる農民層の分化・分解過程を経て，酪農と畑作という2つの農家群を形成してきた．酪農については，全道的な多頭化傾向と同様の歩みをみせつつ規模拡大が進められ，後継者にも恵まれてきた．一方，畑作経営においては，稲を自給・販売両面で位置づけつつ，時々の市場条件に適った多様な畑作生産を行なってきたものの集落全体としての特定作物生産を行なうことがなく，いわゆる産地化を果たすことができなかった．

　このような豊糠農業の到達点で迎えたのがダム建設による農地の壊廃を伴う大幅な現状変更であった．ダム建設に伴う水没土地面積を示したのが前掲表5-12である．これによると，水田総面積の73.7%に当たる16.8ha，畑面積の14.7%に当たる24.5ha，山林面積の0.3%に当たる56.2ha，宅地の67.5%に当たる3.4haがそれぞれ水没予定地となっている．この水没予定地は当然のことながら額平川沿いの肥沃な土地であり，農業と農村集落に大きな影響を与えざるを得なかった．第1に，すでにみてきた通りこの地域の農民は，これまで1960～70年と70～75年に2度にわたる農民層の分化・分解を経験し，この地域の畑作及び酪農経営が，それぞれ商業的農業として自立し得る経営土地面積へと移行してきた．こうして残る21戸の農家が，階層差をもちながらも1975年以降安定していたのである．しかし，ダム水没地域

の確定と補償の終了によって，農業も大きく変わりつつある．結果として，離農が7戸でこのうち5戸が豊糠を去っている．ダム建設に伴う直接の離農であり，農業生産活動の停止である．第2に，残った農家についても，家屋の水没が2戸，学校及び生活改善センターの移転と建築，道路の変更など集落全体に係わる環境変化があった．農地の壊廃による農業への直接的打撃とともに，こうした農業を取り巻く環境変化への対応が必要であった．第3に，交通通信施設，文教施設，観光リクリエーション施設などのダム関連工事はもとより，ダム建設そのものがもたらす地域への自然的・社会的変化が農業にどのような影響を及ぼすのかという問題があった．こうした問題点を抱えつつ地域の農業がどのような対応をしようとしていたのかを，以下でみることにする．

　まず，農業経営と地域との関係についてであるが，旧岩内地区の丘陵地帯を中心に酪農経営が多く，また，旧シケレベ地区には畑作経営が中心となって存在している．表5-14は，これらの農家の現状を示したものである．酪農経営農家7世帯についてみると，3戸（このうちN氏は1963年離農している）がすでに2代目に後継し，3戸については後継者が確定している．残る1戸のB氏については娘次第であり，本人は後継してくれることを望んでいる．保有乳牛頭数に大きな格差がみられるのは，土地所有状況にもよるが，多くは保有労働力の質と量によるものと考えられる．例えば，Lさんについてみると，彼女は夫を亡くし，幼児3人と母親との暮らしであり，本人と母親の労働力がすべてであり，規模拡大は無理である．また，H氏については，氏自体が役員報酬を得ている町内有力者の1人であり，多忙な1種兼業農家である．これと対象をなす農家として，M氏をあげることができる．M氏には，酪農後継者が2人おり，保有する乳牛・耕地ともに集落で一番であり，加えて借地面積も多い．これが可能なのは優秀な労働力を確保しているからである．つまり，ここでの経営問題は，後にみるトラクター利用組合の現状，ダム建設に伴う農地の絶対的減少や集落再編問題もさることながら，労働力問題が当面する大きな課題とみられる．今日の時点で酪農経営を

表 5-14　豊糠集落農家の状況

農家名	世帯主年齢と世帯員数	後継者の有無	耕地面積，（　）内は借地，単位：ha	経営形態	機械利用組合加入
A	82 (1)	無	畑 1.5	畑	○
B	61 (3)	不明	畑 9.0+α	酪農，48 頭	○
C	62 (2)	無	畑 1.5	畑	○
D	40 (3)	本人	畑 2.5	畑（二兼）	○
E	60 (1)	無	畑 4.7	畑，ハウス	○
F	77 (2)	無	畑 3.3	畑（一兼）	○
G	73 (1)	無	畑 0.7，田 0.5	畑	
H	53 (4)	有	畑 17.8+ (1.0)	酪農，28 頭，一兼	○
I	59 (1)	有	畑 15.1	酪農，48 頭	○
J	28 (1)	本人	畑 8.9+ (6.0)	酪農，35 頭	○
K	70 (1)	無	畑 8.5	肉牛，6 頭，畑	○
L	33 (4)	本人	畑 7.4	酪農，17 頭	○
M	71 (3)	有	畑 14.5+ (9.0)	酪農，17 頭	○
N	36 (3)	本人	畑 14.5+ (3.5)	酪農，48 頭	○

資料：聞取り調査による．
注：世帯主・世帯員・後継者の有無については 1985 年 10 月時点，他は 1983 年時点．

　行なっている 6 戸の農家の実状をみると，J 氏を除きすべての農家についてその労働力構成に問題を持っている．先にみた L さんはもとより，後継者のある H, I, J, M の各氏については後継者の嫁がいなかったのであり，また，B 氏についても娘次第という状況であった．つまり，この集落における酪農経営の存続の有無を決めるものは，嫁問題を含む労働力の確保が出来るか出来ないかということであった．

　次に，酪農と畑作両面に係わるトラクター利用組合の現状についてみると，1976 年にだされた前掲「沙流川水資源問題に関する調査報告書」に次の通り報告されている．「この部落（豊糠）の特徴は，部落の大部分を占める 18 戸で組織されているトラクター利用組合の運営によく示されている．……ここでは昭和 32 年に導入された第 1 号のトラクターが今でもフルに活動しており，この組合の共同精神の高さを物語っている．また，4 H クラブは全国的に空洞化してきたといわれているが，豊糠では青年全員が加入しておりカボチャ共同作業を通じて品種改良の研究を進めるなど活発な研究活動を行な

い，1972年には道知事賞を受賞している．こうしたはつらつとした仲間作りが進んでいることもあって，豊糠にはいわゆる後継者問題は存在しない．全戸に後継者がおり，開拓地だけに年齢層が揃っている強みを生かして集団活動を生き生きとしたものにしている」とあり，当時の利用組合が「共同精神の高さ」をあらわすシンボルとなっていたのであるが，その後の離農による農家減少によって，組合自体の経営が困難となり，もはやシンボルたり得なくなった．1985年の調査時点で，ここには2つのトラクター利用組合があり，1つは糠平トラクター利用組合（組合員7名）であり，もう1つは豊糠トラクター利用組合（組合員7名）である．発足当時18名で始まったこの組合もその後の離農，ダム建設に伴う水田の壊廃，機械更新による借入金返済の困難などの要因が重なり，その経営が危ぶまれるにいたっていた．

　最後に，旧シケレベ地区を中心とした畑作経営農家の現状をみると，ここでの際立った特徴は，現在1戸を除き他のすべての農家に後継者がいないということであった．しかも1代目である現経営者は高齢に達しており，今後の経営に多くを期待出来ない状況であった．D氏は例外的な存在であり，他の自営業を営む2種兼業農家であった．こうした状況にもかかわらず，E氏に代表される営農意欲の旺盛なこともまたここでの特徴であった．ダム問題による入植以来3度目の試練（離農の危機）に際して，E氏を中心に新たな農業経営をもって対応しようとしていたのである．

　ダム建設に伴う水田喪失は，畑作農家にとって致命的打撃であったといってよい．こうした状況の下でE氏は，メロンのハウス栽培に挑戦していた．動機はいくつか挙げられよう．ダム建設に伴う地域農業の壊廃を心配する町及び農協の熱心な営農指導もさることながら，「自ら拓いた農地を荒廃させるわけにはいかない」という同氏の思想に発するところが大きい．経営は，ハウスメロン，アスパラ，小豆，色豆を組み合わせたものであり，本人がメロン，奥さんがアスパラという労働力配分を行ない，この他に年間300人の雇用労働力を必要とすることから，これに対しては近隣の農家リタイヤや高齢者に依頼している．ハウス栽培は，ダム建設に伴う高率（8割）の補助制

度の利用によって1984年度から始められ，1985年度にはさらに2棟のハウスを建て秋期ホウレン草栽培を行なっていた．この時点でのメロン栽培は，始めたばかりであり資財設備投資のための借入金返済に当てるほどの収入を得てはいないものの，1戸のために集荷販売を行なってくれる農協の支えがあるからこそ将来への拡大再生産に夢を託することが出来たといえよう．農家の営農意欲と町や農協に代表される関係機関の支えが地域農業を守る鍵となっているのである．

　次に，この地域の畑作経営の柱となっているホワイトアスパラ生産についてみることにする．平取町振内に立地しているNアスパラ工場は，年産700トンの生産能力を持っているが，調査時点では300トンの生産しか行なっていない．地域のアスパラ生産が不足のためである．そこで町農業振興対策協議会[6]では，同協議会の下にある農業経営センターによる事業の1つとして「アスパラガス増産奨励対策」を立ててその増産に力を入れている．"人づくり，土づくり，特産づくり"を合言葉としている同センターの地域農業づくりの柱の1つであった．具体的な奨励策は，反当収量増をめざす土づくり資金の3年据置貸付，5年償還という制度及び苗代補助（農協50％，N工場50％）による奨励である．こうした奨励制度によってこの地域のアスパラ生産は伸びる可能性を持っていた．問題は，やはり後継者や嫁問題を含めた労働力問題であった．

　かくしてこの集落における農業の当面する課題は，ダム建設に同意し，離農者を出し，農地を含む土地縮小という現実と各農家における様々な形態での労働力問題にどのように対応していくかにあった．全国的にも進行している農地の壊廃が問題にされている今日，豊糠の農業が今後どのような軌跡を辿るのか1山村農業の盛衰としてのみみるわけにはいかない．ことに苫東開発に伴うダム問題が農業に及ぼす影響については，豊糠の問題としてのみみることは出来ない．今後も町や農協を始めとする関係諸団体を含めた地域全体での対応が欠かせないところである．

第5章　地域の産業と自営業

4. ま と め

　本章では，北海道の1農山漁村地域である沙流・鵡川地域において，地域開発が地域の経済・社会にいかなる影響を及ぼしてきたのかを明らかにしようとしたものである．

　その際に，すでに「はしがき」で述べた通り，4点のこれまでの研究成果を前提に，これまでの地域研究に際して問題意識としては持ちつつも欠落していた「地域開発と地域経済」との関係を重視するという視点であった．このため，沙流・鵡川地域研究に当たっては，地域開発と当該地域経済との係わりについての検討を行なった．その結果，全道的傾向と時を同じくして，沙流・鵡川地域においても1960年ごろまでは着実に人口増加がみられた地域であった．しかし，その後，拠点開発方式に基づくわが国の地域開発が，北海道では第2期総合開発として，苫小牧工業港開発や農林漁業構造改善事業等が進められるに従って，農山漁村からの人口流出が始まり，この地域においても1960年から1985年の間に31％もの人口減となっていた．この際，日高町や穂別町などの山村地域での人口減少が著しく，共に人口が半減したのであった．その後，既存の大工業地帯や拠点開発実施地域での公害・災害問題の多発や自治体財政の危機，新たな拠点開発地域指定に対する反対闘争などによって，政府及び独占資本は，従来の地域開発政策を改め，1969年「新全総」の策定をした．その中で北海道に対しては食糧供給基地としての位置づけを行なうとともに，大規模工業基地として「苫東開発」をも位置づけたのであった．こうして位置づけられた「苫東開発」は，北海道第3期総合開発計画の大きな柱として中央のテクノクラートによって計画され，当該地域自治体はおろか道民の知らぬ間に計画用地の買収が進められ，近隣地域の地価高騰とスプロール化をもたらすとともに，苫東港湾建設に伴う漁業補償が漁業協同組合を窓口にして行なわれ，また，工業用取水のための2つのダム建設をめぐって，平取町への問題提起がなされていった．

こうした事態の中で，さまざまな形態での地域問題が生起していった．第1に，苫東開発自体に対する評価をめぐって，それの決定過程の非民主性と公害発生の危機に対する反対闘争であり，この中心になったのは，全国的な大規模工業基地開発反対闘争と連帯した苫小牧市を中心にした労働者階級であった．また，第2に，苫小牧市と同じく苫東開発基地立地地域である厚真町においても一部労働者階級を含む反対運動がみられたが，地域における農民及び漁業者の補償妥結とともにその運動は結末をみている．第3に，本研究の対象地域である沙流川からのダム建設による取水計画に対する地域問題に際しては，2つのダム建設地域に4つの住民組織が作られるが，そのいずれもが第1の反対運動とは性格を異にし，地域開発計画への「対応」または，それの「利用」という性格をもったものであった．

地域問題が，以上のように異なった形態で生起している原因がどこにあるのかが次の課題であった．そのため当該地域経済の概要を統計的に明らかにしたうえで，実態調査により地域経済の担い手としての生産者について，その生産力と生産関係についてのとりまとめを行なった．統計分析結果からは，地域経済が，農林漁業を中心に商業・サービス業の広範な存在によって担われていることが分かった．しかもこれらのうちの農漁業及び商業・サービス業については，雇用労働力が自家労働力を越えないという意味での自営業が圧倒的多数を占めている．したがって，これらの自営業についての分析が不可欠であり，そのためには実態調査が必要であった．実態調査は，農業及び商業・サービス業・その他の自営業主について，主として聞取り調査によって行なわれた．

農業についての集落調査結果からは，それぞれが持つ集落の歴史，土地条件，地域での労働力市場条件などに規定されつつ，さまざまな農業を形成してきていること，また，わが国における長期の不況過程で，農業をとりまく労働力市場条件の悪化とともに，減反，乳価の据え置き，外国農畜産物輸入圧等によって，地域農業は極めて厳しい局面に立たされていた．しかし，こうした厳しい農業をとりまく情勢の下で，調査に当たったいずれの集落でも

「農業選択の途」を選び，生き残る道の模索が続けられていた．稲作集落では，「稲作プラス兼業」を主流としつつも，稲作を基本に，さまざまな種類の農業（ハウス，酪農，肉牛など）を組み合わせた複合経営によって，農業専業を目指す試みが確実に広がっていた．その背景には，一時期の男子労働力を中心にした総兼業化の過程で，稲作農家における主婦労働力が，農業の機械化・化学化に対応した労働力へと質的転換を遂げていたことをあげることができた．こうした農業を含めた商業，サービス業，その他の自営業についての調査結果から，その生成過程については，北海道開拓の歴史をそのままに，沙流・鵡川地域においては，北陸からの農家出身者を中心に明治，大正，昭和初期にかけて定着し，こうした農家の定着を追うかのごとく道外出身者の商業や旅館・寺院・浴場などの定着があった．こうした経過で定着してきた自営業の現状からは，農業はもとより他の自営業についても，「誰もが容易に新規参入出来る」状況ではないと同時に，そこでの蓄積によって資本展開が可能かといえばその可能性も認めることが出来なかった．また，自営業主を含む世帯員の兼業状況では，農業での兼業が多く，その他の自営業では自営業主による他の自営業との兼業が多いのが特徴であり，世帯員の流出先については，札幌市と苫小牧市への流出が極めて多かった．こうした自営業の今後を，後継者の有無によってみると，この地域の農業が「多様な形態での複合経営」によって活路を見出そうとしていることを反映して，その多くが後継者を有しているのに対して，他の自営業では，地域の人口流出による需要の減退から，廃業を口にする経営者が多かった．

　こうした状況にある自営業者が，この地域の経済と社会を動かす原動力であり，ダム問題に際しても上記の通り，地域外の市場に対応し域際関係において収入をもたらす産業としての農業を中心に自らの経営に展望を持った自営業者には後継者も存在し，これへの積極的対応をしたのに対して，自らの経営に展望を持ち得ない自営業者には後継者もなく，これを利用して地域を去ることになったといってよかろう．

注

1) 小池勝也「窯業土石製品製造業」『北海道経済調査』第7号，北海道経済調査室，1987年，53頁．
2) 同書，61頁．
3) 大沼盛男・池田均・小田清編著『地域開発政策の課題』大明堂，1983年，第3章Ⅳ，苫小牧東部開発と沙流川水資源問題．
4) 沙流川水資源対策問題調査団『沙流川水資源問題の関する調査報告書』1976年，平取町．
5) 同上書，19頁．
6) 平取町農業振興対策協議会は，町・議会・農協・土地改良区・農業共済組合・改良普及所・農業委員会などによって組織され，農業振興や営農改善，土地改良などに関する協議機関であり，その下に学識経験者を加えた専門機関を持っている．その名称は，農業経営センターといい，同町農業の人と経営づくりに関する調査・検討を行ない，具体的な業務計画を立案している．センターの運営は，農業振興基金（1億円の積立）の利息によって行なわれている．豊糠地域に関する事業計画としては，ここでふれたアスパラ増産奨励対策の他に，メロン生産奨励対策やホウレン草栽培対策などが行なわれている．ダム問題で同地域の農業が困難に直面している時期とはいえ，個々の農家に目を配った営農指導と具体的施策の実行から，この農業振興対策協議会とその構成団体の地域農業に対する真摯な姿勢を充分にみてとることができる．

第 3 部　地域開発と北海道漁業

はじめに

　21世紀のキーワードが「資源」と「環境」になるであろうということは，すでに述べた通りである．北海道漁業の戦後展開過程は，この「資源」と「環境」が無限であるとの錯覚の下に，自然生物資源を対象に資本主義的生産を行なった結果，漁業という産業そのものが生成・発展・消滅した過程であったといえよう．この第3部では，北海道漁業の戦後過程を北海道における地域開発との関連で考察しようとするものである．考察に当たっての時代区分は，以下の通りである．

　第1期は，敗戦によって労働力と生産手段を失った北海道漁業が占領下での漁場をも失う一方，国民への食糧供給が急務であり，いかに産業としての漁業を再建するかが課題であった時期である（1945～51年）．第2期は，1952年以降朝鮮戦争を契機に復活を遂げた日本経済の下で，開放された漁場に資本制漁業が活路を見出し復活を遂げる時期であり，北海道第1期総合開発期である（1952～59年）．第3期は，高度経済成長期における産業構造高度化の下で，北海道漁業の生産力が急速に高まった時期であり，北海道第2期総合開発期である（1960～73年）．第4期は，高度経済成長が終焉を遂げるとともに，漁業もまたその強力な生産力展開が国内外に矛盾を生みだし，200カイリ漁業専管水域の設定が世界の趨勢となった時期であり，北海道第3期総合開発期を含む混迷の時期である（1974～85年）．第5期は，バブル経済を経て日本経済が出口無き不況過程を歩む中，200カイリ体制が確立し，北海道における資本制漁業の解体過程であり，北海道開発が見直しを迫られた時期である（1985～2000年）．

　以上の時期区分に沿って，①北海道漁業を国際情勢やわが国の経済政策・地域開発政策及び北海道開発政策などとの関連で位置づけを行ない，②漁業における生産力と生産関係が資本制漁業において，また，沿岸漁家漁業においていかなる実態にあったかについて考察し，③必要な限りにおいて加工・

流通問題にも触れ，④漁業をめぐる国際情勢を明らかに見誤った政策，「資源」や「環境」問題に関しても国際的リーダーシップをとり得なかったわが国の漁業政策について述べることにした．

　なお，第3部は，2001年北海道水産林務部発行『新北海道漁業史』で筆者が担当した「総説」に加筆したものである．

第6章
占領下の北海道漁業

1. 漁業をめぐる情勢

(1) 敗戦後の北海道漁業：零からの出発

　敗戦後の日本経済は，縮小された再生産過程のもとでの人口増加とインフレーションの進行によって破綻状況にあり，国民生活は窮乏の度を強めていた．中でも国民への食糧供給は緊急課題であった．特に，北海道に対する期待は大きく，すでに述べた通り戦後緊急開拓実施要領（1945年11月，閣議決定）では70万町歩の開墾と20万戸の入植を北海道が負うべき課題としたことからも明らかである．北海道漁業に対する期待もまた大きなものがあったにもかかわらず政策として漁業が位置づけられることはなかった．

　漁業生産に対する国民の期待が大きかったにもかかわらず，敗戦によりわが国漁業は広範な漁場「北洋漁業におけるサケ・マス，カニ，樺太におけるニシン，タラなどの本道に接続する漁場水域は朝鮮東海岸におけるイワシ，タラ漁業，また南氷洋捕鯨」[1]を悉く失うとともに，漁船・漁網・燃油などの生産手段の極端な不足に加え，軍事徴用による漁村の基幹労働力が減少していたこと，さらに本道の主要漁業であった春ニシンが東北，北陸の出稼ぎ労働力に多くを依存していたため，これら各県の労働力供給源の縮小と交通輸送条件の悪化などによる労働力不足などによって，漁業生産力は著しく減退していた．かくて戦前における最高の漁業生産量（属地）であった1933年の176万トンが，敗戦時の1945年には60万7,000トン（最高時の34％）

にまでに減少した．全国の海面漁業生産量は同時期に42％に減少しており，また主要な生産手段である漁船数は，1933年の60,493隻が1945年には47,748隻へと31％に減少していた[2]．

(2) 再建をめぐる諸課題

敗戦直後の食糧危機のなかで，食糧生産を担う北海道漁業の再建復興は緊急かつ焦眉の課題であった．しかし，戦後の社会経済情勢が激しく変化するなかで，漁業をめぐる多様な問題が発生し，それらの諸問題への厳しい対応が迫られていた．このうち主要な問題について要約すれば以下の通りである．

●マッカーサー・ラインの設定

1945年8月15日，日本の無条件降伏によって，占領軍は日本におけるすべての船舶の航行を禁じたが，9月14日には太平洋艦隊連絡団覚書第35号によって，補助機関付木造船の沿岸12マイル以内での自由航行が許可され，この範囲内での漁業の操業が認められることになった．さらに「日本政府は9月22日に北海道沖合，三陸沖合，九州西方海面を漁場とする100トン以上の捕鯨船12隻，100トン未満の捕鯨船12隻，トロール漁船5隻，かつお漁船1隻，魚類運搬船4隻，合計34隻について，それぞれ船名，船形，船種，根拠地，航行期日及び操業区域を付して連合国最高司令官にその航行許可を要請したところ，米国太平洋艦隊司令長官から覚書第69号をもって即日申請の通り許可が与えられた．ここにほとんど一時中絶状態にあった戦後のわが国漁業も，ようやく再開の第一歩を踏み出すことになったのである」[3]．これ以降の操業緩和要望に対する占領軍総司令部の対応は，以下に示すとおり実に素早いものであった．

すなわち，1945年9月26日，日本政府による「100トン以下漁船に対する12マイル外特定海域航行申請」に対し，翌27日太平洋艦隊覚書95号をもって許可するとともに，米国第5艦隊司令官によって指定された海域での漁業許可が与えられている．さらに同覚書第3項において，9月22日付許可水域での操業漁船に関しては漁船名を提出するだけで，個々申請の必要な

しとしている．次いで，10月8日，100トン以上のカツオ・マグロ漁船33隻に対し，覚書95号の水域内での操業を申請，これに対して10月13日米国太平洋艦隊日本商船管理局覚書42号をもって許可，翌月11月3日には，日本商船管理局覚書587号によって，100トン以上及び以下の区別なく指定海域内での操業が許可されている．この段階での制限漁業海域線がマッカーサー・ラインと呼ばれるものである[4]．

このマッカーサー・ラインは，占領軍による占領下の日本管理を目的とした措置であり，海外との人的・物的交流や通信・連絡を含むすべてにわたる管理の一環としての航行制限であり，食糧供給を本務とする漁業を制限することにその目的があったわけではないという見解は至当である．だからこそ極度に逼迫した食糧難に直面していた政府が国民への食糧供給という一点から占領軍に対して矢継ぎ早に漁業への規制緩和を要請し，占領軍がそれに素早く対応したのである．

●占領下での漁場拡大

「敗戦後の漁業事情は惨憺としたものであった．日本漁業は従前の5分の1の面積の漁場に押し込められたのである．戦争経済は漁業生産力を破壊し，旧来の漁業秩序をなしくずし的に崩していった．一方戦争によって生じた異常な食糧不足が深刻な社会不安を呼び起こしていた．この食糧不足を少しでも緩和し，社会不安を解消する目的で，政府，占領軍は漁業生産の急速な回復，再建に乗り出さざるを得なかった．まず厳しい枠の範囲内ではあったが，漁船の建造が逸早く許可され……」[5]，狭い漁場の拡大が許可されていった．

1946年6月22日，総司令部覚書SCAPIN第1033号により，それまでの約2倍の漁場での操業が認められている．さらに1946年9月19日には納沙布岬付近の海域での操業が認められているが，その後は政府要請に占領軍は応えず，逆に，1949年6月10日，占領軍スケンク天然資源局長は森農林大臣に対し，日本が各種の協定・規則を遵守することと，調査研究により資源保護を行なうことを求める声明書を渡している．当時，すでに日本の漁船隻数・トン数は共に戦前水準を超え，狭隘な漁場で過剰操業した結果，資源の

濫獲と操業規則違反を繰り返していたことへの警告であった．これに対する日本政府の対応は素早く，6月20日には以西底引き船986隻を650隻に，トロール船58隻を43隻に減船し，漁業監視船の配備を決めている．これを受けて9月19日，総司令部はSCAPIN第2046号をもって漁場の拡大を許可している．

● 近海捕鯨許可の意義

このように総司令部覚書SCAPIN第1033号及び第2046号によって拡大された操業海域が漁業にとってのマッカーサー・ラインであり，その例外措置として1950年5月11日の総司令部覚書SCAPIN第2097号による母船式マグロ漁業があった．

さらに際だった例外措置として捕鯨操業に対する許可があった．それはすでにふれた1945年9月22日の米国太平洋艦隊司令官覚書第69号による12マイル外特定海域での34隻の許可漁船のうち24隻が捕鯨船であり，100トン以上船12隻と以下船12隻であり，このうち12隻が北海道沖合，10隻が三陸沖合，2隻が山陰沖合操業であった．さらに1945年11月30日には，総司令部覚書SCAPIN第371号によって，小笠原群島及び硫黄島近海捕鯨が許可され，これにより母船1隻，捕鯨船3隻，運搬船9隻によって1946年4月1日～4月30日小笠原群島近海で操業実施されている．さらに南氷洋捕鯨についても，日本が戦前において「国際捕鯨協定」に加入せずに操業していたことへの捕鯨国の反発があったにもかかわらず総司令部は，1946年8月6日付覚書SCAPIN第1103号をもって，母船2隻，捕鯨船12隻，運搬船7隻での操業を許可している．占領軍の世界への弁明は，食糧難の日本への人道的見地からの許可であり，世界的に不足している鯨油の供給であるとしてこれを強行したのである．厳しい漁場制限にもかかわらず「捕鯨については戦後直ちに優先的に出漁が許可されたのである．いうまでもなく捕鯨船所有者は日水・大洋・極洋の3社に独占されているものであるが，……まず20年11月30日司令部覚書による『小笠原火山島周辺捕鯨ニ関スル指令』にはじまって，21年8月6日の『南極における日本の捕鯨操業の件』

覚書により南氷洋出漁は可能となり，大洋・日水の 2 船団が許可の対象となった．このことは占領当事者の米国が司令部名をもって言っているごとく，日本の食糧危機と世界的油不足の緩和をめざして許可したものであるが，このなかで，当時電探の装備，研究，製造の禁止中であっても捕鯨船のみ特恵的に取付許可したことと，日本財閥系会社の解体をその 1 つとする対日管理を基本原則としながらも占領担当国によってこの特定会社に捕鯨を許可したことは注目に値する」[6]と述べられているとおり，戦後間もないこの時期に国際世論を押さえてまで，また占領軍の財閥解体政策に反してこうした許可が下された真相は不明である．仮に，先に見た通り占領軍の日本への「人道的見地」からの緊急食糧供給がその本意であったとするならば，それを担い得る生産力は戦前における捕鯨と北洋サケ・マス漁業を独占して経営を行なっていた旧財閥資本以外にはあり得なかったであろう．この場合には，やむなく許可したということになろう．

以後，漸次漁区拡張許可がなされるが，太平洋中南部でのマグロや捕鯨漁業への特殊な漁区拡張であり，本道漁業にとっては関係が薄く，本格的な漁場開放は 1952 年の対日講和条約発効によるマッカーサー・ラインの撤廃を待たなければならなかった．

● 漁村・漁業における過剰人口

戦後，外地引揚者・軍隊復員者・他産業からの転出者などが大量に漁村へ流入したことは全国的状況であった．北海道においては，樺太・千島の領土喪失による全員引揚げを始め，中国・満州・朝鮮などからの引揚者を含め，1945～50 年にかけて累計 47 万 1,523 人（うち一般引揚者 38 万 513 人，軍人・軍属 9 万 1,010 人）に及んだ．これら引揚者のうち南千島諸島，歯舞・色丹諸島から根室・和田・歯舞に引き揚げた 568 戸のうち漁業関係者は 342 人，また本道沿岸市町村に引揚者を中心とする魚田開発団体が組織化されたが，1949 年 5 月現在，その団体数 68，会員数 2,538 人（うち樺太引揚者 32 団体 1,223 人）などをはじめ，敗戦後の経済社会が混乱するなかで，当座の生活を支えるために漁業に従事した人々がかなりの数にのぼったものと考え

られる．

かくして，漁業経営世帯数は，戦前の1940年に約4万戸であったのが，戦後の1949年には5万2,400戸へと3割余り増加した[7]．

● 漁場秩序の混乱と資源問題

食糧難のもとでの旺盛な水産物需要が，漁村における過剰人口の漁業への就労を必然化させると同時に，領海3マイル内の限られた漁場での過剰操業をも必然化させることになった．なかでも小手繰網漁業は，1945年の許可船数750隻が50年には無許可船を含めて1,000隻以上になったといわれている．これらは沿岸近海でカレイ類を主とした底魚を乱獲し，沿岸資源の枯渇をもたらし，沿岸漁民との摩擦を激化させた．また機船底引き網漁業も1945年の許可隻数179隻（実稼働数54隻）が51年には435隻に増加した．しかも49年前後には東北各県からの無許可船を含め300隻余りが本道漁場に侵入するようになり，漁具被害や傷害事件が発生する事態となった．かくして小手繰網漁業・機船底引き網漁業への規制は焦眉の課題となった．

戦後，勃興してきたサケ・マス流し網漁業やサンマ棒受漁業も太平洋海域で操業が急増するとともに，本州からの大型入会船も加わり，過密操業状態となった．一方，沿岸の主要漁業であるコンブ採取業では，着漁者数の増加に伴って乱獲が進み，戦前（1933～40年平均）5万4,310トンであった生産量が戦後（1946～51年平均）3万386トンと56％に減少した．

なお，宗谷・根室海峡水域では，マッカーサー・ラインによる極端な漁場狭隘化の下での違反操業によって，ソ連監視船による拿捕・抑留事件が多発，1946～51年の累計発生件数は漁船152隻，乗組員1,248人に達した[8]．

● 漁家経済の逼迫

敗戦後の食糧難（旺盛な需要）とインフレ進行のもとで一時的に活況を呈した漁業経済であったが，日本経済が敗戦直後の経済破綻から次第に立直りを見せ，物資が出回りはじめた1948年末ごろには闇価格をはじめとする物価上昇が鈍化し始めていた．その時期，アメリカの対日政策を実行するために1949年2月，ジョセフ・ドッジ公使が来日し，いわゆる「ドッジ・ライ

ン」による厳しいデフレ政策の実施によって事態は急変した．1946年3月の水産物統制令によって実施されてきた水産物の公定価格制が，50年4月，全面撤廃されて以降，魚価の上昇率は鈍化し，一般卸売物価指数を下回る状態となった．反面，漁業用資材価格は，1949年10月の漁網価格差補給金制度の廃止と相まって著しく高騰した．そのため鋏状価格差は拡大し，「昭和25年春鰊以来の統制撤廃後における魚価の暴落（鰊は前年の公定価格の2分の1以下，イカは前年の7分の1乃至10分の1）と補給金撤廃による生産資材の値上がり（昨年の3倍）は期せずして漁業生産所得を極端に下降せしめたから，尚一層漁業経済の自立を不可能なものにしたと見なければならないであろう」[9]といわれる状況であった．加えて，この時期，一般的であった「仕込み制度」の下での高利負債によって，漁家経営は深刻なものであった．特に，ニシン，イワシ，イカ，ホッケ漁業を主とする道南地帯では，これらの魚種の生産量減少が続き，1950年春期には極端なニシン，ホッケの凶漁によって，漁民生活は悪化し，後志，桧山，渡島支庁管内学童1万5,039人中43％に当たる6,588人が欠食児童となるほどに困窮するに至った[10]．

●民主化運動と制度改革

敗戦後の復興は，日本を民主主義国家として生まれ変わらせるという連合国の基本的占領政策のもとで進められた．漁業においても民主化を図るための一環として漁業制度改革が当面の課題であった．この制度改革は，敗戦後の漁村における民主化運動を背景にした「北海道漁業制度改革案」（1946年7月），「中央水産業会案」（1946年12月），「日本漁民組合案」（1948年2月）などの民間からの改革案も出されたが，「制度改革の主導権は，占領軍の指示に基づいた政府によって握られ，民間の動きは批判者の役割を果たす」[11]に止まるなかで，水産業協同組合法（1948年12月，法第42号）と漁業法（1949年12月，法第267号）が制定され，その後の日本漁業の進路が定められた．こうした動向のもとで本道においても1949年以降，民主的漁業者組織の設立，漁業生産者並びにその組織を主体に漁業権免許の取得，海区漁業

調整委員会の選挙など一連の制度改革が行なわれた．

2. 漁業生産構造：漁場喪失下での食糧増産

(1) 漁業生産量・生産額の推移

敗戦時，1945年の本道海面漁業生産量は約61万トンであったが，その後漸増し，51年には111万3千トンにまで回復している．総生産額は，45年の2億5,600万円が51年には208億7,000万円へと約100倍に及ぶ増加となっているが，これは戦後の急激なインフレのためであった（表6-1）．

主要魚種別生産量の推移をみると，戦前から本道漁業の代表的魚種であったニシンは，45年の32万トンから51年には約20万トンへと漸減傾向を示しているものの，全道漁業生産額に占める割合は14.3％で依然首位を占め

表6-1 漁業総生産量・額の推移

（単位：トン，千円）

年	総生産量	総生産額	ニシン	イワシ	サケ
1933	1,763,513	39,209	556,622	860,172	4,935
1934	1,518,021	44,540	386,633	644,381	8,312
1935	982,743	42,627	219,993	317,477	13,675
1936	1,031,074	46,262	142,369	493,100	9,564
1937	1,107,053	57,693	118,457	478,298	8,327
1938	884,489	64,504	43,196	367,568	15,774
1939	1,123,072	111,221	143,255	396,674	11,952
1940	974,781	130,309	237,674	164,083	8,857
1941	707,406	106,623	222,829	64,987	6,776
1942	669,674	124,721	214,703	13,845	5,066
1943	860,494	140,045	367,521	30,795	4,309
1944	712,930	136,453	379,488	1,187	3,689
1945	607,430	256,037	332,125	20,847	6,507
1946	726,159	1,391,198	289,269	57,972	3,828
1947	709,979	4,107,174	235,183	18,690	6,543
1948	774,891	10,936,006	189,001	12,278	8,937
1949	958,662	16,248,262	229,005	22,669	11,092
1950	982,553	14,769,771	196,515	18,949	16,738
1951	1,112,880	20,871,174	197,311	12,048	17,917

資料：北海道水産林務部『北海道水産業のすがた』より作成．

ていた．戦中・戦後にかけて急激に生産量を増大させてきたのがイカであり，45年の5万4,000トンから51年には31万トンと6倍になり，生産額比率も14%とニシンと肩を並べるに至っている．サケは，戦前の主要漁場であった千島列島沿岸漁場を喪失したために46年にはわずか4,000トンとなったが，その後，漸次漁獲量を増大させ，51年には1万8,000トンとなり，総生産額に占める割合も10.7%となった．コンブの生産量は，1947～48年の約3万トンから51年には2万6,000トンと漸減している．

その他スケトウダラ，ホッケ，カレイなどの底引き網，小手繰網，刺し網，はえ縄などの漁船漁業による漁業生産は，比較的順調に増加している．45年のこれら3魚種の生産量は12万5,000トンであったが，51年には30万8,000トンとなり，総生産額に占める割合も22%に達している．

なお，イワシについては，戦前，ニシン・サケ・マス・コンブに匹敵する生産量であったが，戦中・戦後にかけて減少し，51年には1万2,000トン，総生産額に占める割合もわずか0.7%に減少した[12]．

(2) 閉ざされた漁場での過剰操業

本道は，日本海，オホーツク海，太平洋の3海区からなる広範な漁場を擁し，この期における主要漁業の発達状況からさらに細かく地帯区分をするならば，①日本海北部の春ニシン漁業地帯，②道南イカ釣り漁業地帯，③道東サケ・マス流し網，サンマ棒受け網漁業地帯，④オホーツク海沿岸ホタテ漁業地帯，⑤道東コンブ漁業地帯に区分出来よう．さらに全道一円にわたって行なわれていた漁業としては，サケ・マス定置網，はえなわ，刺網漁業，タラ，ホッケ，スケトウダラ，カレイ類などを対象とした小手繰網漁業があった．また，水産庁『漁船統計表』によれば，機船底引き網漁業は，1951年に451隻あり，それぞれ小樽（高島を含む）69隻，稚内54隻，函館52隻，釧路52隻，室蘭49隻，紋別47隻，網走35隻，その他，留萌，枝幸，雄武，根室，広尾，浦河などに93隻が根拠地とし，全道一円で操業していた．

1949年3月1日調査の第1次漁業センサスによれば，本道の漁業経営体

総数3万7,430のうち通常従事者5人以下の経営世帯による経営が3万4,276で91.5%を占めているが，これら漁家層の生産比率は43.9%にすぎず，沿岸漁業を主体とした零細経営体が主体をなしていた．

これら漁家の特徴を見るならば，専兼比率では，専業33.3%，第1種兼業50.9%，第2種兼業15.9%で，全国の専業27.3%，第1種兼業30.1%，第2種兼業42.6%と比べ，専業及び第1種兼業比率が高いことが特徴である．

就労状況では，本道の主要沿岸漁業は季節的な労働集約的性格の漁業種類が多く，戦前から労働力の供給を道内・道外など地元外に依存する状態が特徴であった．例えば，1948年の状況をみると，本道の代表的漁業である春ニシン定置・刺網では，自家労働力以外の雇用労働力はその大部分が定置網漁業への就労であり，全労働者約7万人のうち道内16%，道外19%，計35%約2万4,000人が地元外からのいわゆる出稼ぎ労働者であった．出稼ぎ母村は道内では道南漁村地帯を主とし，道外は青森，秋田県を主体とする東北・北陸地方であった．イワシ定置網漁業では，全労働者数1万2,536人のうち道内16%，道外12.4%，計28.4%が地元外出稼ぎ労働者であり，その大部分の給源地が岩手，青森県であった．サケ・マス定置網漁業では，全労働者数1万1,343人のうち道内41.7%，道外14.6%，計56.3%が地元外出稼ぎ労働者であり，道外は青森，秋田，岩手県が主たる給源地であった．さらにホタテ桁網漁業では，全労働者数6,153人中，道内37%，道外20.9%，計57.9%が地元外出稼ぎ労働者で，道外は石川，秋田，青森県が主たる給源地であった．

この期における主要な生産手段である漁船数の推移をみると[13]，1945年から51年の間に約1万隻増加した．このうち45年には無動力船割合が90%を占めていたが，51年に85%となり，次第に漁船の動力船化が進行したことが窺える．しかし，51年の動力船規模をみると，20トン未満船が92%を占め，閉ざされた漁場に小型船がひしめいていたことがわかる．

(3) 流通・加工業

1950年時点での本道漁獲物処理状況は，総生産額169億円のうち生鮮向け48億円で28%，加工向けが121億円で72%であった．生鮮向けのうち道内市場向けは27億円で57%，道外向けが21億円で43%であった．加工向け121億円のうち道内向け加工用として15%，道外向け加工用として78%，輸出向け加工用7%となっていた．つまり，生鮮・加工用合わせて道内が27%，道外が68%，輸出が5%であった．

1945年の本道水産物加工業経営体数は2万9,013であったが51年には4万3,254と1.5倍に増え，生産量は45年の8万トンから51年には30万トンへと大幅に増加した．製品の大部分はニシン，イカ，サケ・マスなどを原料とした塩乾品，肥料などの1次加工品であり，50年の水産物加工総生産額205億円の86%を占めていた．したがって，2次加工品生産比率は14%にすぎず，焼竹輪を主体とした練製品とサバ・カニを主原料とする輸出向け缶詰が主要品目であった[14]．

3. 漁業政策：漁業・漁村の民主化とその限界

(1) 漁業制度改革

占領軍による日本民主化政策の一環として農地改革，財閥解体，地方自治の確立等々とともに漁業の民主化を主眼とした漁業制度改革が行なわれることになった．

漁業制度改革の推進力となるべき漁民による民主化運動は，1945年11月日本漁民組合の結成によって全国的な広がりをみせた．北海道では，1945年11月の道南地区漁民大会，46年1月漁村青年同盟の結成，同年2月北海道漁民同盟の結成へと民主化運動が進展する過程で，全国に先駆けて46年7月には北海道漁業制度改革委員会による「漁業制度改革案」が発表され，漁業権を生産漁民の享有とするとの基本理念を訴えた．こうした漁業の民主化運動を背景に，漁業制度改革の重要な柱である民主的漁業者組織の確立を

図るための「水産業協同組合法」が1948年12月に公布，翌49年2月に施行された．同法に基づき旧漁業会（132）に代わって51年までに全道で218の地区漁協，26の業種別漁協，計244の漁協が設立された．また，北海道水産業会に代わって，これら漁協の中央組織として1948年8月北海道漁業協同組合連合会，北海道信用漁業協同組合連合会が設立された．こうして漁業生産者の組織化が行なわれると同時に，漁業権の民主的使用を規定する漁業法は，連合国，日本政府，漁業界の意見が錯綜するなかで審議が長引き，1947年1月の第1次法案から始まった審議は，1949年4月の第4次案に至って漸く閣議決定され，国会で決議され49年12月公布，翌50年3月に施行された．

施行された漁業法に基づき，海区ごとの新たな漁場計画の策定と漁業権免許申請者の適否等についての諮問機関である海区漁業調整委員の選挙が1950年8月全国一斉に実施された．本道では49海区有権者15万2,000人で漁民委員の選挙が行なわれ，立候補659人のうち，各海区11人で当選者は539人となった．同年10月知事選任委員（各海区公益代表委員1人，学識経験委員2人）の選考が行なわれ，各海区14人の海区漁業調整委員会が発足した．

漁業制度改革の根幹をなす新たな漁場計画は，1951年3月に各海区漁業調整委員会によって樹立された．その後公聴会の開催など所定の手続きを経て北海道に提出され，同年6月に公布され，漁場計画に基づく漁業権の切替免許は52年1月に完了した．海面漁業権の切替内容は，旧定置漁業権7,086が新定置漁業権3,894，旧専用漁業権144が新共同漁業権164，新区画漁業権2，旧特別漁業権118が消滅し，計7,348の旧漁業権が4,060の新漁業権になった[15]．

漁業制度改革によって，定置漁業権が大幅に減少したことが注目されるが，新漁業権の大部分は個人単独・共同所有となり，改革前の漁業権賃貸者はほとんど漁業権を失い，改革前漁業権賃貸者は漁業権所有者に切り替わり，「制度改革は，北海道に関する限り地主的漁業者の排除＝地代支払の消滅と

いう点において，大きな成果を収めた」[16]と評価されている．しかし，定置網漁業権の大部分が個人所有となった点は，漁民団体の民主化要求となっていた「漁業権の漁民生産協同体への移譲原則」からみてかなりかけ離れた結果に終わった．このことは，海区漁業調整委員会の投票率が89％であったが，地区有力者の事前協議によって49海区のうち11海区が無競争となったこと，北海道漁村同盟などが強く要望した海産干場の開放が見送られたことなどと併せ，民主化が必ずしも徹底しなかったとも評しえよう．

旧漁業権に対する補償金は，1951年5月に海面・内水面合わせて北海道分として52億1,400万円が決定され，漁業権証券（年利5分，1956年9月1日元金償還の国債）が51年8月から交付されることになった．この漁業権証券は，その分散を防ぎ，制度改革後の漁協系統組織の確立と経済事業の発展に資するよう集中資金化する運動が推進された．本道の場合，総額の82％に当たる42億円が漁業共済特別基金，信漁連，農林中金など系統機関に預託または再預託された．これらは系統金融の確立，漁連，信連の共同施設の整備，共販事業の強化等の資金源としての役割を果たした．

(2) 魚田開発：引揚げ漁民の救済

魚田開発事業は，対象漁民を異にしながら2度にわたって実施された．

第1は，樺太・千島など海外引揚げ漁民の救済対策として，1947年度から実施されたものである．初年度は樺太引揚げ漁民を主体として羅臼・稚内ウエンナイ地区，千島引揚げ漁民が入植した奥尻島神威脇の3地区計5戸に対する200万円（農林省産業経済費）によって，漁船3隻，漁舎4棟，漁具若干の助成が行なわれた．48年度は5,535万円の公共事業費で松前郡大島など26か所の漁村への補助，49年度には4,680万円の対日援助見返資金が沓形水産開発組合など20組合へ融資された．

第2は，1950年以降，道外からの入植者を含め，一般的な未開発魚田，無住地の開発が実施されることになった．すなわち，1950年2月，農林省は，新しい漁村開発，②既存漁村の施設拡充強化を内容とした「北海道魚田

開発事業実施要領」を策定し，公共的施設は国の補助，漁業生産施設等は制度金融をもって1951年から5年計画で実施することになった．開発基地としてウトロ，羅臼，元稲府（雄武町），山臼（枝幸町），豊富，神威脇（奥尻町）の6か所が選定され，51年度は公共事業費3,400万円，農林漁業特別融資金4,680万円で合計450戸の入植が実施された．この間，51年5月には北海道開発法が公布され，52年～56年度まで北海道総合開発第1次5か年計画が実施されることになり，魚田開発は52年度からこの計画の一環に組み込まれることになった．53年度までは前期6地区が開発対象地区であったが，54年度からは元稲府と羅臼に代わって浜中と礼文島船泊が新たに加えられ，56年度をもってこの事業は終了した．51年～56年度の累計補助金は2億1,564万円（うち道費補助金52～56年度2,000万円），入植戸数は合計1,530戸であった[17]．

(3) 乱獲・凶漁対策：底引き網漁業対策
● 小手繰網漁業の整理転換

敗戦後の食糧難と漁村の過剰人口のもとで，漁獲効率のよい小型底引き網漁船による過剰操業（乱獲）によって，本道沿岸漁業資源は急速に悪化した．こうした事態に対して，1951年2月GHQ天然資源局による「水産5ポイント計画」によって「乱獲漁業の今後の拡張を停止し，漁獲操業度に所要の逓減をおこなうこと」との警告に対応し，政府は52年4月「小型機船底引き網漁業整理特別措置法」を制定し，減船に着手することになった．

北海道では，これ以前の1950年3月「北海道に於ける小手繰網漁業の整理要項ならびに無許可船の絶滅要項」を制定し，小手繰（小型底引き）網漁業の整理転換政策を実施した．これは道内小手繰網許可船が1947～49年に700隻以上，50年には無許可船を含め1,000隻以上に達し，沿岸資源の乱獲，沿岸漁民との摩擦が激化してきたからであった．この要項は，小手繰網船1隻当たり4万円の補助金を交付し，1年以内にスケトウダラ延縄，刺網，中型底引き網漁業への転換を図り，中型底引き網については，小手繰網漁船4

隻に1隻（無許可船は8隻に1隻）の許可を与えるというものであった．ただし，増毛では10隻が操業延長を認められていたが，1958年までにエビ桁引き網に転換し，噴火湾の132隻についてもボタンエビ桁引き網漁業とみなし整理保留となっていたが，56年10月の「噴火湾，小型機船底引き網漁業整理要項」によって全廃された．

以上のような整理転換政策により，小手繰網漁業が中型底引き網漁業や安定した近海漁業に着漁し得たのはごく僅かであり，大部分は沿岸の零細漁業に止まった．これらが後日再び増加を見せた密漁小型手繰網漁船を温存させる結果となったといわれている[18]．

● 道外底引き網漁船の入会調整

青森県を主体とする東北地方の底引き網漁船は，戦前から一定数北海道太平洋漁場への入会操業が認められていた．敗戦直後から東北各県の入会底引き網漁船は無許可密漁漁船を含めて急増し，道内底引き網と小手繰網漁船の増加と相まって，この海域での過密操業，資源の乱獲が深刻化してきた[19]．

こうした状況のもとで，北海道並びに本道関係漁業者による入会操業反対運動が展開され，その結果，水産庁は1949年10月「北海道海区に対する底引漁船の入会操業調整に関する措置要綱の件」を策定し，入会操業隻数，海区，期間，トン数の制限並びに取締の強化，被害の補償などを行なうことになった．この要綱は1年間の暫定措置として1949年には150隻（青森75隻，岩手18隻，宮城50隻，福島5隻，新潟2隻）の許可隻数であったが，その後毎年要綱の変更がなされ，55年には60隻（青森57隻，宮城3隻）に削減された．56年以降は千島漁場へ転換する措置がとられ，要綱は打ち切られた．

● 道南地帯凶漁対策

イワシ，ニシン，イカ，スケトウダラ，ホッケなどを主な漁獲魚種とする道南地帯（後志，桧山，渡島，胆振支庁管内）は，戦後これらの魚種の相次ぐ不漁によって沿岸漁業は慢性的な凶漁地帯となった．特に，1950年春期には，ニシン，ホッケが極端な凶漁に見舞われ「大半の漁民はその日の生活

に困窮し，野草によってその日の生命を維持したものも尠なくなく……」[20]といわれる状態であった．

　そこで1950年7月の道議会水産委員会並びに第3回定例会で救済対策が取り上げられ，道水産部は不漁対策要綱を策定し，生活保護法の適用，公共事業の繰上実施等の緊急対策を実施することになった．また，この道議会で決議された「凶漁地区生業資金貸付の件」に基づき北海道は北海道信漁連に3千万円を貸し出し，この資金を信漁連が市町村補償により，同50年8月道南90漁協に対し秋期イカ釣着業資金として融資した[21]．

(4) 生産手段投資に対する金融措置

　このように漸次的に漁場の拡大を許可する一方，政府は，生産手段としての漁船建造についても，占領軍の許可の下で，1945年12月24日漁船建造5か年計画（木造船12万トン・鋼船21万トン）を閣議決定している．この計画に基づき1946年5月13日捕鯨・トロール・底引き漁船を中心とした第1次漁船建造許可が行なわれ，これに続き同年8月10日と11月23日にはカツオ・マグロ船建造を中心とした2次・3次の許可がそれぞれ占領軍によって認められている．しかし，この3次許可段階ですでに「現行の漁業水域が戦前の40％にすぎないにも拘わらず，すでに許可になった漁船保有数量が戦前を上廻るものであった．したがって第4次以降は当分100屯以下の木造船を除く一般漁船建造は許可されないこととなった」[22]のである．戦後の混乱期にもかかわらず漁業においてこうした漁船建造ラッシュを可能にしたのは政府による金融政策であった．1947年の復興金融金庫の設立と相俟って，一般金融機関が水産業に対して積極的に融資を行なう体制を整わせたことにある．これによって大資本や中小漁業資本への融資が活発に行なわれた．「復金融資のおもな対象が，大洋・日水・日魯・極洋等の独占的漁業資本や中小漁業資本の上層にあり，それらの復興に大いに役立つ役割をもっていた」[23]のである．

　つまり漁場の拡大及び漁船建造許可のいずれもが大資本及び資本制漁業に

とって有利に作用したのであって，これが戦後のわが国漁業の基本的性格を規定するスタートとなったといってよかろう．

　戦前から1949年前期までの本道漁業金融は，問屋・個人・その他などへの依存度が70％，銀行・漁協系統への依存度は30％に過ぎなかったが，51年10月の調査では前者が45％，後者が55％へと逆転した[24]．

　これは1947年7月の漁業手形制度の制定，同年8月の北海道信漁連の設立などによって，漁協系統金融が整備されたことによるものである．

　漁業手形制度は，漁業者が積み立てた共済基金の保証により「漁業手形」を発行して，着業資金などの融資を円滑にしようとするものであったが，基金積立組合が小規模分散化されていたこと，積立金が予定通りに集まらなかったことにより，1年足らずで機能が止まることになった[25]．

　こうしたことから北海道は，漁業系統団体の漁業権証券による出資（2億7千万円）によって，1951年5月全道を対象とした「財団法人北海道漁業共済特別基金」を設立し，基金を道信漁連に預託し，信漁連はさらに農林中金に再預託し，融資を促進することになった．この制度は北海道が全国に先駆けて実施したもので，漁業手形制度の行き詰まりに悩み，打開策を考慮していた水産庁に有益な示唆を与え，1952年12月の「中小漁業融資保証法」制定の契機となったのである．

　さらに，漁船建造などの設備投資に必要な中長期資金を融資する制度金融として，政府は1948年9月「農林漁業復興資金融通に関する暫定措置要綱」を定め実施することになった[26]が，この制度はドッチ・プランによる金融引締め政策によって僅か半年後の49年3月末で打切りとなった．

　1951年3月「農林漁業資金融通法」及び「農林漁業資金融通特別会計法」が公布され，一般会計からの繰入れ，資金運用部資金の運用などによって，長期低利の設備資金が融資されることになった．これが農林中央金庫（農林中金）並びに政府指定の市中銀行を窓口にしたいわゆる「特別融資」で，1951年4月から貸付が開始され，本道漁業関係では52年3月末までに製氷冷凍施設など43件3億5,400万円の融資が行なわれた．その後，この制度

により資金需要の増大に対応してきたが，特別会計制度による融資方法の不便を解消するために専門の金融機関の設立を要望する要請が強まり，1952年12月，前記2法を廃止し，新たに「農林漁業金融公庫法」を制定し，63年4月から農林漁業金融公庫による融資が開始されるに至り，本格的な融資制度が確立したのである．

なお，農林中金のプロパー資金による中長期資金の融資は，1949年9月から開始され本道漁業関係融資残高は，50年3月末で2億円，51年9月末では約9億円へと増加した[27]．

●陸上後背施設の整備

道東沿岸サケ・マス流し網漁業の急速な発展を条件づけた要因として，食糧難による国内市場における高い需要と国際市場における高い缶詰需要があった．後者については，それが敗戦後のわが国における数少ない外貨獲得手段でもあり，戦前に覇を競った日魯・日水・大洋の各漁業大資本がいち早く沿岸漁業への様々な形態での進出を行なった．中でも日魯漁業は，「1943年の水産統制令に基づき，北海道沿岸の水産缶詰工場の独占を完了し，露領漁業喪失に伴う経営回復の基礎をつくった．この統制令は1947年まで続き，日魯の缶詰工場独占は継続されたのであるが，水産統制令の廃止によって道東中心に，サケ・マス・カニを対象とする中小缶詰工場の設置が進み，さらに1949年から貿易が再開され，水産物需要が増大した」[28]とある如く，戦前に強い基盤を持っていたオホーツク・道東における旧工場を基点として活動を開始している．つまり沿岸での定置網漁業や小型底引き網漁業などの過剰操業と占領軍による漸次的漁場拡大，そして陸上加工施設の充実と市場の拡大とが相俟って以南サケ・マス漁業飛躍の条件が整ったのである．

注
1) 秋田俊一「漁業再編対策と漁業制度改革」『続北海道漁業史』北海道水産部，1969年，609-610頁．
2) 海面漁業生産量及び漁船数は『農林省統計表』による．
3) 川上健三『戦後の国際漁業制度』社団法人大日本水産会，1972年，16-17頁．

4) マッカーサー・ラインの設定を1945年9月27日の米国第5艦隊連合国最高司令官連絡部覚書第80号とする文献が多いが，これは100トン以下の漁船に対する包括的許可区域を示したものである．1945年11月3日米国太平洋艦隊日本商船管理局覚書第587号によって，100トン以上，未満の区別なく自由航行・操業し得る区域が指示された．また，宗谷海峡について，第80号では陸地部を若干横切るラインとなっていたのを訂正し，距岸3海里ラインとした．このことから覚書587号によるものを正式なマッカーサー・ラインとする．これは川上説（川上健三『戦後の国際漁業制度』大日本水産会，1972年）を採用したものである．

なお，納沙布岬と貝殻島の間は，北緯43度23分東経145度51分の中間点で線引きされていたが，ソ連による拿捕事件が発生したことと関連して，1948年12月23日付覚書SCAPIN第1033号をもって，北緯43度26分17秒東経145度48分03秒の点，北緯43度23分14秒東経145度50分30秒の点を経て，北緯43度東経146度30分の点に至るラインに明確化された．

5) 村岡夏雄「沖合遠洋漁業の発展と変遷」『続北海道漁業史』北海道水産部，1969年，4-5頁．
6) 前掲，秋田「漁業再編対策と漁業制度改革」，615頁．
7) 1945〜50年の累計引揚者数は，北海道『昭和25年北海道概況』（1950年），南千島からの引揚者数は，北海道水産部『根釧地域における漁業及び漁村構造の概況と問題点』（1958年），魚田開発団体数は，道水産部『未開発魚田開発団体名簿』（1940年），1949年の漁業経営体数は，道水産部『北海道水産業の現状』（1951年）による．
8) 拿捕・抑留件数は，北海道水産部『北海道水産業の概況』1957年版による．
9) 北海道水産部『北海道水産業の現状』，1951年，64頁．
10) 道南凶漁に関しては，北海道『行政報告書』，1951年，74頁．
11) 前掲，秋田「漁業再編対策と漁業制度改革」，633頁．
12) 戦前のイワシの生産量・額は，『北海道漁業史』北海道水産部漁業調整課，1957年，719-720頁．
13) 水産庁『漁船統計表』による．
14) 流通配分・加工製品については，北海道水産部漁政課『北海道水産経済の実相』（1954年），水産加工業経営体数・生産量については，『農林省統計表』による．
15) 北海道『行政報告書』1952年，57頁．
16) 同上，74-75頁．
17) 前掲『北海道漁業史』，630頁，第4表「魚田開発事業実績表」による．
18) 前掲『続北海道漁業史』，11頁．
19) 重田芳二「北海道の入会問題を衝く」『水産時報』水産庁編，1952年10月号，7頁．
20) 前掲書『北海道行政報告書』，74-75頁．

21) 北海道信漁連『北海道信漁連三十年史』1981年,107頁.
22) 秋田俊一「漁業制度と沿岸漁業の変遷」『続北海道漁業史』北海道水産部,1969年,616頁.
23) 外崎正次「加工流通金融機構と水産団体」『続北海道漁業史』北海道水産部,1969年,322頁.
24) 北海道信漁連『北海道漁業金融の現状と当面の課題史』1953年,32頁.
25) 同上,95頁,第77表による.
26) 1947年1月,復興金融金庫(復金)が設立され,戦後の産業復興に関する設備資金を供給することになったが,融資対象は鉱工業に主体が置かれ,水産業関係では大漁業資本の大型漁船建造等に集中し,中小漁業や沿岸漁業の復興にはほとんどその役割を果たさなかった.そこで,農林中金が発行する農林債券を復金が引き受ける形で40億円の資金を確保し,農林漁業団体に中長期の設備資金を融資することにしたのが,1948年9月制定の「要綱」であった.
27) 前掲書『北海道信漁連三十年史』,111頁.
28) 工藤勲「北洋サケ・マス漁業の再開と再編成」『シベリア開発と北洋漁業』北海道新聞社,1982年,212頁.

第7章
資本制漁業の復活

1. 漁業をめぐる情勢

(1) 北海道総合開発計画と北海道漁業

「戦後日本経済の回復の速かさには誠に万人の意表外にでるものがあった。それは日本国民の勤勉な努力によって培われ，世界情勢の好都合な発展によって育まれた」[1]。この一節は，わが国が「もはや『戦後』ではない」とし，今後の経済成長を「近代化」によって果たすことを宣言した有名な昭和31年度の『経済白書』にある。ここにある「世界情勢の好都合」とは，1950年6月に勃発した「朝鮮戦争」を指すとともに，この戦争による「特需」景気によってわが国経済が急速に立ち直ったことを指しているものである。米ソ両大国による朝鮮の分断とその下での戦争という，他国民の悲劇がわが国の経済復興につながったのである。この朝鮮戦争を契機に，アメリカの対日政策によって「警察予備隊」が設置され，1952年にはそれが「保安隊」へ改編され，やがて1954年には「自衛隊」の設置に至るのである。吉田茂内閣の時代である。一方，北海道においては，すでに第2部で詳述した通り，社会党田中敏文知事のもとで北海道総合開発第1期第1次5か年計画（1952～56年）が立案され，閣議決定を見ないまま計画が実行されつつあった。第1期計画での本道「水産業」に関する現状認識は，「日本経済自立に重要な位置を占める水産資源の確保と過剰漁村労働力の雇用確保に真剣なる要請を必要とする段階に至っている」[2]とし，①漁港の整備，②未開発魚田

の開発, ③養殖, ④高度利用を施策として挙げていた. 以上の情勢のもとで 1952年4月28日, サンフランシスコ条約が発効したのである.

(2) マッカーサー・ラインの撤廃と漁場の拡大

1952年4月, 対日講和条約の締結によってマッカーサー・ラインが廃止され, 日本の漁業は「沿岸から沖合へ, 沖合から遠洋へ」と漁場を拡大する条件ができたが, サハリンに接する宗谷海峡並びに占領下の千島列島に接する根室海峡については, 北海道が海上保安部と協議し, ソ連領海12カイリに沿った「危険推定区域」を設定し, 出漁の自粛を要請することとした. この両海域では漁場狭隘のため敗戦直後からソ連監視船による臨検, 拿捕, 抑留事件が発生してきた. マッカーサー・ライン廃止後は, ソ連主張の領海に配慮しつつ, これら海域における本道出漁漁船約6,160隻の安全操業を確保する必要があったからである[3].

2. 北洋漁業の再開と資本制漁業の復活

北洋海域への日本漁業の進出は, 対日講和条約の発効とマッカーサー・ラインの撤廃と同時に, 1952年から母船式サケ・マス, 以南サケ・マス流し網, 母船式捕鯨漁業が再開された. 1953年には母船式カニ漁業, 次いで54年からは母船式底魚漁業が相次いで復活した[4]. なかでもサケ・マス漁業の復活はめざましく, 母船式サケ・マス漁業は, 52年の3船団から55年には14船団へと膨張を続け, 55年の漁獲量は11万6,210トンで戦前の最盛時であった1939年の2万8,431トンを大幅に上回るものとなった. 以南サケ・マス流し網漁業も1955年には, 北緯48度まで漁場が拡大し, 30トン以上の大臣許可船が325隻, 30トン未満の知事許可船が917隻, 計1,242が操業し, 4万7,068トンの漁獲量に達した. このようなサケ・マス漁獲量の急増は, 1949年の貿易再開を契機に1955年以降, イギリスへの缶詰輸出市場の拡大があったことと, 国内での生鮮及び塩蔵品需要が堅調に推移していたこ

とによるものであった[5]．以下，北洋漁業を代表するサケ・マス漁業の展開とそれへの北海道漁民の対応について述べよう．

(1) 北洋サケ・マス漁業再開の条件

マッカーサー・ラインの廃止と平和条約の発効によって開放された日本漁業は，その後めざましい発展を遂げるのであるがその端緒を開いたのが北洋サケ・マス漁業であった．

敗戦後7年間にわたる占領下での北海道漁村は，樺太・千島をはじめとする外地からの引揚者などを加えた膨大な過剰人口を収容しなければならなかった．マッカーサー・ラインに囲まれた狭隘な漁場でこれら漁村における過剰な零細漁業者と中小資本制漁業とが競合しつつ生産を行なってきたのであり，漁場の荒廃は必至のことであった．特に1955年以降のニシン絶滅によって沿岸漁業経営は深刻な事態に立ち至っていた．一方，中小資本制漁業を代表する機船底引き網漁業もその生産力と資源再生産との矛盾を露呈しつつ経営は悪化の一途を辿っていた．こうした事態の下でのマッカーサー・ラインの廃止と北洋漁業の再開であり，多大な期待が水産各界から寄せられ，それへの対応が急速に進んだ．

1952年1月28日の北洋漁業再開に当たっての政府方針では，「今や講和条約の発効を目前にして，カニ・サケ・マスをはじめこの方面の資源に対して過去の経験を基として各方面より漁業許可の出願が当局に集まり来たったことは，漁業者の心情として当然のことであり」としながらも「同方面の漁業が米ソの領海に近接し，またその対象とする魚族が，定棲定着性のものまた遡河性のもので，その資源の保存についてはとくに十分な注意を払わねばならないものであり……過去において，取沙汰された如き掠奪的漁業の汚名を被り，或いは領海侵犯その他国際的紛争をまきおこすことのないよう，十分に自粛と規制を行わねばならぬ．またそれは近く問題となる北太平洋漁業についての日米加協定の正式締結及びこれにつづいて関係諸国との漁業協定の交渉を円滑ならしめる」[6]ためにも十分な自粛と規制を行なう必要がある

とし，1952年度はブリストル湾のカニ工船1隻，サケ・マスについては試験操業許可とするとした．以上の基本方針に加えて，戦後の漁場が戦前のそれとは異なる公海上での操業であり，それに見合った漁船装備が必要とされることから付属独航船は，50トン以上，方向探知器，無線電信機の設置が必要とされることとなった．

(2) 北海道漁業者の母船式サケ・マス漁業への進出

こうした政府の方針を受け，北海道をはじめとする関連業界・団体が急速に組織された．北海道においては，過去の北洋漁業実績者が組織した公海組合，北海道漁連，機船底引き網漁業者の連合組織である底引き連，引揚漁民が組織した開発連の4団体によって北海道を代表する北海道北洋出漁組合が組織され，関東北・北陸においては当該地域を代表する団体として北洋漁業組合が組織された．これに日魯漁業株式会社，日本水産株式会社，大洋漁業株式会社を加えた5者によって「北洋漁業協議会」が組織され，「国際信義の遵守，水産資源の調査研究及び各船団相互の調整並びに漁業経営その他につき……連絡協調する」ことになった[7]．具体的には，1，許可の申請は5者の共同申請とすること．2，各船団（母船を含む）は北海道北洋出漁組合及び北洋漁業組合の2者と日魯，日水，大洋のうち，それぞれ1社宛との共同経営を原則とし（但し特別な事情がある場合には1組合と，1会社との共同経営を認めること）その運営は各船団毎に協議すること．3，母船の選定については北海道北洋出漁組合と北洋漁業組合並びに当該会社の協議により決定すること．4，独航船は調査船を除き会社と組合との協議の下に組合側の適格船を選定すること，などを盛り込んだ5者による覚書が1952年3月8日に交わされている．

1952年度の北洋出漁独航船は，北海道北洋出漁組合傘下の道漁連8隻，底引連6隻，開発連4隻，公海組合7隻，合計25隻となった．

なお，北海道北洋出漁組合は，出漁に際して必要な資金調達が個々の独航船主によっては困難であることを見越した北海道庁の強い指導によって，水

産業協同組合法に基づく「北洋漁業協同組合」へと改組し，系統融資を受け得る体制をとったのである．

大資本と中小資本の上記共同経営方式による初年度の操業結果は，漁獲量において次年度以降に期待が持てる結果で終了したが，所詮寄せ集めの共同経営であり，出漁に際しての出資経費負担から漁獲物の加工・流通・販売，さらに最終精算においても母船側と独航船側の主張が漁を終えても容易に決着せず9月に至ってようやく妥結している．

第1次試験操業で一応の成果を得たことから，第2次試験操業では母船の大型化（2.4倍）と独航船隻数増（1.7倍）の下で操業された．結果は，第1次操業で得たノウハウを基にした漁場の選択と新漁網の採用（アミラン）によって成功を収めた．

(3) 出漁体制の変化：独航船の系列化

先にみた通り，1952年，大漁業資本（母船）と中小漁業資本（独航船）による共同経営方式により第1次北洋出漁が行なわれたのであるが，経営に関するさまざまな考え方の相違を残したまま最終精算を終えたのであった．こうして迎えた第2次出漁では，独航船側が第1次出漁時と同様に共同経営方式とすることを主張したのに対し，母船側は漁獲物「買魚方式」を主張して譲らず，結局，融資基盤を持たない府県船にたいする母船側の仕込融資攻勢によって，府県船が「買魚方式」を認める中，北洋漁業協同組合加入の北海道船もそれに従うことになった．母船への従属を嫌い自主出漁を果たそうとしていた北洋漁業協同組合加入独航船が母船側の攻勢に破れ，かつ北洋漁業協同組合の機能をも弱めることになったのである．

1954年の第3次出漁は，水産庁が「独航船隻数160，出漁母船は独航船との所属契約締結によって決定する」との方針が予め示されたために，母船側資本による激しい独航船争奪が繰り広げられ，9社7船団，母船総トン数が38,504トンと増強され，同時に，漁網が軽量強靱なアミラン網に全面的に代えられ，漁獲成績は良好であった．

政府による1955年の第4次出漁許可は，アリューシャン海域に母船10社・12船団・284独航船・63調査船，オホーツク海域に母船2社・2船団・50独航船・10調査船となっている．アリューシャン海域への本道独航船許可は117隻，オホーツク海域への許可は30隻であり，北海道への許可独航船数が多数を占めていた．これは後にみるように，当時の北海道漁業への政府による構造転換政策（中型機船底引き網漁船及び以南サケ・マス漁業の整理転換）の現われでもあった．さらに1956年には，19船団が許可された．

　北洋サケ・マス漁業再開からわずか5年，日本漁業による北洋への進出は止まるところを知らない勢いで伸張したのである．先にみた日米加漁業協定による「自発的抑止」によって北太平洋漁場から締め出された日本漁業の北西太平洋水域での進出に対するソ連の対応が第5次出漁前の1956年3月21日，日ソ国交正常化に関するロンドンでの交渉の最中に示されることになった．それはソ連政府によって日本政府に通告された「極東ソ連領海に隣接する水域の公海におけるサケ・マス資源の保護ならびに同漁獲調整に関するソ連邦大臣会議の決定」による規制であり，これがいわゆる「ブルガーニン・ライン」であった．

　これによってソ連領海に隣接する公海におけるサケ・マス，ニシン，カニ漁業は，それまでの4次にわたる出漁とは異なるものとなった．先にみた「日ソ漁業合同委員会」による科学的根拠に基づく漁業及び漁獲に関する厳しい規制が課せられることになったのである．

(4) 以南サケ・マス流し網漁業
●以南サケ・マス流し網漁業の開始

　北洋サケ・マス再開を前にした1951年度の北海道庁許可流し網漁船隻数は，1945年度に88隻であったものが5年後の1951年には10倍近くの859隻となっていた．翌1952年には，待望の講和条約が発効しマッカーサー・ラインの撤廃，日米加漁業条約が調印され，北緯47度以南のサケ・マス流し網漁業の操業が開始されると同時に，北洋サケ・マス母船式漁業が再開さ

れた.それまで「違反操業」を黙認してきた政府は,この年の7月4日「サケ・マス流し網漁業取締規則」を制定し,北緯47度以南を操業海域とすることを「追認」すると同時に30トン以上船を大臣許可,30トン以下船を知事許可とすることを決定している.

こうした決定を前にした1951年の漁船トン数別漁船数をみると,北海道知事許可船全体(859隻)の91%以上が20トン未満船(783隻)であり,30トン以上船(39隻)はわずかに4.6%にすぎなかった.しかし,1952年には30トン以上の大臣許可船が58隻(全国)に対し,北海道における30トン未満の知事許可船が1,497隻に急増していた.こうした小規模漁船による以南サケ・マス流し網漁業が北洋サケ・マス漁業の再開によって進出した大資本による母船式漁業と競合関係に立たされることになったのである(詳細は,「続北海道漁業史」21頁の第3表及び68頁の第1表参照のこと).

かくして戦後,道東沖の唯一限られた漁場で他の漁業に比べ優位にあったサケ・マス流し網漁業は,北洋海域への漁場拡大と大資本の参入によって生産(漁場)及び流通(市場)の両面で厳しい競争にさらされたのである.その結果は,「漁業生産でも,さらに漁獲物販売市場形成の面でも,母船式漁業が以南流し網漁業に与えた影響はきわめて著しく,その主導権はついに母船式漁業に移っていったのである.しかもこの傾向が進む過程で,以南流し網漁業自体内でも中小資本間の競争が烈しくなり,それは同時に以南漁業における各階層の分解としてあらわれるに至ったのである」[8].

●以南サケ・マス流し網漁業の消長

北洋サケ・マス母船漁業とともに北緯47度以南海域での操業が「追認」された以南サケ・マス漁業は,その時点で大きな矛盾を持ってスタートしたといってよい.第1に,以南流し網漁業者内における階層分解の進行であった.第2に,大資本による母船式漁業との市場と漁場での競合である.第1の点は,先に述べた通り1952年に決定された30トン以上船の大臣許可制の実施によって,全国で1953年には191隻,さらに1954年には206隻が許可されるという急増であった.さらに1954年5月の暴風雨による海難が

10〜20トン船を直撃したこともあって水産庁は,許可の総トン数を抑制しつつ大型化を図ることが出来る道として,廃業小型船から許可トン数を買い大型化することを認めた.ここに許可権利の売買が常態化すると同時に,それまでにも増して大型船装備の近代化が進行し,小型船との生産力格差が拡大し,このことがこの漁業の階層分解を一層進めることになったのである.

狭い漁場にひしめく漁船,採算の取れない以南漁業者の漁区拡大運動もあって,水産庁は,昭和30年度許可方針において「操業漁区の北限を北緯48度までのばし,母船式サケ・マス漁業の操業区域を北緯48度30分以北に制限」すると同時に,適格船に相当するトン数の廃業届をだした者をオホーツク海出漁独航船とすることが決められている.かくして「オホーツク海への出漁希望者が,48度以南サケ・マス流し網漁業者の間に多かったために,順調に進み48度以南サケ・マス流し網漁業は約半数に減少して,同漁業の安定化が図られたことは大きな意義があった.しかし,この措置によって,許可売買価格の急騰を招き,零細な漁業者は逐次脱落して,48度以南サケ・マス流し網漁業は沿岸漁業のうち,有力な一部沖合漁業者の手に移ってしまった」[9].

1955年の大臣許可(30トン以上船)は325隻に急増した反面,知事許可(30トン未満船)は917隻へと急減したのである(前掲「続北海道漁業史」68頁の第1表参照).

さらに第2の大資本との市場と漁場を通じての矛盾が,1956年のいわゆる「ブルガーニン・ライン」の設定とそれによって必然化した「日ソ漁業交渉」及びその結果としての「日ソ漁業条約」締結によって露呈するのであった.先に述べた通り,戦前の大資本による帝国主義的漁業進出を彷彿させるに足る,北洋再開以降の大資本による母船式サケ・マス漁業の進出を恐れたソ連政府の規制措置としての「ブルガーニン・ライン」の設定とその後の日ソ漁業交渉では,後述するごとくやがて48度以南の漁場における総漁獲量規制にまで至り,採算割れした経営の脱落によってこの漁業における漁船隻数は減少の一途を辿ることになる.

(5) 北海道漁業公社：漁業者の挑戦と挫折

　北洋漁業再開に当たっていち早く名乗りを挙げた北海道漁連（地区単協）が中心となって組織された北洋出漁促進委員会は，同様の願望を持った道内機船底引き網漁業者が組織する底曳連，旧北洋漁業実績者の組織である公海組合，樺太・千島からの引揚者が組織する開発連とともに北海道北洋出漁組合を組織するが，1952年4月，第1次出漁を前に北海道の強力な指導の下に水協法に基づく「北洋漁業協同組合」へと衣替えを行なっている．

　一方，府県においても時を同じくして「北洋漁業組合」が組織され，それが翌1953年には「北洋漁業組合連合会」となり，さらに1955年6月には同連合会傘下の70隻が新たに「北洋鮭鱒漁業組合」を組織している．やがて北海道における「北洋漁業協同組合」と府県における「北洋漁業組合」と「北洋鮭鱒漁業組合」傘下の独航船主が母船資本との交渉母胎となる「北洋独航船協議会」を1956年7月に組織し，同年12月には「日本鮭鱒漁業組合連合会」を結成し，ここに母船大資本に対応した中小独航船資本の大同団結の形態が整ったのであった．

　1次試験操業は，母船3社と共同経営方式によって出漁した独航船であったが利益配分をめぐって折り合いが着かず漁期終了後に漸く決着をみた．翌1953年の第2次操業では母船3社による「買魚方式」となったことにより，戦前における母船資本への仕込を通じた従属から戦後民主主義の下で自立した漁業者による母船経営をめざしていた北海道における漁業関係者の間に母船資本に対抗した公社設立の機運が一挙に盛り上がった．1953年4月1日，制度改革にともなう単協の漁業証券利子を基礎とした払込資本金1億円の株式会社北海道漁業公社が設立されたのであった．設立後まもなく購入した銀洋丸によって1954年1月～4月までマグロ母船操業を実施したが，「ビキニ水爆実験」によるマグロ価格の暴落によって赤字を計上，同年の北洋サケ・マス出漁においても缶詰製造施設のない母船では競争に勝ち目はなく，これも失敗に終わっている．

　公社は，漁業制度改革のねらいであった「漁業の民主的発展」をめざして

表 7-1　北海道漁業公社への出資者別出資金比率の変化

年度	資本金	漁協	漁民	北海道	函館市	関連産業	計
昭和28年4月	100	86.9	12	—	—	0.4	100
8月	120	72.4	10.6	16.7	—	0.3	100
9月	125	69.3	10.2	10.2	4	0.3	100
11月	144	60.3	8.9	13.9	3.5	13.4	100
12月	150	57.4	8.7	13.3	3.3	17.3	100
昭和29年4月	200	43.5	6.4	10	2.5	37.6	100
12月	300	42.9	6.3	6.7	1.7	42.4	100
昭和31年4月	150	42.9	6.3	6.7	1.7	42.4	100
6月	350	18.4	2.7	2.9	6.7	75.3	100
12月	350	16.8	0.4	2.9	0.7	74.2	100

資料：『続北海道漁業史』60頁，第7表を転載（元資料は，漁業公社事業報告書）．

旗揚げしたのであったが，「民主的発展を担う主体の力量不足」に尽きるのであろうが，零細な漁業者による資本力の乏しさ（缶詰製造施設のない母船購入），そして未熟な経営によって赤字を累積し，やがて表7-1に示す通り「漁民の資本」から「関連産業資本」へと資本構成を急変させ，願望とは裏腹に理念を捨てその体質を変え，「生き残る」道を選択したのであった．

3. 新たな国際規制

(1) 対日講和条約と日米加漁業交渉：自発的抑止の原則

敗戦後，日本漁業がマッカーサー・ライン内に閉じ込められ，政府が国民への食糧確保のために占領軍に対して漁場の拡大を要請している最中，太平洋を隔てたアメリカにおいて，1945年9月28日漁業と大陸棚に関する2つの宣言，いわゆる「トルーマン宣言」が発せられている．その1つが「公海の一定水域における沿岸漁業についての米国の政策に関する大統領宣言」である．この条約のねらいは，「当時の情勢として，これらの漁業に将来進出してくる可能性のあるのは，わが国であったことから，この宣言は，端的にいえば，米国近海の漁場を日本漁業の進出から守ることにその最大の眼目があったといえるのであって，換言すれば，講和後の日本漁業対策として最も

早い時期にとられた1つの重大な布石であったと断じても，決して過言ではないと考える」[10]との見解は至当である．

　戦前における日本漁業の帝国主義的海外進出への脅威が，米国における太平洋沿岸漁業関係者の世論となり，この大統領宣言となったといえよう．これは敗戦による占領下の日本漁業に対する先制的規制であり，これが平和条約第9条の「日本国は，公海における漁猟の規制又は制限並びに漁業の保存及び発展を規定する2国間及び多国間の協定を締結するために，希望する連合国とすみやかに交渉を開始するものとする」によって規制が義務づけられ，平和条約締結以前，つまり占領下の日本が占領軍総司令部の「日本政府の地位に関し誤解のないようにするために，日本代表は，北太平洋の国際条約の交渉と締結を日本政府がカナダ並びに合衆国政府と，特にこれがために同等の主権を有する基礎において行なうことを確認する」という1946年11月5日の覚書によって「日米加三国漁業会議」が開催されたのである．会議は難航したが，結局「オヒョウ，ニシン，サケ・マスの特定魚種について実績のない締約国が漁獲の権利を自発的に放棄する」ことを含む「北太平洋の公海漁業に関する国際条約」が「付属議定書」とともに1952年5月9日，3国代表によって調印されたのである．北太平洋漁場からの日本漁業の締め出しが条約の名のもとに完結したのであった．

(2) 日ソ平和条約と日ソ漁業交渉

　1951年9月8日，サンフランシスコ講和会議において対日平和条約・日米安全保障条約が調印され，平和条約発効（52年4月28）の3日前（52年4月25日）にマッカーサー・ラインは連合国最高司令官によって廃止され，日本漁業は「戦後」の桎梏から開放されたのである．
　平和条約締結以前，占領下で行なわれた日米加3国漁業交渉とは異なり，日ソ漁業「交渉」は，サンフランシスコ講和条約締結後，この平和条約に批准していないソ連との「交渉」であった．
　戦後，めまぐるしく国際情勢が変化する中で中ソとの国交回復を求める国

民世論が高揚し，1954年10月には日中・日ソ国交回復国民会議が結成され，翌1955年1月には日ソ両国が共に国交正常化に関する積極姿勢を示し，日ソ交渉が開始された．翌56年3月21日，ロンドンでの日ソ国交正常化に関する松本・マリク会談において，ソ連は「極東ソ連領海に隣接する水域の公海におけるサケ・マス資源の保護ならびに同漁獲調整に関するソ連邦大臣会議の決定」を日本側に伝えた．これが「ブルガーニン・ライン」と呼ばれるものである．その内容はおおよそ以下の通りであった．①関係国による協定の締結まで，太平洋水域に極東サケ・マス漁労調整地帯を臨時に設定する．②当該海域で5月15日から9月15日までサケ・マスの漁獲を制限する．③当該海域における漁労は，ソ連政府の特別許可のあった場合にのみ許可される．

ソ連のこうした対応は，前記「日米加漁業交渉」に際してのアメリカの対応とは異なり，ソ連の領海に隣接する公海でのサケ・マス漁業を日本に対して「自発的に抑止」させようとするものではなく，「交渉」の余地を残すものであった．しかし，この時期，つまり「平和条約締結」をめざす一段階としての「日ソ国交回復」交渉の最中の措置であったという意味では「米加」の対応と同じであった．また，この時期にこうした措置が一方的にソ連側から出された背景は，後述する如く，戦前の日本による帝国主義的漁業進出とそれを彷彿させるに足る1952年以降のあまりにも急速な日本漁業の北洋海域での復活にあったとみてよいであろう．かくして1956年4月29日から河野農林大臣とイシコフ漁業大臣を首席代表とした日ソ漁業交渉がモスクワで開催されたのである．

交渉は難航したが「北西太平洋の公海における漁業に関する日本国とソヴィエト社会主義共和国連邦との間の協定」として1956年12月12日に発効している．この日の条約発効は，交渉過程ですでに日ソ双方が合意していた「平和条約又は外交関係の回復の日に発効する」に基づくものであった．外交関係の回復とは，同年10月19日に批准され，同年12月12日に発効した「日ソ共同宣言」を指すものであった．

協定は7条から成り，北西太平洋水域におけるサケ・マス，ニシン，カニの合理的・秩序的利用を図るために，日ソ両国代表による「北西太平洋サケ・マス漁業合同委員会」を設置し，毎年の定期会合において同協定にそって実施されている協同措置が適当であるか否かを科学的根拠に基づき検討し，必要に応じて付属書を改正することができるとしている．これによって日ソ間漁業交渉が毎年続けられることになったのである．

4. 漁業生産構造の変化

(1) 漁業生産手段の整備
●漁船の動力化・大型化

北海道の漁船数は，1952年に無動力船4万9,611隻，動力船1万580隻であったが，59年には無動力船が約9千隻減少し4万692隻になったのに対し，動力船は約5千隻増加し，1万5,352隻になった．このように漁船の動力化が急速に進展する一方，1959年には全動力船に占める20トン未満船の割合が93.4%であり，圧倒的多数が20トン未満船ではあったが，20トン以上船が52年から59年にかけて約300隻増加し，本道漁業の沿岸から沖合・遠洋漁業への発展を裏付けている．本道の代表的沖合・遠洋漁業である中型機船底引き網漁業を例にみると，52年に1隻平均トン数は42.7トンであったが，59年には65.4トンへと大型化している．また以南流し網漁業の場合でも，54年に1隻当たりの平均トン数16.3トンが，59年には38.4トンへと大型化している[11]．

●漁業技術の革新

1950年代の漁業は，漁船の動力化と大型化と相俟って漁船装備の近代化，漁具・漁法の改良などとともに，ノルウェー式捕鯨・汽船トロールなどの一連の技術革新によって大きく変貌した．それは明治後期から大正初期に至る「日本漁業の第1次産業革命期」[12]に続く「第2次産業革命期」と称すべき状況であった．

第1に，漁船機関では，中型機船底引き網，以南流し網などの本道を代表する沖合漁業を先駆として，従来の焼玉・電気着火からディーゼルへと代わり，1950年頃には漁船漁業全般に普及したことが挙げられよう．これによって，燃料費，労働力の節減が図られるとともに，航行，操業の安全性が向上した．

　第2に，無線電話は，中型機船底引き網の場合，1950年頃には全船に普及し，55年頃までには全根拠地に漁業無線局が開設されるに至った．これはマッカーサー・ライン周辺の拿捕事件頻発を防止するための措置であり，本道での普及が全国に先駆けて進行した理由であったし，この期に起こった暴風雨による漁船災難事故対策でもあった．

　第3に，方向探知器，レーダー，ロラン，魚群探知器などの航行の安全性や漁業生産性を高める漁船装備もこの期に急速に普及した．

　第4に，綿糸に代わって合成繊維製漁網が開発されたことも画期的な出来事であった．合成繊維が初めて漁業に採用されたのは戦前の1942年，ナイロンテングスであったといわれるが，本格的実用化は1950年代に入ってからであった．この合成繊維漁網は，軽量，強靭，非腐蝕性に富み，従来の綿糸性に比べて取扱いが簡便でかつ耐用性が長いなど，漁業の生産性向上に大きな役割を果たすものであったが，当初は高価格であったため普及が遅れたが，本道では1955年頃から母船式及び以南サケ・マス流し網漁業を先駆として採用普及した[13]．

　第5に，漁法の改良では，サンマ漁業において，すでに戦前に棒受け網漁法が開発普及するが，本道においてはサンマ漁業そのものが重要視されていなかったこともあって，戦後導入され，従来に流し網から棒受け網に全面転換するのが1950年以降であった．次に，イカ釣り漁業における手釣りからドラム式釣機への移行が1950〜55年に行なわれ，さらに動力釣機への移行が55年以降に進行し，大きく生産性向上に寄与した．

●漁港の整備

　1950年の「港湾法」の制定によって，重要港湾5港，地方港湾24港，避

難港7港,計36港が運輸省所管となり,国の直轄工事によって整備されることになった.このなかには,以前から大規模漁港として修築されてきた岩内港など23港の本道主要漁港が含まれていた.また,同50年の「漁港法」の制定によって,港湾に含まれない農林省所管の漁港222港のうち第1種171港,第2種26港については北海道が国庫補助事業として,第3種13港,第4種12港については国の直轄事業として整備することになった[14].

その後,1950年5月に北海道開発法が公布され,翌51年6月に北海道開発庁が発足したことにより,国の直轄事業である港湾並びに第3,第4種漁港の整備事業は,全面的に北海道開発庁が実施することになった.

港湾の整備は,1952～56年,58～62年の2次にわたる5か年計画によって行なわれた.第1次計画では,改修港33港,全体事業費32億円,当初計画事業費の39%実績であった.これに次ぐ第2次計画では,改修港36港,事業費約100億円,計画達成率は72%であった.このように港湾についての整備が進捗し,本道沖合・遠洋漁業基地の整備が進んだわけであり,北海道総合開発計画に基づく港湾整備が本道の漁業発展にとって重要な役割を果たしたといってよかろう.

漁港については,1951～54年,55～62年の2次にわたる計画で整備されることになった.第1次漁港整備計画では,実施事業費20億2,900万円,着工漁港数は65港であったが,計画事業費に対する実施事業費の割合は17%に止まり,着工漁港のうち完成をみたのは,第1種の清部,厚田,第3種の青苗,臼尻の計4港に過ぎなかった.第2次計画では,90港が整備の対象になり,うち29港が完成し,第1次計画より大幅に進捗した.

●沿岸漁業の衰退

この期の漁業生産量は,あまり大きな変動はなく,110万トン内外で推移したが,漁種別にみると,先に指摘した通り,沿岸漁獲物の停滞と沖合・遠洋漁獲物の増加という傾向をはっきり示すものであった.ニシン,イワシ,サケ・マスなどの沿岸回遊性魚種の衰退が明瞭となり,定置網・刺網漁業などの沿岸待機性漁業は壊滅的打撃を受けたのである.

一方，マッカーサー・ライン撤廃後の漁場の拡大により，サケ・マス流し網漁業は，道東から北洋へと漁場を拡大し，その生産量を急速に進展させた．また，サンマは1954年まで2～3万トン程度の漁獲量であったが，55年以降10万トンを越える漁獲量となり，本道漁業の重要な魚種となった．これは旧時の流し網から棒受け網漁法への転換が完了し，55年以降道東沖合漁場において，サケ・マス漁業と兼業し，本格的な沖合漁業として操業されることになったからである．スケトウダラ，カレイなどの底魚の生産量は，比較的安定した推移を辿った．特に，スケトウダラ生産量は，20～30万トンの高水準となり，サケ・マスに次ぐ重要魚種となった．これは，底魚対象の主要漁業である中型機船底引き網漁業の漁場拡大とこの漁業からのサケ・マス独航船，以南流し網漁業への転換策によって，適正漁獲努力の確立が図られるとともに生産性が高度化したことによるものであった．

(2) 漁業生産構造の変化

　この期，北海道の漁業経営体数は，1953年の約3万5千が58年には約2万8千経営体へと大幅な減少を示した．これは，無動力船層並びに大型定置網漁業経営体の減少によるものであり，その主要因は，1955年を境とした春ニシンの大凶漁によって，脱漁民化が進行したためであった．他方，30トン以上の動力船による沖合・遠洋漁業経営体は着実に増加し，また，3トン未満の小型動力船層が肥大化したことが注目される．

　30トン以上の動力船による沖合・遠洋として成長してきた代表的漁業は，第1に，道東並びに北洋漁場で発達したサケ・マス流し網漁業（独航船・以南流し網船）であった．これらは，サンマ棒受け網，イカ釣，マグロ延縄などの沖合漁業を兼業し，周年操業体制を確立し，本道における中小漁業経営体として成長した[15]．第2に，中型機船底引き網漁業は，北部太平洋，オホーツク海における新漁場の開発によって漁場を拡大させ，操業隻数規制のもとで，漁船の大型化等による生産手段の革新によって，個別経営体は健全な生産性を確保し，中小資本制漁業資本としての地位を確立した[16]．

一方,肥大化した3トン未満の動力船層は,自立的な漁家経営体として形成されたものではない.むしろ沿岸漁業生産の不振や災害などによって負債が増加するなど,漁村の停滞的過剰人口として広範に滞留した階層とみるべきものであった.1958年11月の臨時漁業センサスによると,本道におけるこの階層の専業率は僅か7%に過ぎず,兼業が93%(第1種兼業78%,第種兼業15%)に達し,このうち54%が「自営兼業とやとわれ」及び「やとわれのみ」であり,半プロ層への分解が進行した.これら「やとわれ」の大部分が季節出稼ぎを内容としていた[17].

(3) 水産加工業
●製品構成の変化

この期の水産加工経営体数は,4万前後で,総生産量は30万トン台で推移したが,製品構成はかなり変化した.すなわち,ニシン凶漁後の1955年以降,塩蔵ニシン,身欠ニシン,カズノコ,ニシン粕などのニシン製品は軒並み急減したのに対し,塩蔵サケ・マス,ねり製品などの生産量は増加した.塩蔵サケ・マスの生産量は,1952年の1万5千トンから59年には3万6千トンへと2.4倍に増加した.これは北洋漁業再開,以南サケ・マス流し網漁業による塩蔵生産が活発化したことによるものであった.1951年以前には2万トン以下であったねり製品の生産量は,1952年から59年には3万トン内外に増加した.これは焼竹輪を主体とする蒲鉾類で,中型機船底引き網漁業による底魚原料供給の安定化によって,釧路,網走,稚内などの水揚港において生産が伸張したためである[18].

●冷凍事業の発達

冷凍工場は,釧路,根室,網走,稚内など道東,オホーツクの漁港を中心に1952年の147工場から59年には187工場へと増加し,冷凍庫の規模も大型化した.

冷凍水産物の生産量は,1952年の6万トンから60年には17万トンに増加した.冷凍水産物の主力をなしたのはイカ,サンマ,ホッケであり,これ

ら3漁種で全体の81%に達した．これは，道東・オホーツク海域におけるイカ釣，サンマ棒受け網，ホッケ延縄・刺網漁業などの沖合漁業の発達によるものである[19]．

● イカ珍味加工の勃興

イカの加工製品は，従来から素干スルメ一辺倒であったが，この期には，冷凍品に加え，薫製，輪イカなどの珍味加工品生産が勃興し，イカの流通加工過程を変革する勢いをみせるに至った．この珍味加工品は，1955年ごろから函館市内の加工業者によってはじめられ，東京・大阪・名古屋など大都市の珍味問屋に出荷された．旺盛な需要によって，生産量は1955年の150トンから58年以降1,000トンを越える生産量となった．函館市内の58年のイカ珍味売上高は3億円に達し，同年に素干スルメの生産額2億3千万円を上回る状態となった．事業所数は，56年の13社から59年には36社に増加し，大手水産会社による珍味加工生産への参入もみられるようになった．このようなイカ珍味加工業の勃興に伴って，原魚価格が高騰し素干スルメ生産は減退した．同時に従来のスルメ加工業者による仕込制原魚売買が後退し，道漁連を後盾とした函館漁協の共販入札制度が進展し，珍味加工工場への原魚供給事業が展開される契機となったのである．

5. 漁業政策の展開

(1) 沖合・遠洋漁業政策：大資本の育成と中小資本の系列化

● 母船式サケ・マス漁業

北洋漁業の再開に当たって，国は母船式漁業の経営を大手水産資本に集約する政策を意図した．これに対して，すでに述べた通り，本道漁民と北海道は民主的漁業生産の発展という立場から，本道漁業者組織による母船経営への進出を目指し，1953年4月，道内漁協系統を母胎とした北海道漁業公社（払込資本金1億円）を設立した．当初の資本金は，漁業制度改革による漁業権証券の道内漁協関係への配分経過支払利子分が充当され，その後の増資

には北海道並びに函館市などの出資を受け，1954年12月には資本金3億円とし，55年からアリューシャン，オホーツクに各船団，計2船団の出漁を実現した．しかし，母船施設の劣悪さによる業績不振に加え，1956年の日ソ漁業条約による規制を背景とした農林大臣の大手3社系列化構想によって，大洋漁業の系列下に組み込まれ，その独自性を喪失した．この際に，道内北洋漁業実績者の母船経営体である函館公海漁業も大洋漁業に系列化された．

独航船についても北海道は，漁協自営船の進出を奨励し，1955年には59隻（同年の全独航船334隻の18％，道内独航船147隻の40％）の出漁であった．

●以南流し網漁業

1952年7月「さけ・ます流網漁業取締規則」によって，30トン以上の漁船は大臣許可制となり，53年3月の水産庁許可要領によって操業範囲は北緯47度以南に制限されることになった．

さらに，54年5月に発生した暴風雨による以南流し網船の大量遭難を契機に，北海道は「さけ・ます流網漁業安定対策要綱」（54年11月）を策定し，知事許可船の大臣許可への繰り上げによる大型化を水産庁に要望した．これに対して，水産庁は，55年から主として知事許可船の減船を条件にこれを認めるとともに，56年にはオホーツク海域の母船式サケ・マス独航船への転換，大臣許可以南流網漁船総トン数枠内での個別漁船上限トン数を50トンから85トンへの引き上げが実施された．その結果，1956～59年の大臣許可船220～240隻，知事許可船180～280隻，計430～510隻（うち1959年の道内船は知事許可172隻，大臣許可104隻，計276隻）で推移した．このような隻数制限によって，日ソ漁業条約以降の規制海域内漁場（北緯46～48度）でのサケ・マス漁獲割当量の安定的な確保をも図ったのである．

●中型機船底引き網漁業の整理転換

1950年頃まで200隻台で推移してきた本道の中型機船底引き網漁船は，51年以降，小手繰網漁業からの転換参入に伴って増加し，53年3月には453隻に達した．この漁業の過密操業は全国的にも大きな問題となっていた

ことから，水産庁は，1953年9月「中型機船底引網整理転換要綱」並びに「機船底引網漁業整理転換補助金交付要綱」を策定し，減船整理に着手することになった．本道漁船の大部分は母船式サケ・マスの独航船へと転換し，整理計画終了時の57年には291隻の許可隻数となった．しかし，55年以降の春ニシン，道南イカ凶漁などによる沿岸漁業の不振に伴って，装備の近代化によって生産力を高めてきた中型機船底引き網漁船の資源利用に対する批判が高まり，北海道水産部は，1957年4月「北海道中型機船底曳網漁業綜合対策」を策定し，同年5月道議会で可決された．この対策は，操業区域・禁漁区域の改正，海区別適正隻数配分，禁止期間の延長，漁船の大型化，ニシン混獲制限など本道漁業を大幅に規制するものであった．

こうした規制を行なう一方，北海道は，北方海域における本漁業の漁場開発のため「中型機船底曳網漁業による新漁場開発操業実施計画」を策定し，北樺太北東海域，カムチャッカ東西海域，北千島沖合海域を対象に漁場調査に着手した．

かくして本道機船底引き網許可隻数は，1957～59年まで290～291隻に固定化されたが，1隻平均漁船トン数は，従来の50トン台から65トン台へと大型化した．

● サンマ棒受け網漁業の調整

戦後，北海道における沖合漁業として，新たに発達してきたサンマ棒受け網漁業は，道東・オホーツク海域で10～30トン型漁船を主体の操業するものであった．これに対して，先進的に発達していた本州各県の漁船は，30～100トン型が主力を占めていた．この格差は，本道の漁場が比較的近海に形成され，兼業漁業が小型サケ・マス流し網，イカ釣，タラはえなわ・刺網など小型漁船が多かったのに対し，本州船は，漁場が遠隔であり，兼業漁種もカツオ釣，マグロはえなわ，巻網，中型機船底引き網，母船式サケ・マス独航船などの大型船であったことによるものである．

1947年7月「さんま漁業取締規則」が交付施行され，10トン以上船の操業解禁日が一律9月21日となった．小型船を主体とする本道漁船の場合，

解禁日の同一設定は本州大型船との競合によって不利であり、北海道による解禁日是正の要望が強く出された。その結果、57年7月の規則改正によって、北海道船の操業期間が8月25日～9月30日、本州船が10月1日～12月15日となった。この本道船と本州船の解禁日2本立て制度は、その後、部分的に改正されながらも続いた。しかし、このような北海道船を早期解禁とする制度は、魚価が有利な「走りサンマ」を本道船が漁獲することへの本州船の不満を高めざるを得なかった。55年全国のサンマ漁獲量が46万トンと記録的な豊漁となり、魚価が大暴落したことから本州船の不満は頂点に達した。かくして、1956年7月、水産庁は省令を改正し、それまでの本道船と本州船の操業期間を廃止し、10トン未満船は周年、20トン未満船は8月12日～1月31日、30トン未満船は9月1日～1月31日、30トン以上船は9月12日～1月15日とトン数階層別の操業期間とした。

(2) 沿岸漁業の不振とその対策
●凶漁対策の展開

マッカーサー・ラインから解き放された沖合・遠洋漁業の発展とは裏腹に、沿岸漁業はその漁獲対象であった主要魚種の資源衰退による凶漁によって不振を極めることになった。

まず、戦前から本道漁業の主要漁獲魚種であったニシンが、1955年を境として極端な凶漁に見舞われ、沿岸のニシン定置網・刺網漁業に依存してきた漁村は壊滅的な打撃を受けることになった。すなわち、ニシン漁獲量は、戦後減少傾向にあったとはいえ、1952年には約32万トンであったが、55年には僅か4万6,800トン、59年に至っても1万7千トンに過ぎず、凶漁現象は決定的となった。次に、1930年代に本道漁業生産に首位を占めていた噴火湾を主体とした道南一帯のイワシ漁業は、戦中・戦後を通じて漁獲量が急減を続け、1959年には僅か6千トン足らずまで落ち込み、消滅状態となった。また、本道沿岸漁家層にとって最も重要な生産物であるコンブの生産量は、1952年に約4万トンであったが59年には約2万6千トンへと減少し

た[20]．さらに戦後のサケ・マス漁業を担ってきた定置網漁業も1952年以降の道東並びに北洋での流し網による沖取漁業の発展に伴って衰退した．このように本道沿岸漁業の中核をなしてきた漁獲魚種の後退によって，本道沿岸漁家漁業は壊滅的な打撃を受け，特に，道南一帯の漁家は悲惨なものであり，生活保護などの救済に依らなければならない状態であった．

こうした状況のもとで，北海道は，1956年4月「北海道漁家負債整理促進条例」による漁家負債整理を行なう一方，1956年8月以降57年にかけ，春ニシン凶漁対策のための「春ニシン地帯漁業綜合開発計画案」及び道南イカ凶漁対策のための総合調査を実施した．これに基づき1958年には，「北海道沿岸漁家経済振興助成条例」「北海道沿岸漁家農耕兼業体制確立資金貸付規則」「北海道低位経済農漁家畜産振興条例」を定め，困窮する漁家経済の救済に当たった．

● 災害対策

以上の沿岸漁業の困難に追討ちをかけるように，1952年以降59年に至る間，十勝沖地震（52年3月），オホーツク暴風浪及びカムチャッカ沖地震（52年11月から53年2月），暴風雨（54年5月），15号台風（54年9月），暴風雨（56年4月），伊勢湾台風（59年9月）などの自然災害が多発し，沿岸漁業を中心に甚大な被害が発生した．こうした災害に対し，1955年8月「天災融資法」に基づく救済が図られた．

上記の凶漁対策及び災害対策にもかかわらず，本道沿岸漁家経済は逼迫した．農林省の漁家経済調査によると，本道漁家の主要階層である動力船3トン未満層の1953〜59年の漁業所得は，30万円前後に低迷し，この間の平均家計支出約40万円を下回り，家計充足率は75％程度にとどまった．したがって漁家経済は，漁業外の兼業所得に依存せざるを得ず，その依存度は53年20％であったが，その後年々高まり，59年には40％に達する状況になった．しかも兼業所得の6割余りが労賃所得であり，漁家の半プロ化が進行した[21]．

(3) 領土・平和条約問題

マッカーサー・ラインの廃止によって，沖合・遠洋漁場は開放されたが，根室海峡並びに宗谷海峡は，ソ連の主張する領海によって臨検，拿捕，抑留事件が多発し，1952年以来，北海道並びに海上保安部によって「危険推定区域」を設定し，出漁の自粛を求めたが，事態は悪化の傾向にあった．すなわち，マッカーサー・ライン設定時の51年まで年平均拿捕隻数25隻，抑留人員225人であったが，52年以降増加が著しく，56年131隻，1,207人をピークとし，52～59年の8年間の年平均拿捕数85隻，抑留人員732人に達した．この8年間の累計拿捕数682隻のうち，『根室市史』（下巻，1968年）によれば，474隻（70%）が根室海峡で発生し，主要なものはサケ，マス，カニ，タラ，ホタテ，サメ，コンブ漁船などであった．このうち沿岸漁業の中心的役割を果たし，しかも従事漁民が最も多いコンブ漁船の事故発生は，沿岸漁民の生活権を脅かすと同時に，地域住民全体に切実な影響を与えた．かくして，56年3月には日ソ交渉早期妥結根室地方住民大会，同年4月根室地方漁業危機打開漁民大会，同年5月日ソ国交回復促進根室地方住民大会が相次いで開催され，「一応歯舞・色丹諸島の返還を条件として，速やかに日ソ国交回復の交渉を進め，根室地方の生命線である千島および歯舞諸島付近海域で安全操業の確立を地域住民の総意」として決議し，政府に訴えた．

1954年12月の鳩山内閣成立後，日ソ両国の国交正常化交渉が進展してきたが，国後，択捉を含む四島返還を条件とする日本の主張が受け入れられず，最終的な平和条約の締結は困難となり，国交正常化のための「日ソ共同宣言」が1956年10月19日に調印され，12月に発効した．これによって，日ソ漁業条約に基づくサケ・マス沖取りを主体とした北洋漁業の継続は可能となったが，沿岸漁業の安全操業問題は未解決のまま先送りされた．

注
1) 1956年度『経済白書』第1部総説より．
2) 北海道『北海道総合開発第1次計画書』1951年，47頁．

3) 北海道水産部『1957年北海道水産業の概況』1957年.
4) 母船式サケ・マス漁業は，1929年に始まり，33年には19船団の出漁にまでなり，戦争が激しくなる42年の3船団出漁をもって中断した．以南サケ・マス流し網漁業は，戦前北千島及び道東海域でサケ・マス流し網漁業として発達し，戦後マッカーサー・ライン内道東沖合で操業し，1951年には1,200隻にまで達し，マッカーサー・ライン撤廃後の1953年3月の水産庁許可要領によって，操業区域を北緯47度以南の北太平洋と定められて以来「以南流網漁業」と称されるようになり，1955年4月には北緯48度以南となった．母船式カニ漁業は，1921年に始まり，42年2船団の出漁をもって中断し，1955年に再開された．
5) 中井昭『北洋漁業の構造変化』成山書店，1988年，29，39頁参照．
6) 村岡夏雄「沖合遠洋漁業の発展と変遷」『続北海道漁業史』北海道水産部，1969年，61頁．
7) 同上，63頁．
8) 同上，66-67頁．
9) 日鮭連記念誌編さん委員会編『さけ・ます独航船のあゆみ』1965年，104頁．
10) 川上健三『戦後の国際漁業制度』社団法人大日本水産会，1972年，83頁．
11) 漁船数については水産庁『漁船統計表』，中型機船底引き網漁船トン数については『続北海道漁業史』124頁，以南サケ・マス流し網漁船トン数については前掲『鮭鱒流網漁業史』567頁による．
12) 日本漁業の第1次産業革命とは，明治後期より大正初期に展開された，①わら・麻から綿糸の漁網綱への変革，②漁船の動力化，③ノルウェー式捕鯨，汽船トロールなど外国からの近代漁業の移植などを指す．
13) 前掲書『続北海道漁業史』，128頁，第10表参照．
14) 漁港の整備については，前掲書『続北海道漁業史』465-467，605-608頁，『新北海道史』第6巻・通説，5，723-725頁を参照．
15) 中井昭『鮭鱒流網漁業史』全鮭連，1973年，457，604頁参照．
16) 前掲『続北海道漁業史』，250-251頁．
17) 中井昭『移動労働現象の現代的意義』(「職業安定」北海道労働部，第34号，1958年，10-12頁)．
18) 農林省統計調査部編『水産業累年統計3，都道府県別統計』4参照．
19) 前掲『続北海道漁業史』，288，379頁参照．
20) 漁獲量は，前掲『水産業累年統計3，都道府県別統計』及び『北海道農林水産統計年報・水産編』による．但し，コンブについては『北海道漁業現勢』(1952〜1956年)，1957年以降は，『北海道水産現勢』による．
21) 「漁家所得」に関しては，前掲書『北海道農林水産統計年報・水産編』による．なお，本道沿岸漁家層のうち，1953年の臨時漁業センサスによれば，10トン未満動力船，小型定置網，浅海養殖の経営体数に占める3トン未満動力船層の比率が61％であり，この層の所得を例示した．

第8章
高度経済成長期の北海道漁業

1. 漁業をめぐる情勢

(1) 高度経済成長下の漁業

　重化学工業化のもとでの大量生産，大量消費（輸出を含む）によるわが国の急激な経済成長は，内外に深刻な矛盾を内包しつつ進行した．内的には，重化学工業化の進展とともに環境破壊が急速に進み，公害問題が深刻な社会問題となっていたばかりでなく，地域開発による「土地問題」「漁業問題＝漁業権消滅・漁場環境悪化」「水問題」が，また，外的には，1ドル＝360円での輸出ラッシュが諸外国との貿易摩擦を次第に顕わにしつつあったことなどである．

　こうした重化学工業化は，同時に，農林漁業などの低生産部門の近代化によって，その安価な労働力を成長部門に吸収し，経済成長に寄与させる過程であり，その準備作業を政府は，1959年7月農林漁業基本問題調査会を発足させることによって開始した．1960年10月同会は，「漁業の基本問題と基本対策」を内閣に答申し，これを受けた政府は，「沿岸漁業等振興法」を制定し，それによって実施されたのが「沿岸漁業構造改善事業」である．

　こうした状況下で，北海道においては，「第2期北海道総合開発計画」（1963～70年）に基づき，水産業の生産性向上と所得増大を図るため，①漁港修築を主とした漁港整備事業，②沿岸漁業構造改善事業を基幹として大型魚礁設置・浅海漁場改良拡張などの漁場造成事業，③鮭鱒・貝類・海草類増

表 8-1 水産業主要事業の実績 (1)

(百万円, %)

区分	計画	実績	達成率
計	100,764	121,171	120.3
漁業生産基盤の整備拡充	35,309	35,032	99.2
漁業資源の培養開発	6,809	4,680	67.7
漁船及び共同利用施設の整備改善	56,409	77,765	137.9
水産加工の近代化と流通の改善	2,237	3,697	165.1

資料：北海道『総合開発のあゆみ』（昭和38～45年度），33頁．

殖などの漁業資源培養事業，④漁船建造・共同利用施設設置などの整備事業，⑤水産加工施設整備・水産物輸送力増強など水産加工の近代化と流通の改善，⑥水産試験場及び水産孵化場の整備と指導普及体制の強化等が政策的に実行された．

これらの事業への投資計画と投資実績をみると，全体では120.1％と計画を上回る実績を挙げ，中でも漁船建造・共同利用施設設置などの整備事業及び水産加工施設整備・水産物輸送力増強など水産加工の近代化と流通の改善事業で計画を大きく上回る実績を挙げている（表8-1参照）．

(2) 高度経済成長と水産物需要の拡大

1955年に始まる高度経済成長は，1958年，1962年，1965年，1970～71年の4度の不況期を経つつも，この間の年平均実質経済成長率が10％を越えるというものであった（図8-1参照）．こうした高度経済成長下での国民所得の増大は，都市と農村における需要の質的変化を伴った水産物需要の拡大を必然化させるとともに，魚価の上昇をも必然化させた．具体的には，穀類・豆類等の植物性食品の摂取量が減少する一方，魚介類，肉類，乳卵類などの動物性たんぱく質摂取量が増加するとともに，消費水準の高度化・多様化が進行した．北海道における漁業生産は，季節的・地域的大量漁獲を特徴とし，かつ，市場に対して遠隔地に位置していたために従来，輸送機関や冷蔵冷凍施設などの相対的未発達な条件下では，腐敗性の強い生産物の貯蔵性

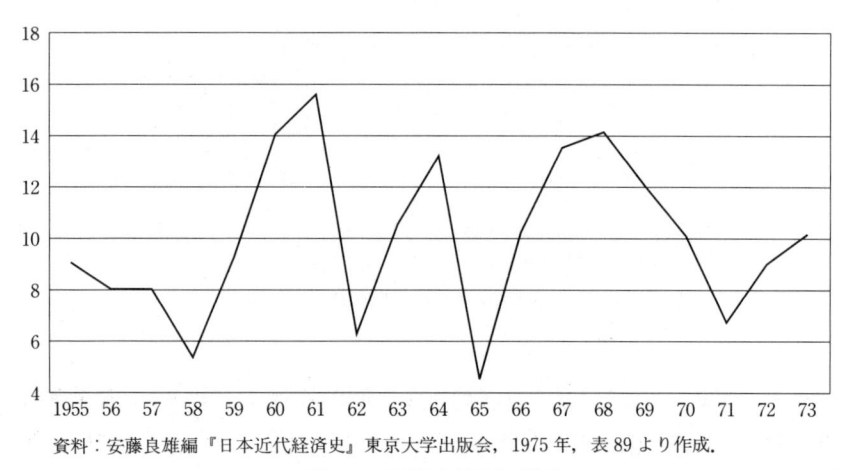

図 8-1　経済成長率の推移

資料：安藤良雄編『日本近代経済史』東京大学出版会, 1975年, 表89より作成.

を一義的目的とした塩蔵品・乾燥品などの低次加工品生産に特化せざるを得なかった．つまり「生もの」では市場に対応出来ないための加工生産であった．しかし，高度経済成長過程での生産，流通，加工分野での技術革新，なかんずく，1960年に確立された「冷凍すり身」生産技術開発によって，北海道における季節的・地域的に大量漁獲される水産物を高まりつつあった需要に対応しうる商品として販売する条件を持つことになった．

　食糧需給表によれば，国民1人当たりの魚介類消費量は1955年に13gであったものが1953年には15.5g，1973年には17gへと伸び，動物性たんぱく質食品消費も1955年の17.1gから1973年には35.6gへと2倍の消費量となっている．

　国民の水産物に対する需要の高まりの中で北海道漁業は，その漁獲量において1960年対比1973年では約2倍の伸びを示した．こうした漁獲量の増大は，イカ，サンマ，ホッケなどの漁獲量が堅調に推移するとともに増養殖魚種であるサケ，ホタテ生産が順調な伸びをみせたことにもよるが，スケトウダラ漁獲量が1960年の約32万トンが73年には約120万トンへと約4倍に急増したことによるものであった．

こうした需要の増大と北海道でのスケトウダラを中心とした漁獲量の急増と先にみたこの期の技術革新によって，北海道における水産加工生産は構造的変化を遂げた．

表8-2は，北海道における品目別加工製品生産量を示したものである．同表によれば，1960年対比1973年では（以下同じ）加工製品合計で3倍，うち生産量の大きさ（10万トン以上）を前提とした生産伸張率の大きい加工品は，冷凍品が3.9倍，塩蔵品が2.7倍，肥餌料が6倍であり，これに次いで量的には2～3万トン台にある調味干・くん製品が6.6倍，ゆで物が6.2倍となっている．

「本道における水産加工は，本道に多獲あるいは特産される魚種を原料とする加工向け原料生産に傾斜しているといえよう．中でも特に注目されるのは，ねり製品の全国生産量に占める本道の比重は36年おおよそ5％程度であったが，その後年々低下し，43年には3.6％となった．一方，ねり製品の

表8-2　加工製品別生産量の推移

区分	1960	1965	1970	1971	1972	1973	60年対比（％）
合計	425,381	555,562	919,798	1,030,623	1,226,821	1,293,132	3.0
冷凍品	166,500	257,127	452,996	572,253	661,498	641,753	3.9
缶詰	25,582	265,777	37,028	31,936	32,438	35,122	1.4
塩蔵品	46,923	63,976	74,279	86,670	94,362	126,458	2.7
干製品	46,528	36,106	45,926	50,331	51,214	42,430	0.9
調味干・くん製品	3,644	12,982	20,963	14,594	18,138	24,129	6.6
ねり製品	24,645	32,943	26,805	25,392	25,124	23,768	1.7
ゆで物	4,087	11,119	13,390	14,353	18,967	25,185	6.2
調味漬物	5,950	7,010	8,248	10,352	9,334	8,041	1.4
塩から	950	3,566	4,296	4,592	5,836	5,044	5.3
つくだに	3,918	2,361	792	1,246	1,590	2,117	0.5
こんぶ干製品	29,157	22,076	19,929	29,216	30,901	28,578	1.0
こんぶ加工品	87	775	605	662	766	664	7.6
海藻製品	5,970	4,089	2,663	2,282	1,324	2,516	0.4
魚油類	17,998	20,231	52,733	27,090	30,809	43,814	2.4
肥餌料	43,434	54,617	159,145	157,522	238,246	261,291	6.0
魚肉調理品	−	−	−	2,132	6,274	23,222	−

資料：北海道水産部『北海道水産現勢』より作成．

加工原料である冷凍すりみの対全国の本道生産比重は43年で75.6%と著しく大きい．したがって，最近における本道水産加工は，ねり製品等に対する働きかけが増強されつつあるといっても，全国的には加工原料供給市場的性格がより強まりつつあるといえる．このことは移出変化にも明らかに現われてきており，かまぼこ等ねり製品移出の激減が見られ，冷凍すりみ等原料移出に代替されつつある」[1]．

(3) 遠洋漁業による漁業生産の拡大

1960~73年にわたるわが国海面漁業生産量の推移をみると，総生産量では1.73倍，遠洋漁業生産で2.3倍，沖合漁業生産で1.43倍，沿岸漁業生産で1.17倍（内養殖漁業生産は2.08倍）であるのに対して，北海道における総漁獲量は，1960年の1,227千トンが73年には2,293千トンと1.87倍で全国水準をやや上回る趨勢である．このうち遠洋漁業生産では，1965年の94千トンが73年には447千トンと約5倍，沖合漁業生産では2倍近くの伸びを示している．一方，沿岸漁業生産では1.17倍と全国水準を下回り，この期の北海道漁業生産が沿岸漁業の停滞する中で急速に遠洋・沖合漁業生産へと傾斜していったといえよう（前掲『北海道水産業のすがた』参照）．

こうした変化を漁業における主要な生産手段である漁船の隻数とトン数の変化をみると，隻数では，北海道全体で1960年の16,299隻が1973年では40,937隻へと2.5倍，トン数では1960年の120,204トンが73年には277,348トンと2.3倍となっている．漁船トン数別の変化では，10トン未満層のすべての階層で隻数・トン数ともに伸びを見せ，中でも0~1トン層で隻数が35倍，トン数で27倍の伸びを示し，この間に無動力船が消滅したことからみて，無動力船層の動力船層への移行があったことがわかる．これに対して10~30トン層のすべてが隻数・トン数を減らし，30トン以上層ではすべてが拡大している．特に，100トン以上層では隻数・トン数ともに飛躍的な拡大である（表8-3参照）．つまり，停滞を続ける沿岸漁業における漁船の動力化の進展と沖合底引網漁業及び遠洋底引網漁業に代表される漁船の大型化

表 8-3　漁船隻数・トン数の推移

年	合計 トン数	合計 隻数	0～1 隻数	～3 隻数	～5 隻数	～10 隻数	～15 隻数	～20 隻数	～30 隻数	～50 隻数	～100 隻数	～200 隻数	200以上 隻数
1960	120,204	16,299	519	7,995	3,426	1,804	852	721	329	195	440	15	3
1965	191,839	24,414	5,185	10,696	3,919	1,667	706	810	327	384	623	37	60
1970	245,406	33,073	12,677	11,737	4,319	1,658	479	646	268	330	703	92	164
1973	277,348	40,937	18,036	13,374	4,790	2,084	451	619	205	295	724	161	198

資料：北海道水産部『北海道水産現勢』より作成．

によって沖合・遠洋漁業へと北海道漁業が激しく転換・進出したことをここにみることが出来る．

その主役を担ったのが沖合・遠洋底引き網漁業である．1960年以降の本道漁業生産に占める沖合・遠洋漁業生産の位置を見ると，1960年の総生産量123万トン中，沖合・底引き網漁業による生産量は42万トンで全体の34％を占め，1965年には38％，1970年が52％，1973には60％を占めるに至っている．特に遠洋底引き網漁業の参入によって急激に漁業生産が拡大したのである．

このように底引き網漁業を中心とした遠洋・沖合漁業生産量の急激な増大と同時に，特定地域・特定漁港への水揚げ集中が顕著となって現象し，支庁別にみると釧路・宗谷・網走・根室の4支庁合計水揚げ量が1960年には全水揚げ量の約69.4％であったものが1973年には82.3％となり，中でも釧路への集中が激しく1973年には全道水揚げ量の39.8％に達している．釧路，根室，歯舞，網走，紋別，稚内港などへの水揚げ集中である（表8-4参照）．

(4)　水産物流通の変化

この期における水産物流通をめぐる社会経済状況の変化は著しく，消費地においては人口の都市への急速な集中と水産物需要の増大，産地においては特定漁港への水揚げ集中が進行し，消費地・産地で共に卸売市場間での取扱規模格差が拡大しつつあった．消費地における中央卸売市場を中心とした特定卸売市場への商品集中はやがて政府によって中央卸売市場に対する手数料

表 8-4 支庁別漁獲量の推移

支庁	1960		1965		1970		1973	
	漁獲量	構成比	漁獲量	構成比	漁獲量	構成比	漁獲量	構成比
合計	1,226,981	100	1,321,656	100	1,964,081	100	2,403,981	100
石狩	3,991	0.3	1,694	0.1	918	0.05	1,429	0.1
後志	119,273	9.7	123,811	9.4	150,054	7.6	151,817	6.3
檜山	30,363	2.5	33,110	2.5	26,600	1.4	20,372	0.8
渡島	117,931	9.6	86,405	6.5	164,730	8.4	120,088	5
胆振	16,511	1.3	23,242	1.8	32,787	1.7	30,162	1.3
日高	21,737	1.8	20,414	1.5	25,378	1.3	22,330	0.9
十勝	27,745	2.3	20,955	1.6	23,474	1.2	24,066	1
釧路	231,104	18.9	286,600	21.7	621,050	31.6	957,642	39.8
根室	147,208	12	203,639	15.4	167,676	8.5	220,564	9.2
網走	202,313	16.5	184,044	13.9	242,005	12.3	297,204	12.4
宗谷	269,798	22	296,019	22.4	460,977	23.5	501,446	20.9
留萌	39,007	3.1	41,726	3.2	48,432	2.5	56,861	2.4

資料：北海道水産部『北海道水産現勢』より作成．

率の制限（引き下げ）が加えられるところとなり，手数料率をめぐる卸売市場間競争によって，益々大規模卸売市場への商品集中が強まり，弱小卸売市場経営を困難なものとし，客観的にこれらの卸売市場に対する統廃合の条件がつくられ，行政指導によって卸売市場の再編成が進められた．産地卸売市場の多くが漁協の主たる事業としての経営であり，手数料率をめぐる競争の下では小規模取扱卸売市場経営が困難なものとなり，ここに漁協合併の客観的条件が与えられ，政策的に漁協合併が進められた．

(5) 日ソ漁業交渉

日ソ漁業協定が，日ソ間の戦後関係を規定した「日ソ協同宣言」とともに，1956年12月12日に発効した経緯に関してはすでに述べた通りである．協定は7条から成り，北西太平洋水域におけるサケ・マス，ニシン，カニの合理的・秩序的利用を図るために，日ソ両国代表による「北西太平洋サケ・マス漁業合同委員会」を設置し，毎年の定期会合において同協定にそって実施されている共同措置が適当であるか否かを科学的根拠に基づき検討し，必要

に応じて付属書を改正することができるとしている．これによって日ソ間漁業交渉が毎年続けられることになったのであるが，「日ソ間のサケ・マス漁業に関連して生じている諸々の悶着は，そもそも次のような宿命によって，その下地がつくられている．それは，(A)公海の沖取り国である日本側の，その沖取漁業の現状規模を維持したいという願望．(B)沿岸漁業国であるソ連側の，日ソ間にある漁獲量の格差の縮小，並びに1950年代当時の水準への資源回復という要請，といった，そもそも相容れない双方の立場の違いに由来する．この困難な日ソ間の漁業関係の調整については，毎年，相互理解と善隣友好の大局的立場に立った折衝によって，現実的な解決を図ってきている」[2)]とあるように，1977年のソ連200カイリ水域の設定に至る「北西太平洋サケ・マス漁業合同委員会」ではサケ・マス資源評価をめぐる論争に終始し，毎年の決着は政治的妥協による解決でしかなかったといえよう．

(6) 資本制漁業の発展と国際規制の強化

1936年『千島漁業国策論』（北海道帝国大学，1936年7月）において今田清二は，「水族の蕃殖保護と漁業資本の競争とは，最も顕著な現実的矛盾である．水族の蕃殖保護問題は漁業競争問題の半面とも稱すべく，国際的水族蕃殖保護問題は国際的漁業競争の必然的結果として生じ，国内的水族蕃殖保護問題は国内的漁業競争と共に常に存する．漁業資本の熾烈な競争が存在する限り，水族保護に関する如何なる自然科学的理論，若は行政権的措置と雖概ね無力である．水族の保護政策は同時に漁業資本競争調整の政策でなければならぬ」(59頁) と指摘している．その後の歴史が示した事実は，この今田の指摘を覆すものではなかった．すでにこのことは戦後の復興期において，アメリカ占領軍及び政府政策によって確立した大資本とそれに従属する中小資本の生産力展開によって矛盾が露呈していた．それを端的に現わしていたのが北洋におけるサケ・マス漁業であったし，中小資本制漁業と沿岸漁業との資源問題を巡る確執であった．すでに指摘したごとく，1956年日本の北洋サケ・マス漁業再開以降，乱獲による資源激減を理由にソ連邦政府はブル

ガーニン・ラインの設定を通告してきた．これは日米加漁業条約（1952年）によって資源保護を理由にサケ・マス漁獲を自発的に抑止されていた日本漁業がソ連水域においてサケ・マス漁獲を強めてきたことに対する措置であり，以来，日ソ漁業交渉は様々な形態で行なわれ今日に至っている．

ブルガーニン・ラインの設定，日ソ漁業条約の締結という日本漁業にとっての外的矛盾は，実は日本漁業の内的矛盾の表現であるといってよい．対日講和条約発効（1952年）後の日本の大資本漁業が，「沿岸から沖合へ，沖合から遠洋へ」の政策の下に，海外漁場へ進出した結果，その強度な生産力発展のもとでの漁獲対象である生物資源とに矛盾を生じさせ，それがソ連による漁獲規制という外的矛盾によって現わされたのであり，こうした基本矛盾を解決することなく，政策的にも資本の集積・集中が促進され，大漁業資本を頂点とするわが国漁業資本の系列化が進められた．こうした日本漁業の資本蓄積は，国際商品たるサケ・マス漁業を対象に象徴的に行なわれたのであり，日本漁業資本による乱獲と違反操業が繰り返されるなかで国際的規制強化が一段と厳しいものになるのは当然のことであった．

さらに，高度経済成長期における大漁業資本は，従来の母船式サケ・マス，カニ，捕鯨漁業に加え，60年代後半期以降主軸漁業となった母船式底引き網漁業，北方トロール漁業を独占的に経営し，この期の技術革新を背景に，冷凍魚，冷凍すりみ，ミールを総合的に船上加工し，自社系列組織による販売体制を確立した．

一方，北海道における中小資本制漁業を代表する底びき網漁業は，北海道沿岸沖合の高い生産性を基礎として発展してきたが，沿岸漁業の小型動力船による沖合進出によって，一部のものはさらに遠洋へと進出せざるを得ず，漁場の遠隔化と対象魚種に対する高い需要の下で工船操業を必然化せしめ，その結果，大漁業資本と競合し，その影響をきびしく受けると同時に，工船操業の高い生産力は，同一魚種を対象として存立する中小資本制漁業の中間層に直接影響を与え，中間層の減少を招く主要因となっていた．また水産物需要の変化に対応し，大漁業資本を中心とする水産物市場への進出はめざま

しく原料から消費市場に至る市場支配を強めた．

　北海道における中小資本制漁業のもう一方の代表的地位を占めるサケ・マス漁業は，大漁業資本の系列下に置かれるか，漁場及び市場における大漁業資本との競合によって，いずれもが厳しい経営を強いられていた．戦後の日本漁業は，「日本経済の成長に支えられ，特にモノフィラメント漁網で代表されるような新しい漁労技術が，取決めた規制措置を実効的にはねのけた．沖取り漁業の操業秩序の破壊に果たした漁労並びに航海，操船に関する技術革新の役割は大きなものであった．その結果，資源保全のために日ソ間で取決めた毎年の規制措置を，実質的には反故同然として扱うような猛進型漁業へ徹底した変化を遂げた」[3]，とあるように，大漁業資本を中核とする資本制漁業による急激な生産力発展（猛進型漁業）の赴く先は，対象資源の再生産を無視した乱獲と違反操業による最大限利潤の追及であった．こうした日本における資本制漁業による乱獲と違反操業は，放置出来ないものとして2国間，多国間の漁業協定や取決めによって規制範囲は拡大の一方を辿り，国際的に日本漁業排除の論理を生み出すことになり，やがて200カイリ体制の確立へと歴史は動くのである．

2. 生産・流通構造の変遷

(1) 漁業生産構造の変化

●漁業生産力の発展と漁業生産

　この期の漁船規模別経営体数の変化は，漁船非使用及び無動力船階層の激減と船外機などの装着による小型漁船動力化と上位階層における漁船の大型化が特徴であった．漁船の大型化と同時に，1960年代の労働力不足を背景に動力機関のディーゼル化と馬力数の増大，揚網機，レーダー，ラジオブイ，自動イカ釣機，合成漁具・漁網などの各種省力漁労作業機の導入が行なわれ，これがこの期の生産力を急速の高める結果となった．こうした生産手段の変化と投資が進行する過程で漁業経営体に大きな変化が現われたことがわかる．

漁業センサスによれば，1963年から1973の10年間，経営体総数では5,568経営体減であり，うち漁船非使用及び無動力船層で14,691経営体が減少しているのに対し，1～3トン未満層の上向化による3～10トン層で2,086経営体増となっている．また，一般に資本制漁業経営体といわれている10～30トン層及び50トン未満層では漸減しているが，100トン以上層，中でも200トン以上層では漁船の大型化と同時に工船化を伴う経営体数増であり，それが急速に進行した．つまり，①漁船非使用及び無動力船層及び1～3トン未満層が分解基軸となったの脱落と上向化，②10～30トン層が基軸となった脱落と上向化の中で，③30トン以上層の急速な大型化が進行し，④特に，工船化を伴った200トン以上経営層の急増がこの期の特徴であった．

　技術革新を伴った漁船の大型化・高馬力化によって，北海道漁業は本格的に沖合遠洋へと進出し，特に工船化した200トン以上層の高生産力がこの期の漁業生産の性格を規定したといえよう．

　漁業生産手段が高度化する過程での漁獲量変化をみると，1960～66年まで120～130万トン台で推移していたのが，1966年を境に急速な漁獲量増となり，1973年には240万トンと倍増している．この漁獲量増大はスケトウダラの大量生産が原因であり，1973年には約120万トンと総漁獲量の半分を占めるとともにイカ，サバ，サンマ，ホッケなどの漁獲量が堅調に推移したことによるものである．また，部門別漁獲量の推移をみると，沖合・遠洋漁業生産の伸張が著しく，沿岸漁業生産の停滞が明らかである．しかし，生産量は少ないものの養殖漁業生産量が1970年代に入って急速に伸張しているのも大きな特徴である．

●特定地域への水揚げ集中

　漁船の大型化・工船化を伴った沖合・遠洋底引き網漁業による大量漁獲と沿岸漁業の停滞がこの期の北海道漁業の特徴であった．こうした特徴に加えて水揚げ地域に大きな変化があったことにも触れなければならない．主な漁業種類別・地域別・漁獲量の変化をみると，大量水揚げ漁業種類として沖合・遠洋底引き網漁業，大中型旋網漁業，サンマ棒受網漁業があるが，この

うち遠洋底引き網漁業及び大中旋網漁業の1973年の水揚げは，それぞれ約60万トンと20万トンであったが，そのうち約48万トンと17万トンが釧路に水揚げされ，ともに8割以上となっている．これに対して沖合底引網漁業では，1960年が約42万トンのうち34万トン（80%）が宗谷，網走，釧路に水揚げされていたものが，1960年以降，徐々にこの3地域への集中度が高まり1973年には72万トン（85%）がこの3地域に水揚げされている．サケ・マス流し網漁業，サンマ棒受網漁業についても釧路，根室の2地域への集中化傾向を強めている．次いで，スケトウダラ刺網漁業では，後志，渡島，胆振，同延縄では後志，同刺網（共同）では胆振，根室への水揚げ集中が見られ，イカつりについても渡島，後志，檜山，宗谷への水揚げが集中している（北海道水産部『北海道水産現勢』参照）．

つまり，この期に急激に漁獲量を伸ばした沖合・遠洋底引き網漁業，大中型旋網漁業などの資本制漁業による水揚げが宗谷，網走，釧路に集中し，その他の漁業では激しい漁獲変動のもとで全体的に漁獲量を減らしつつも特定地域への水揚げが集中したのである．

(2) 漁業生産者の地域別動態
● 地域別個人経営者世帯数の変化

『漁業センサス』によれば，戦後34,000余りを数えた経営体が1955年以降徐々に減少し始め，1963年には32,457となり，同年対比1973年には26,027と約6,500経営体（20%）の減少となっている．地域的には，全経営体の約5割を占めている後志，檜山，渡島で25%強減少している．専兼別経営体数の推移では，第1種兼業が1963年（21,192）対比で1973年12,462へと，約41%急減し，専業・第2種兼業が横這い状態である．つまりこの間の個人経営体の減少は，日本海沿岸の第1種兼業漁家層の分解が中心であり，それはニシン漁業に依存していた待機型漁業の衰退過程であった．

次に，この期の経営体減の原因となった沿岸漁業についてみると（『漁業センサス』による），先にみた通り漁船非使用及び無動力船層の分解が激しく，

1963年の16,032が1973年には1,287へとこの間に14,745減であったのに対し，1トン未満層及び3～10トン層の経営体が7,496から16,666へと9,170増となっている．地域別にこうした傾向が強く現れているのが日本海沿岸諸地域である．また，この期の後半に入ってホタテ養殖業が噴火湾及び佐呂間を中心に新たに加わってきている．

●地域別漁業従事者世帯数の変化

すでに述べた通り，この期北海道漁業を担った沖合・遠洋漁業の発展によって，漁業従事者世帯は1963年の9,396人が1973年12,431人へと，この間に3,035人と大きく増えている．地域的には沖合・遠洋漁業の根拠地である釧路，網走，根室，宗谷での増加である．増加世帯数のうち2,146人が専業従事者世帯であり，1,205人が第1種兼業従事者世帯である．1973年度における地域別の専業従事者世帯比率では，全道平均の51.9%を大きく上回るのは釧路（76.2%），宗谷（71.8%）であり，次いで網走，根室が60%台である．つまり，この期の底引き網漁業などの沖合・遠洋漁業の根拠地において，これら漁業を担った乗組員を中心とする地域的雇用の増大があったことを示すものである（『漁業センサス』による）．

(3) 水産物流通構造の変化

●消費地市場の変化

戦後の生鮮食料品市場をめぐる変化は，産地における産地問屋の後退と協同組合集出荷体制の強化であり，消費地における消費地問屋の後退である．こうした一般的傾向に加えて高度成長期における農山漁村からの激しい人口流出と都市への人口集中の下で流通機構の整備が政策的にも強力に進められ，札幌市に1959年中央卸売市場が設立された．札幌市への人口集中が続く中で札幌市中央卸売市場は，その設立以降，地方分荷量の増大を伴う急速な取扱高を増大させ道内各都市における卸売市場の合理化・公営化への先鞭となった．さらに札幌市や旭川市などにおける大消費地卸売市場については，市場自体が都市的性格が強く，高級魚介類に対する需要が強く，かつ後背分荷

市場を持つことから全国産地から直接出荷対象とされる本道における数少ない市場である．したがって，その他の中小消費地卸売市場は，全国市場からは出荷対象とされず，もっぱら道内産地市場からの出荷と大消費地市場からの分荷に依存しなければならない状況であり，扱う魚介類の主体は道内産多獲性大衆漁となっている．

消費地市場では，水産加工品を扱う場外問屋が広汎にみられるが，生鮮魚介類を扱う場外問屋は例外的に存在するのみである．したがって，卸売市場仲買と場外問屋との関係は生鮮魚介類以外の水産物流通過程で現われるが低次加工品の場合には，卸売市場流通が中心となり，珍味加工品などの特殊な加工品は場外流通が一般的である．しかし，大漁業資本による缶詰，ハム・ソーセージ，冷凍品などについては，系列化された場外問屋扱いである．この期の札幌市における場外問屋は，場外1次問屋は大手メーカーの系列下にあって高次加工品を代理店・特約店として販売し，場内仲買は小売り人に対する分荷仲買であり，地方卸売市場における場内仲買は小売り仲買が一般的である．

● 産地市場の変化

産地市場流通の担い手は，多くの場合漁協経営卸売市場である．高度成長期の流通システムは，この期の北海道漁業の構造変化と政策誘導によって決められたといってよい．沖合・遠洋漁業が急速に発展する中で，中小漁業資本による特定漁港への水揚げ集中が進み，大規模取扱産地卸売市場が道東，道北地域に形成されると同時に，停滞する沿岸漁業が主体となって水揚げが行なわれる道南地域での多数の小規模卸売市場との間での卸売市場間規模格差の拡大であった．前者の大規模産地市場においても沿岸漁業は存在し，同一地域内において沿岸漁業生産者に対応した小規模卸売市場が存在している．

中小漁業資本が主体の大規模産地市場では，水揚げ魚種と後背加工施設状況によって生鮮出荷となるか加工出荷となるかが決まるのであるが，生鮮出荷は消費地市場から遠隔であるために高価格魚介類に限られ，東京，大阪などの大消費地市場に出荷された．水揚げ魚種が低価格魚である場合には，低

次加工された製品加工原料として東北・北陸地域へ出荷され，水揚げ漁獲量の多寡が直接価格に影響し，大漁の場合に2次加工原料としての処理も出来ずに魚肥として供給する．大規模産地卸売市場における仲買をさまざまな業態で比較すると，零細な小売り仲買と一方での出荷・卸・加工・冷凍などを兼ねた大規模仲買との経営規模格差が急速に拡大した．

一方，沿岸漁業に対応した小規模産地卸売市場においては，出荷生産者が零細漁家であるためその生産物は生鮮・多品目・少量であり，一般的には生鮮形態での地場または道内消費向け出荷である．小規模産地卸売市場における仲買は，加工・小売りなどの零細経営が多い．

3. 漁業政策の展開

(1) 沖合漁業政策：北洋漁業への転換，進出政策

戦前・戦後を通じた政府の漁業政策の1つが底引き網漁業による沿岸漁業との競合及び沿岸漁業資源荒廃問題に対する対策であった．沿岸漁業と沿岸資源の保護を目的とし，底引き網漁業を沿岸から沖合・遠洋へと展開させることを基本に据えつつ，時々の情勢に応じて奨励・転換・制限・縮小政策に加え，新漁場開発政策をもって対応してきたといえよう．

この期の政策も前期と同様であり，1960年12月，北海道による「中型機船底引き網漁業による北方海域新漁場転換のための政策」「北洋海域への中型機船底引き網漁業転換要綱」によって機船底引き網漁業のサンマ棒受網漁業，以南サケ・マス流し網漁業，北洋サケ・マス独航船などへの兼業化が促進された．さらに，翌1961年には北洋新漁場出漁に際しての増トンを認め，その対策として政府系金融機関による融資条件緩和を行なった．また，同年には北海道機船漁業協同組合連合会は，転換促進と転換船に対する対策のため社団法人「北洋開発協会」を設立，官民一体の北洋転換体制を確立した．ここに漁船の大型化・高馬力化を促進させる条件が整ったのである．さらに1962年8月には「漁船船員の労働環境改善のための措置要綱」，1966年7月

には「船員設備の改善に伴う漁船の大型化に関する取扱方針」の一部改正が行なわれ,漁船の大型化・高馬力化が急速に進行した.かくして,1965年以降同漁業漁獲量が特定地域への水揚げ集中を伴って飛躍的に増加したのである.

(2) 沿岸漁業政策の展開

●沿岸漁業等振興法制定と漁業法の改正

政府によって,すでに1957年に設置をみていた「漁業制度調査会」は,「漁業に関する基本的制度についての対策」を答申した.答申では,高度経済成長過程での地域開発による海面埋立・干拓・汚染などの漁場問題,許可制度の下で自由な資本展開を遂げつつある資本制漁業に対する国際規制問題,中小・沿岸漁業の経営安定化問題,さらには生産力発展のもとでの資源問題など,漁業をめぐる諸問題の解決が迫られるとの現状認識を示している.こうした現状認識のもとで,今日の沿岸漁業における全般的停滞と資本制漁業における漁場をめぐる競合と階層間での停滞を克服し,新たな漁業生産力の発展を図るために,今やわが国漁業の生産力発展を阻害するものとなっている従来の漁業制度を改革しようというものであった.

一方,政府は,1959年「農林漁業基本問題調査会」を設置,翌1960年10月,同会は,その答申「漁業の基本問題と基本対策」において,「わが国漁業は生産性が低く所得が不安定で生活水準の低い多くの漁民層を抱えているので,この部門の近代化をすすめ生産性を向上しなければ,他産業部門の従事者との所得および生活水準の格差が将来拡大するおそれがあるばかりでなく,消費者に経済的に水産物を供給するなど,国民経済の一環としての役割も十分に果たせなくなる」と述べている.高度経済成長過程において,第2次産業の成長に比して漁業,特に沿岸漁業を含む第1次産業の成長が低く,他産業部門の就業者との所得や生活水準との格差が拡大しつつあり,第1次産業部門の近代化,合理化が必要であるとの認識であった.つまり,漁業を国民経済に占める1産業として位置づけた上で,その生産力発展を図ろうと

したものであった．

● 沿岸漁業構造改善対策

前期の沖合・遠洋漁業に対する基本政策は，沿岸漁業及び沿岸資源との矛盾を回避するための「沿岸から沖合へ，沖合から遠洋へ」という漁場の外延的拡大政策であり，沿岸漁業に関しては，「新農山漁村建設総合対策」(1956～62年)，「沿岸漁業特別振興総合対策」(1958～63年)が行なわれたが，1955年以降のわが国経済が本格的高度成長期に入り，沿岸漁業の低位生産性と低所得漁民層の広汎な存在が顕著となった．このため政府は「漁業の基本問題と基本対策」に基づく沿岸漁業への施策として，1961年「沿岸漁業構造改善対策」を決め，1962～70年に実施されたのが「第1次沿岸漁業構造改善事業」である．この事業は，①並型魚礁設置，築磯，海苔漁場造成などの漁場改良事業，②大型魚礁設置事業（1963年より実施），③養殖漁場造成，養殖及び蓄養施設設置事業など，土木事業が主体をなすものであった．

さらに1963年には，「沿岸漁業等振興法」が制定され，「沿岸漁業等の近代化と合理化により，その発展を促進し，あわせて沿岸漁業等の従事者が他産業従事者と均衡ある生活を営むことができることを目途に，その地位の向上を図ることを目的」とした諸施策が実施された．同法第8条には，沿岸漁業構造改善事業に係わり，①生産性の高い漁業への転換及び漁場利用関係の改善，②魚礁の設置，養殖漁場の造成等，③漁船，漁具，漁労装置など経営近代化施設の導入，④冷凍・冷蔵などの共同利用施設，共同流通・加工施設の整備，などが盛られ，これら沿岸構造改善諸施策の推進と水産資源の開発が沿振法の企図するものであった．

以上の沖合・沿岸漁業への政策が本道においてどのように展開し，どのような実績を挙げたのかを以下でみることにする．

(3) 漁業生産基盤整備拡充政策

第2期北海道総合開発期(1963～70年)における本道水産業に対する施策は，すでに表8-1に示した通り主要事業実績（投資額）では120.3%であり，

このうち全事業実績に占める「漁船及び共同利用施設の整備改善事業」への投資実績が64％,「漁業生産基盤の整備拡充」が29％,「漁業資源の培養開発」が4％,「水産加工の近代化と流通の改善」が3％であった．漁船及び共同利用施設の整備改善事業では,漁船建造投資が97％（水産全投資額の62％）を占め,121,663トンの漁船建造を行なっている．漁業生産基盤の整備拡充事業では,漁港修築事業が計画目標72港に対して18港が完成し,投資額では目標を超える121.1％の達成率であった．また漁港改修及び局部改良事業では,計画目標123港に対し完成が125港であり,投資額では目標に対して64.8％の達成率であった．漁場造成事業は,資源枯渇が著しい沿岸漁場に大型魚礁の設置と浅海漁場改良を行ない漁場の生産力を回復させるために行なわれた．前者については北海道が実験を重ねつつ公共事業化するための運動を行ない,1963年以降沿岸漁業構造改善事業として実施されてきた．投資額では目標の87.2％であったが,この間計画目標を越える131か所に設置された．

　漁業資源の培養開発は,沿岸資源の増殖によって沿岸漁業の振興を図ろうとするものである．1960年には海苔・コンブなどの海草類養殖実験が開始され,1965年には噴火湾とサロマ湖でホタテ貝養殖事業が開始された．一方,年々厳しさを増す日ソサケ・マス漁業交渉を背景にサケ・マス増養殖事業も本格化し,この期の投資額は目標の99.8％に達している．水産加工の近代化と流通の改善事業では,1960年に開発された「冷凍すり身加工技術」の進歩と沖合・遠洋漁業生産力発展とが相俟って,1965年以降のスケトウダラを中心にした多獲性魚の大漁漁獲に対応すべく水産加工施設整備への投資が行なわれた．投資実績は,目標の235.5％に達している．

　以上が第2期計画における水産業への施策とその実績であり,総括するならば以下の通りである．第1に,この期の基本政策が,沿岸漁場での過剰操業による資源の枯渇と漁村の貧困化という本道漁業の矛盾を「沿岸から沖合,沖合から遠洋」への進出によって回避するために装備の近代化と大型化を伴った漁船建造に全投資額の62％もの投資が行なわれたこと,第2に,漁場

表8-5 水産業主要事業の実績（2）

（百万円，％）

区分		計画	実績	達成率
漁港修築事業	事業費	17,500	21,189	121.1
	修築港数	72	18	25.0
	改良事業	8,908	5,771	64.8
	改良箇所	123	125	101.6
大型魚礁設置事業	事業費	3,528	3,078	87.2
	設置箇所	100	131	131.0
浅海漁場改良拡張事業	事業費	3,942	2,310	58.6
	面積（ha）	3,044	1,153	37.8
増養殖事業	貝類増殖事業	114	620	543.9
	海草類増養殖事業	3,560	815	22.9
	サケ・マス増養殖事業	3,135	3,130	99.8
漁船建造事業	漁船建造トン数	146,055	121,663	83.3
	漁船建造事業費	56,026	75,782	135.3
水産加工近代化事業	水産加工施設整備事業	1,507	3,549	235.5
	水産物輸送力増強事業	730	145	19.9

資料：前掲『総合開発のあゆみ』第41表～45表より作成.

の外延的拡大に対応した漁船漁業発展の基盤をなす漁港整備に全投資額の22％が投資されたこと，これに対して，沿岸漁場整備や沿岸漁業振興に係わる増養殖事業には，わずか8.2％，加工流通部門にも3％の投資しか行なわれなかったことが第3である．つまり資本制漁業にかかわる投資が主であり，資源問題と貧困に悩む沿岸漁業への投資が従であったといえよう（表8-5参照）．

注
1) 北海道立総合経済研究所『北海道経済の現況と課題』1972年，269頁．
2) 佐野蘊『北洋サケ・マス沖取り漁業の軌跡』成山堂書店，1998年，131頁．
3) 同上書，5頁．

第9章
転換期の北海道漁業
―高度成長の終焉と 200 カイリ水域の設定―

1. 漁業をめぐる情勢

(1) 高度経済成長の終焉

　1955 年以降の異常な経済成長は，国内的にも，また対外関係において大きな矛盾を生み出すことになった．国内的には，全国総合開発計画に基づく「拠点開発」によって，過疎，過密，公害，自然破壊等々が大きな問題となった．こうした矛盾を回避するために新全国総合開発計画が策定（1969 年）されたが，その内容はこれまでに行なってきた重化学工業を中心とした成長を全国土を利用して行なうというものであり，むつ小川原開発や苫小牧東部開発など大規模工業基地開発によって，さらなる重化学工業製品の大量生産を行なうというものであった．

　一方，わが国経済をとりまく国際環境は大きく変化していた．ヴェトナム戦争による「ドルたれ流し」によって，アメリカ経済は深刻なインフレに見舞われ，ニクソン大統領は 1971 年 8 月 15 日，インフレ抑制のための金融引締政策と変動相場制への移行を内容とする新経済政策を発表した．いわゆる「ドル・ショック」である．これを契機に，わが国の経済政策は，それまでの金融引締から緩和へと転換する一方，財政支出と民間への資金供給を大幅に増やした．その結果，インフレが進行し始めていた．その時にオイル・ショック（1973 年 10 月）が起こり，石油関連製品を中心とした物価の異常な高騰（狂乱物価）がインフレを決定的なものとし，1973 年 12 月には再び金

融引締政策を行なわざるを得なかった．かくして翌1974年には戦後初のマイナス成長を記録し，日本経済は低成長経済へと構造変化を遂げることになった．

　時を同じくして，1973年には第3次海洋法会議が開催されている．そこでのテーマは200カイリ水域の設定問題であり，それが領海としてか，経済水域としてか，漁業専管水域としてかの違いこそあれ，ほぼ世界のコンセンサスを得ていた状況の下での会議であった．いわば米ソなどの大国の判断次第によっては一挙に世界体制として決着する問題であった．しかし，日本は戦前・戦後を通じて「公海漁業自由」を原則とし，実質的には「許可制度」の下で最優良漁場を大漁業資本に優先的に許可してきた政府にとっての「国益」は，これらの漁場を守ることであり，200カイリ水域の設定は許し難いことであった．しかし，1977年米ソが相次いで200カイリ漁業水域の設定をするに及んで日本も同年5月「漁業水域に関する暫定措置法」を成立させ，7月に実施した．

　以来，国家間での漁業交渉の場において，それぞれの国家が持つ論理によって論争が繰り広げられた．日本の論理は「公海漁業自由」の延長線上にある「実績主義」であり，アメリカのそれは「余剰原則」から自国経済優先の「他国漁業排除」へと変化し，ロシアのそれは「相互主義」「等量主義」であり，それぞれが持つ論理によって交渉が繰り広げられることになったのである．

　1977年米ソの200カイリ水域の設定を契機として，それが全世界的体制へと移行したことは，沿岸国による海洋分割・資源独占という側面を持つと同時に，日本の大漁業資本を先頭に展開されてきた資源収奪型漁業に対する批判の結果として受け止めるべきであり，日本政府の200カイリ水域設定は，大漁業資本を主体とする資本制漁業の北洋出漁を継続・維持するための措置とみることもできよう．日本の「実績主義」主張が米ソ双方に通じず，特にアメリカは日米経済摩擦を背景とした市場の開放と日本漁業の締出しを行なったという点でソ連とは異なった厳しい対応を行なったのである．

(2) 200カイリ水域の設定

1973年に開催された第3次国連海洋法会議は，11会期に及ぶ討議を経て，やがて1982年に「海洋法に関する国際連合条約」を締結し，漁業における200カイリ体制が確立することになる．海洋法会議開催時点において，沿岸域資源を自国の経済発展に役立てようとする発展途上国を中心とした資源ナショナリズムが高まっており，200カイリ水域設定は国際的世論となっていた．さらに日本漁業の主たる漁場である北洋海域の沿岸国であるアメリカ，カナダ，ソ連邦は，いずれも戦前・戦後を通じた日本漁業の資源略奪体質に極めて批判的であり，発展途上国を中心とした自国沿岸水域資源の保護・管理という国際世論と1973年の第1次オイル・ショック以降の世界的不況下での自国漁業を始めとする関連産業の保護・育成面からも，途上国と同様の立場であった．

こうした情勢の下で日本漁業に対する国際規制は，対象魚種，漁獲量及び海域と漁期，漁法などの規制が国際条約によって次第に強化されていった．

以下，日本漁業に対するこの期の規制強化を，第1段階を1974年から米ソによる200海里水域設定前年の1976年まで，第2段階を1977年の米ソ200カイリ水域設定から1982年の海洋法条約締結までに区分してみると，第1段階の1974年から77年の米ソによる200カイリ水域実施までの変化を北洋海域での主な漁業の1974年と76年の漁獲割当量の変化でみると，まず日ソ漁業条約に基づく北西太平洋でのサケ・マス漁業では83千トンから80千トンへ，日ソカニ協定に基づくカムチャッカ半島東海域でのタラバガニ漁は1975年から零，東サハリン海域でのズワイガニが17,300千尾から13,425千尾に減少した．一方，日米漁業協定に基づくベーリング海ニシン漁は40千トンから18千トン，スケトウダラが1,500千トンから1,100千トン，日米カニ協定での東ベーリング海ズワイガニ漁は14,000千尾から13,500千尾へと減少し，次第に漁獲規制が強化されたことが分かる（表9-1参照）．

第2段階では，米ソによる200カイリ水域設定（1977年3月1日）後，4月29日にはそれまでの日ソ漁業条約の破棄通告がなされ，日本も5月2日

表 9-1　米ソ 200 カイリ設定以前の漁獲割当量の推移

区分			1973	1974	1975	1976	海域
日ソ漁業条約	サケ・マス	千トン	91	83	87	80	北西太平洋
日ソカニ協定	タラバガニ	千C/S	60	30.6 ③	0	0	カムチャッカ半島西
	ズワイガニ	千尾	17,300	15,350	16,270	13,425	サハリン東
日米漁業協定	ニシン	千トン	40	40	18	18	ベーリング
	スケトウダラ	千トン	1500	1500	1100	1100	ベーリング
日米カニ協定	タラバガニ	千C/S	29.2 ①	29.2 ①	12.5 ②	12.5 ②	東ベーリング
	ズワイガニ	千尾	14,000	14,000	13,500	13,500	東ベーリング

資料：北海道水産部『海道水産業の現況』昭和 52 年 3 月（元資料は水産庁）．
注：①尾数割当で 24 尾＝1 C/S で換算．②トン数割当で 1 トン＝13.116 C/S で換算．③尾割当で 40 尾＝1 C/S で換算．

「領海法」と「漁業水域に関する暫定措置法」を公布した．こうした本格的な 200 カイリ体制への移行を反映して魚価が高騰しはじめ，5 月 7 日水産庁は関係業界に在庫放出と値上げ自粛を要請するに至った．

　以上の情勢の中で行なわれた 1977 年度の日ソ漁業交渉では，12 月末日を期限とする「日ソ漁業暫定協定」が妥結調印（5 月 27 日）され，日本の 200 カイリ水域設定に伴う「ソ日漁業暫定協定」も妥結調印（8 月 4 日）された．日ソ・ソ日漁業暫定協定は，相互に相手国の 200 カイリ水域内でのサケ・マス以外の魚種についての操業内容（魚種別漁獲割当量・操業区域・隻数・漁具・漁法などの制限）を協議するもので 1 年限りの暫定協定であったが，1984 年 12 月 8 日の「日ソ地先沖合漁業協定」締結まで延長された．この両協定に基づく日本側の漁獲割当量は，交渉の初年度である 1977 年が 455 千トンで翌々年から 1983 年までは 750 千トン，ソ連側割当量は，初年度が 335 千トンで翌年から 1983 年までが 650 千トン，1984 年が 640 千トン，1985 年には 600 千トンであった（表 9-2 参照）．

　一方，サケ・マスについては，新たに取り決められた「日ソ漁業協力協定」に基づく生産が行なわれ，これも 1984 年ソ連側の破棄通告がなされ一時中断されるに至るまで続けられた．具体的には，ソ連が 200 カイリ水域設定をする直前の 1976 年の漁獲割当量 8 万トンが 1977 年には 62 千トンに減

表9-2 200カイリ水域内の日ソ双方の漁獲割当量の推移

年度	日本割当量・トン	ソ連割当量・トン
1976	1,538	665
1977	455	335
1978	850	650
1979	750	650
1980	750	650
1981	750	650
1982	750	650
1983	750	650
1984	700	640
1985	600	600

資料:北海道水産林務部『北海道水産業のすがた』より作成.

表9-3 日ソ交渉によるサケ・マス漁獲割当量の推移

年度	漁獲量・トン	協力費・億円
1974	83,000	—
1975	87,000	—
1976	80,000	—
1977	62,000	—
1978	42,500	17.6
1979	42,500	32.5
1980	42,500	37.5
1981	42,500	40.0
1982	42,500	40.0
1983	42,500	42.5

資料:北海道水産林務部『北海道水産業のすがた』より作成.

らされ,さらに翌1978年には42.5千トンに減じられ,この割当漁獲量は1983年まで続けられた.同時に,1978年以降,漁業協力費が新たに賦課されることになった.漁獲量が425百トンと変化なしの状態にもかかわらず,漁業協力費は年々増加され,1983年には42.5億円となり,初年度の2.4倍となっている.かくしてサケ・マス漁業は一段と厳しい経営を余儀なくされた(表9-3参照).

一方,アメリカの200カイリ水域設定によって,1977年「日米漁業協定」が発効したが,本協定の期限が1982年末であり,それまでは120〜140万トンの漁獲割当量であった.

(3) 流通構造の変化:魚価の低迷と生産資材の高騰
● 水産物価格の変動

高度経済成長期には,水産物需要の高まりに支えられて水産物価格は高騰を続け,そのことが漁業生産の拡大と漁業経営を支えてきたといえよう.しかし,1970年代に入りドル・ショックに続く石油ショックを契機に日本経済の高度成長は終焉し,低経済成長期を迎えたにもかかわらず,同時に進行

(百万トン，千億円) (円)

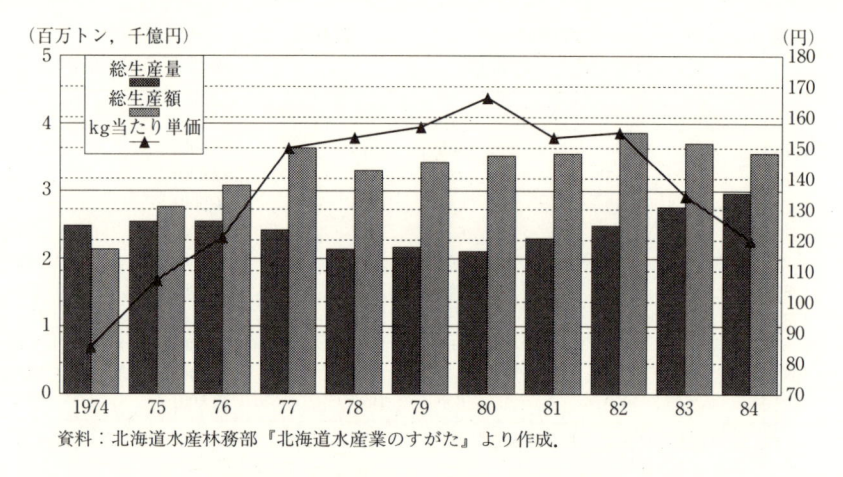

図9-1 総漁獲量・生産額・漁価の推移

資料：北海道水産林務部『北海道水産業のすがた』より作成．

したいわゆる「狂乱物価」による諸物価の高騰とともに魚価も高騰を続けた．1976年4月，政府による「狂乱物価」終息宣言が行なわれたが，翌1977年の米ソの200カイリ水域設定とソ連の「日ソ漁業条約」廃棄通告による供給不安によって魚価高騰が続き，政府は関係業界に対し在庫の放出と値上げ自粛を要請するに至ったのである．

さらに重大なことは，この期の魚価高騰を利用した「魚隠し」「空売り」などが横行し，流通業界に対する国民の信頼が大きく損なわれたことである．具体的には，1979年12月18日に報道された「北海道漁連による空売り事件」の発覚であり，翌1980年のカズノコ買い占めによって倒産した「北商事件」や「株式会社・北市事件」などがその象徴的事例であった．このような事件を契機としていわゆる「魚離れ」が進むとともに魚価が低迷し始めたのである．

図9-1は，この期の北海道における総漁獲量と総生産額及びkg当たりの魚価の推移を表したものである．折れ線グラフによる魚価の推移をみると，1974年以降1977年までは急速な高騰を続けてきた魚価が，1977年からは鈍化しつつも高騰を続け，1980年のkg当たり167円をピークに急速に下落し

表 9-4　国民1人当たり動物性食品供給量の推移（純食料）

区分	合計	計	水産物					肉類	鶏卵	牛乳乳製品
			魚介類				鯨肉			
			小計	生・冷	塩干薫	缶詰				
1960	61.4	29.4	27.8	—	—	—	1.6	3.4	6.3	22.3
1965	87.4	31.3		11.4	17.2	0.6	2.1	7.1	11.6	37.4
1970	110.1	33.0	31.8	11.3	20.1	0.4	1.2	12.2	14.8	50.1
1975	119.8	35.8	34.9	13.6	20.6	0.7	0.9	17.0	13.7	53.9
1976	122.3	35.9	35.2	13.9	20.2	1.1	0.7	18.0	13.9	54.5
1977	125.6	34.9	34.2	13.3	19.8	1.2	0.7	19.6	14.1	57.0
1978	130.1	35.5	35.0	14.0	19.8	1.3	0.5	20.8	14.5	59.3
1979	132.8	34.4	34.0	13.1	19.7	1.3	0.4	22.1	14.4	61.9
1980	133.7	35.2	34.8	13.7	19.9	1.2	0.4	22.1	14.3	62.1
1981	136.0	34.4	34.1	13.0	19.7	1.3	0.3	22.4	14.4	64.8
1982	137.4	33.7	33.4	12.3	19.6	1.5	0.3	23.0	14.6	66.1
1983	140.4	35.2	34.9	12.9	20.4	1.6	0.3	23.5	14.6	67.1
1984	142.7	35.8	35.5	14.0	19.9	1.6	0.3	24.0	14.8	68.1
1985	143.0	36.1	35.8	14.2	20.1	1.5	0.3	24.9	14.9	67.1

資料：農林水産省『食料需給表』より作成．
注：純食料＝粗食料×歩留まり，単位：kg．

ているのが分かる．

　こうした下落要因は後述するように魚種交代（イワシ漁獲量の急増と他魚種漁獲量の停滞と減少）にもよるが，表9-4に示した国民1人当たりの水産物消費量の推移をみると，1960年の国民1人当たり水産物供給量が29.4kgであったものが，75年には35.8kgとなり，高度経済成長期を通じて急増していた水産物消費が1975年を契機に停滞を続けていることから上記の要因（「魚離れ」）を無視するわけにはいかないであろう．

●漁業生産資材の高騰

　「狂乱物価」の最中，漁業経営を大きく圧迫したのが漁業生産資材の急騰であった．高度経済成長期とそれに続く魚価高騰を遙かに超える急激な漁業生産資材の高騰であり，これまで魚価高によって維持されてきた漁業経営が大きく揺らいだのがこの期の北海道漁業であった．

　表9-5に示した石油・漁業用資材等卸売物価指数の推移によれば，漁業経

表9-5 石油・漁業用資材等卸売物価指数の推移

区分	灯油	軽油	A重油	輸入A重油	潤滑油	ロープ	漁網	木箱	船内用内燃機関	冷凍機	超短波無線装置
1970	100	100	100	100	100	100	100	100	100	100	100
1971	114	112	114	119	105	103	105	101	101	101	100
1972	105	112	113	112	106	104	106	103	120	102	99
1973	115	126	125	123	113	130	138	142	136	109	98
1974	178	245	246	346	193	192	211	179	169	144	98
1975	243	309	310	379	224	166	207	179	178	142	98
1976	268	334	334	389	216	160	205	175	178	142	98

資料：北海道水産部『北海道水産業の現況』(1977年) より作成，元資料は水産庁．
注：1976年分は1月の数値に基づく．

営経費の大きな支出項目であるA重油の値上がりが最大であり，1970年対比で334である．輸入A重油に至っては389と驚異的値上がりである．これに次ぐものとして軽油が334，そして灯油が268，潤滑油が216であり，いずれも石油製品である．1973年のオイル・ショックが中東戦争とアラブ石油輸出国機構（OPEC）による石油価格値上げによって起こったことを考えれば当然のことであるが，漁網（205），ロープ（160）を含めていずれも石油製品であり，漁業生産が石油価格に支配されていたがゆえに直接的打撃を受けた産業の1つであった．

(4) 200カイリ体制下での日ソ・ソ日，日米漁業交渉
● 日ソ・ソ日漁業交渉

1977年4月，ソ連の日ソ漁業条約廃棄通告によって，新たな段階を迎えた日ソ両国の漁業関係は，同年両国の努力によって締結された日ソ・ソ日漁業暫定協定及びサケ・マス議定書に基づき行なわれてきた．日ソ漁業暫定協定に基づく日本の漁獲量は，1979年以降83年まで75万トンで推移し，ソ日漁業暫定協定に基づくソ連の漁獲量は，79年から83年まで65万トンで推移した．この間の交渉は，もはや日本の主張していた「実績主義」が容認されるわけもなく，ソ連の「相互主義」による主張によって厳しい内容となった．一方，サケ・マス交渉においても，1979年以降83年までの漁獲割当

量が4万2,500トンで推移したものの，漁業協力費については，79年の32億5千万円が80年には40億円，さらに83年には42億5千万円へと引き上げられ，当該漁業経営を圧迫した．

民間協定に基づく貝殻島コンブ漁は，1977年のソ連200カイリ設定とともに中断し，その後の交渉によって再開したものの「領土問題」がネックとなって80年まで操業は停止された．81年になり，北海道水産会とソ連漁業省との交渉が重ねられた結果，領土問題と漁業問題を切り離して交渉するというソ連側の譲歩によって，同年8月に民間協定が締結され，9月1日から4年ぶりに再開された．

● 日米漁業交渉

1977年3月，日米漁業長期協定が調印され，11月29日に発効した．米国の論理は，自国管轄水域における漁業資源を「割当てる」というものであり，77年から79年までは約120万トンの割当てであった．その後，81年にはそれまでの「割当制」から「当初割当制」に変更され，この年は当初割当量が約120万トンであったが，実際には約140万トンの割当てとなった．しかし，翌82年には，当初割当ては年間割当予定量となり，前年並みの約138万トンとなったが，現実の割当ては全魚種ともに年間割当予定量の50%とし，残る割当量は米国の漁業振興に対する協力度によって割当てるというものであり，米国200カイリ内操業に対する厳しい条件変更が行なわれたのである．その条件は「協力なくして割当てなし」であった．

2. 漁業生産構造の変化：北洋漁業からの撤退

(1) 生産構造の変化

● 生産量・生産額の推移

この期の漁業生産量の特徴は，イワシとホタテ漁獲量の急増とサケ漁獲量の増大であり，他魚種の停滞または減少である．イワシは1974年に1万トン強の漁獲量であったが1984年には約128万トンに急増し，それまで首位

表 9-6　主要魚種別漁獲量・額の推移（属地）

年次	純生産量	総生産額	イワシ		サケ		マス	
			生産量	生産額	生産量	生産額	生産量	生産額
1974	2,488,815	213,980,398	10,289	242,754	64,898	45,452,492	19,409	6,517,540
1975	2,552,114	275,449,533	11,161	317,745	85,538	72,980,448	18,827	8,427,857
1976	2,563,566	309,288,069	265,833	9,155,854	68,384	63,991,532	18,338	10,313,754
1977	2,417,665	362,144,378	440,470	15,681,401	55,930	60,872,491	18,393	16,477,913
1978	2,133,984	329,538,219	400,096	6,358,780	57,121	62,859,436	13,563	8,236,324
1979	2,178,168	341,875,366	526,881	11,103,430	76,165	59,426,845	17,037	12,036,004
1980	2,105,312	351,973,223	511,770	11,867,777	62,758	59,601,054	17,056	8,657,615
1981	2,311,979	354,916,855	680,271	12,831,956	84,315	64,807,093	18,527	9,228,180
1982	2,492,476	388,636,188	848,221	14,033,857	71,375	65,840,092	16,179	10,270,218
1983	2,752,795	371,252,142	1,064,011	22,166,549	85,198	56,248,246	17,548	8,906,953
1984	2,943,077	354,952,283	1,278,420	20,873,245	71,732	54,908,703	15,305	6,991,801

資料：北海道水産林務部『北海道水産業のすがた』より作成.

を占めていたスケトウダラを1982年に凌駕している．イワシとスケトウダラの漁獲量は，全漁獲量の5割から1984年には7割を超え，北海道漁業の中心的魚種となった．次いでサケ，ホタテなどの増養殖魚種生産量が順調な伸びをみせている．特に，ホタテは約5倍の伸びであった．一方，これまで北海道漁業の中心的魚種であったサバが1976年以降急減し始め1984年にはわずか1,248トンであった．そのほかにもスケトウダラ，ホッケ，イカなどが減少傾向を示している．

　この期の生産額の特徴は，1977年まで急激に伸びた生産額がこの年を境に明らかな停滞傾向を示したことにある．先にも述べた通り，魚価が1980年以降低迷し始めた時であり，漁獲魚種が低価格加工原魚向け魚種へと交代したためでもある．漁獲量がピークを迎えた1984年の魚種別生産額をみると，サケが全生産額の15.5％を占め，次いでスケトウダラが13.6％，ホタテが11.2％，イワシが5.9％であり，これら主要魚種が全生産額に占める割合は約5割であった（表9-6参照）．

　つまり生産額からみても，前期までの主要魚種であったイカ，サバ，ホッケなどに代わって，この期はイワシとスケトウダラが多獲性魚種の中心とな

（単位：トン，千円）

スケトウダラ		ホタテ	
生産量	生産額	生産量	生産額
1,183,658	29,648,576	34,117	6,877,383
1,177,190	29,924,440	47,179	9,887,030
1,172,477	41,435,416	66,301	18,444,294
889,206	68,075,723	104,192	27,010,157
717,661	58,408,791	102,711	22,123,518
721,694	58,717,156	96,394	20,753,365
645,904	53,827,083	91,018	21,014,351
691,206	53,158,472	111,482	27,508,704
704,618	53,834,890	130,574	27,847,064
729,728	49,010,057	164,632	37,211,971
823,472	48,119,441	164,479	39,761,369

り，ホタテとサケが増養殖魚種として北海道漁業の中心となったのである．

●部門別漁獲量の推移

北海道の漁業生産者による漁獲量の推移をみると，1977年の米ソによる200カイリ水域設定以降，急激に総漁獲量が減少している．部門別では，遠洋漁業が1973年の477千トンをピークにしてそれ以降減少を続け，1984年には半減以下の228千トンとなっている．沖合漁業では，200カイリ水域設定前年の1976年が最大漁獲年（1,596千トン）となって以降急減している．これに対して，沿岸漁業が次第に生産量を伸ばし，中でも養殖漁業生産の伸長が著しい（図9-2参照）．

200カイリ水域設定以前（1975年）の北海道漁船による他国200カイリ内での漁獲量を示したのが表9-7である．

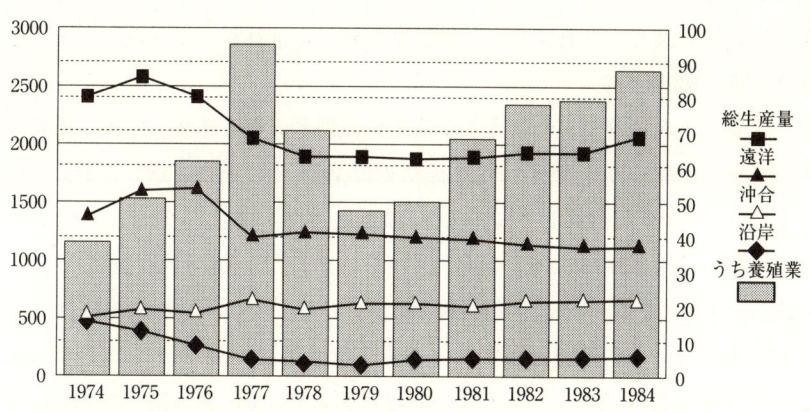

資料：北海道水産林務部『北海道水産業のすがた』より作成．
注：棒グラフは海面養殖業．

図9-2　部門別漁獲量の推移

表 9-7 他国 200 カイリ内での北海道漁業漁獲量

漁業種類	総漁獲量・A	200カイリ内漁獲量・B	A/B
サケ・マス漁業	44,911	19,643	43.7
北方トロール	7,456	7,456	100
遠洋底引	316,262	316,262	100
北洋延縄刺網	20,807	20,807	100
遠洋鮪延縄	9,458	4,625	48.9
沖合底引	1,206,680	594,893	49.3
鰊刺網	19,456	19,194	98.7
つぶかご	3,581	3,581	100
カニ	11,661	11,339	97.2
エビ	5,547	4,127	74.4
イカ釣	98,020	40,377	41.2
サンマ棒受網	107,181	47,664	44.5
その他漁業	640,642	24,995	3.9
合計	2,491,662	1,114,963	44.7

資料：北海道水産部『北海道漁業の現況』（昭和 52 年 3 月）より作成．注：1975 年実績に基づく，単位：トン

1975 年度の北海道漁船による漁獲量が約 250 万トン，うち 111 万トンが他国 200 カイリ内での漁獲であり，全生産量の 44.7% を占めている．漁業種類では，北方トロール，遠洋底引き，北洋延縄刺網，鰊刺網，カニなどがほぼ 100%，これに次いでエビの 74.4% が他国 200 カイリ内での漁獲である．

他国 200 カイリ内での漁業種類別漁獲構成では，沖合底引きと遠洋底引きで全漁獲量の 8 割以上であり，サンマ，イカがこれに次ぎ，全体の 9 割を占めていた．

以上のように北海道漁業は，他国 200 カイリ水域内での漁獲に全漁獲量の 44.7% を依存していたのであり，他国 200 カイリ水域設定による規制強化によって次第に遠洋・沖合業からの撤退を余儀なくされたのである．

● 漁業種類別漁業生産

この期の北海道漁業者による主な漁業種類別生産量と漁業生産額（属人）をみると（前掲表 9-6 参照），総生産量では 1975 年の約 250 万トンをピークにして，1977 年に急減しその後は停滞を続けている．一方，生産額では 1977 年以降の生産減少にもかかわらず 1974 年の 2,300 億円から 1982 年には 4,200 億円へと急増し，その後減少に転じている．先に示した属地統計との比較でみると，この期の道外船による生産量は約 10～80 万トンであり，大中型まき網漁業によるイワシ及びイカ釣漁業によるものが主体である．

表 9-8 は，1974 年度を 100 とした主な漁業種類別生産量及び生産額の推移を指数により示したものである．200 カイリ水域の設定による遠洋，沖合

表 9-8　漁業種類別漁獲量・額の推移（指数）

区分	1977 生産量	1977 生産額	1980 生産量	1980 生産額	1982 生産量	1982 生産額	1984 生産量	1984 生産額
総数	82	153	77	164	83	187	87	177
遠洋底引き	42	73	18	51	15	57	22	60
沖合底引き	75	173	64	164	64	157	65	128
大中型まき網	72	77	66	48	47	23	132	160
小型底引き	230	246	430	462	508	496	676	784
さんま棒受	199	488	111	186	128	521	122	294
さけます流し網	72	94	50	53	49	72	40	49
北洋延縄刺し網	81	100	162	111	125	124	152	177
かれい刺し網	140	204	114	196	124	232	117	242
すけとうだら刺し網	85	193	76	238	98	229	122	301
いか釣	104	146	145	148	64	123	56	94
大型定置	106	168	172	213	181	227	182	193
小型定置	155	177	160	174	175	204	200	232
こんぶ採草	113	109	110	169	130	176	101	129
養殖業	—	296	—	177	—	253	—	285

資料：農林水産省『北海道農林水産統計年報』より作成．
注：属人統計より作成，1974年を基準とした指数．

　底引き網，サケ・マス流し網漁業などの北洋漁業での生産が1974年対比で1984年にはそれぞれ22，65，40を示し，この3業種合計で約45と急減しているにもかかわらず，総生産量では87の生産減に止まっている．これは大中型まき網，さんま棒受網漁業などの資本制漁業と小型底引き，大型定置，スケトウダラ刺網などの沿岸漁業生産量が伸びたためであり，特に小型底引きによるホタテと大型定置によるサケ生産量の急増があったためである．

　一方，生産額では，オイル・ショックによる「狂乱物価」とそれに続く「200カイリ・ショック」時における便乗値上げによって，生産量が大幅に減少していたにもかかわらず1982年まで総生産額は伸長を続け，1983年以降減少に転じ1984年には177となっている．

　この生産額伸張に大きく寄与したものとして，小型底引き網漁業（784），スケトウダラ漁業（301），大型定置（193）などの沿岸漁業があげられる．

(2) 漁業生産者の地域別動態

● 減船による生産手段の喪失

200 カイリ元年となった 1977 年と翌 1978 年は，日ソ漁業条約の破棄通告によってソ連 200 カイリ水域における減船が行なわれた年であった．表 9-9 は，両年にわたって行なわれた業種別減船許可隻数の実態である．77 年の第 1 次減船では，当初許可隻数 2,321 のうち 748 隻が減船され，残存隻数が 1,573 隻となり 32％ の減少であった．翌 78 年の第 2 次減船では，当初の 1,575 隻が 224 隻減船で残存 1,351 隻となり約 14％ の減少であり，1977 年と 78 年の両年で 42％ の減船であった．

表 9-9 北海道漁船の北洋減船

区分	1977 年			1978 年		
	許可隻数	減船隻数	残存隻数	許可隻数	減船隻数	残存隻数
北転船	47	14	33	33	0	33
沖合底引き	198	37	161	161	0	161
母船式底引き（西カム）	17	17	0	0	0	0
ニシン（策餌・抱卵・以南）	139	139	0	0	0	0
アザラシ	1	1	0	0	0	0
アブラガニ（東樺太）	2	2	0	0	0	0
ズワイガニ（東樺太）	30	7	23	23	0	23
ズワイガニ（西ベーリング）	2	2	0	0	0	0
カニ（四島周辺）37	37	0	0	0	0	0
エビかご	49	34	15	15	0	15
ツブ（東樺太）	15	7	8	8	0	8
ホッケ（東樺太）	12	3	9	9	0	9
日本海タラ刺し網・はえなわ	25	21	4	4	0	4
太平洋刺し網・はえなわ	35	22	13	13	0	13
母船式サケマス（母船）	2	1	1	1	0	1
母船式サケマス（独航船）	113	27	86	86	23	63
太平洋中型サケマス	190	36	154	154	47	107
太平洋小型さけます	1,120	288	832	832	154	678
日本海サケマス流し網	49	8	41	43	0	43
日本海はえなわ	238	45	193	193	0	193
合計	2,321	748	1,573	1,575	224	1,351

資料：北海道水産林務部『北海道水産業のすがた』より作成．
注：母船式底引き網漁業の母船はカウントしていない．

第1次減船によって，西カムチャッカ母船式底引き，ニシン，アザラシ，東樺太アブラガニ，西ベーリングズワイガニ，4島周辺カニの6業種が全廃され，続く第2次減船では，サケ・マス漁業での大幅な減船が実施された．ホッケ刺し網と日本海タラ刺し網・はえなわ漁業の残存船が本道200カイリ内へ撤退した他，この2次にわたる減船によって本道漁業は多大な影響を受けた．

　この期の本道中小漁業経営体数の推移を「漁業センサス」でみると，全道では175経営体増であるが，地域別にみると渡島の100経営体減を始め後志，桧山，留萌の旧開地域での経営体が減少している．また漁船規模別に見た経営体数の推移では，前期まで本道漁業の中核を担ってきた20トン以上層の経営体が軒並み減少し，中でも50～100トン層では石狩，桧山，十勝，留萌を除く全地域で減少している．また100トン以上層についても48経営体が減少し，本道漁業生産の中核的担い手を失ったことになる．

● 階層別漁業経営体の変化

　200カイリ体制下での2度にわたる減船によって，本道漁業の生産と経営に大きな打撃を与えると同時に，この期の本道漁業経営全体にも大きな変化が起こっている．1974年以降84年までの階層別経営体の推移を「漁業センサス」でみると，沿岸漁業では，浅海養殖漁業が1,399経営体（69%）増となっているほか，大型定置と小型定置漁業で増加している以外は急激に減少または停滞（5～10トン層）し，全体で2,750経営体（11%）が減少した．中でも1～3トン層の減少が激しく，この間に2,460経営体（54%）が減少している．

　一方，沖合遠洋漁業経営体では，10～30トン層で421経営体（47%）増となっている以外は198経営体が減少し，全体で223経営体が増加している．沿岸及び沖合遠洋漁業経営体全体では，2,350経営体（8.6%）が減少している．つまりこの期の本道漁業の担い手に大きな変化が現われたのであり，それは沿岸漁業における増養殖漁業経営体の台頭であり，沖合遠洋漁業経営の全面的撤退と本道200カイリ水域への回帰であった．

3. 漁業政策の展開：200カイリ体制下での漁業政策

●海洋法対策

　1973年秋の石油危機による漁船燃油であるA重油をはじめとする漁業生産手段の異常な高騰による漁業経営危機が続く73年12月，200カイリ水域の設定が世界のコンセンサスを得つつある中で第3次国連海洋法会議がニューヨークで開催され，翌1974年6月20日には，第3次国連海洋法会議第2会期がカラカスで開催され，アメリカが条件付きで200カイリ経済水域設定に賛成するに及び，わが国は次第に孤立を深め，漁業者への心理的圧迫を一層強めたのである．

　こうした中で1975年3月17日，第3次国連海洋法会議第3会期がジュネーブで開催され，領海12カイリ，200カイリ経済水域の設定を大筋で合意し，わが国も「他国の経済水域内における漁業既得権の維持」などの条件付きで賛成するに至った．北海道においてもこうした状況に対応して5月28日「海洋法対策本部事務局」を北海道水産部に設置した．さらに，翌1976年にはソ連船の標識無視操業・衝突事故，韓国漁船による漁具被害などの多発に対して，「北海道外国漁船被害対策本部」を設置してその対策に当たった．漁業専管水域が12カイリから200カイリへと世界の大勢が決しつつある中で，12カイリに固執し続けたわが国沿岸への外国漁船操業によるトラブルであった．

　最早200カイリ経済水域及び200カイリ漁業専管水域設定が動かぬ世界的趨勢となるなかで，政府は，4月「沿岸漁場整備開発7か年計画」を閣議決定し，さらに9月には沿岸漁業等振興審議会による「中小漁業構造改善基本方針」答申を受け，その対策に当たった．

　翌1977年，米ソが「200カイリ漁業専管水域設定」を実施するに至り，わが国漁業は一時北洋海域から全面撤退し，新たな2国間，多国間での漁業に関する「枠組み」づくりが必要となったのである．以来，「日米漁業長期

協定」調印，ソ連政府による「日ソ漁業条約」破棄通告（4月）から「日ソ漁業暫定協定」調印（5月），「ソ日漁業暫定協定」調印（8月）に至る経過については前節で述べた通りである．

● 沖合・遠洋漁業対策

1970年代初頭に続くこの期においても，すでに述べた通り，日本漁業に対する規制強化は，1974年から米ソによる200カイリ水域設定前年の1976年までの第1段階から，1977年の米ソ200カイリ水域設定から1982年の海洋法条約締結までの第2段階，そして，1983年以降の第3段階にわたって行なわれた．

こうした規制強化に対して政府は，減船に対しては，減船補償，不要漁船処分，減船離職者雇用対策を行なう一方，残存経営に対しては，北洋漁業関連経営安定資金融通助成事業や漁業用燃油対策緊急特別資金融通助成事業による漁業経営の維持・安定を図るというものであり，加工業に対しては，北洋関連水産加工業経営維持安定資金融通助成事業とそれに続く水産加工業経営安定資金融通助成事業によって，200カイリ規制等により被害を受けた経営の健全化を図ろうというものであった．いずれも緊急避難的対策であり，200カイリ漁業専管水域設定という現実を直視した日本漁業の抜本的体質改善に着手することはなかった．

一方，北海道は，1981年11月「漁船漁業再編整備対策の推進について」を発表した．その意図するところは，200カイリ体制のもとで，資源保護と漁場の有効利用を前提とした本道漁業の生産体制の再編を行ない，資源管理型漁業の確立をめざすというものである．かくして沖合・遠洋漁業，なかんずく，従来からの沿岸漁業との摩擦に加え，狭められた漁場内での過度の漁獲努力量が資源量を上回るとして問題指摘を受けていた底引き網漁業に対する対策が焦点となり，行政指導によって沖底・北転船の減船が行なわれた．

● 沿岸漁業政策

200カイリ体制が確立する過程は，同時にわが国200カイリ水域内の漁場整備を急がなければならない過程であり，そのため，この期には，沿岸漁業，

沿岸漁場，増養殖漁業に関わる強力な政策展開がなされたといってよかろう．

すでに 1960 年に始まった第 1 次沿岸漁業構造改善事業（第 1 次沿構）が 1970 年に終了し，1971～80 年度まで第 2 次沿構が実施れ，さらに 1979 年からは新沿構造改善事業が 1987 年まで 10 年間にわたって実施された．第 2 次沿構は，沿岸漁業生産の拡大と漁業の近代化を企図し，新沿構では，資源培養と資源管理型漁業の推進をめざし，漁業の地域性（市町村レベル）と広域性（全道レベル）両面での政策展開がなされた．さらに 1974 年の「沿岸漁場整備開発法」制定に基づき，1976 年から沿岸漁場整備開発事業がスタートしている．この事業は，魚礁設置，増養殖場造成，沿岸漁場環境維持・保全を柱とした沿岸漁業生産力の発展を企図したものであった．

以上の 2 大事業は，沿岸漁業の生産力発展をめざす漁場や漁船など生産手段の改善，近代化や増養殖振興を図るに止まらず，流通，加工などの陸上施設の改善や漁村環境整備に至る広範なものであり，これに対する巨額の投資が行なわれ，沿岸漁業及び漁村の近代化に資するところが大きかった．

第10章
新海洋法秩序と北海道漁業
―漁業の縮小再編過程―

1. 漁業をめぐる情勢

(1) バブル経済とその破綻

　2度にわたるエネルギー危機（オイル・ショック）を徹底した省エネルギー，合理化によって乗り切ったわが国の自動車，家電メーカーなどの大企業は，1980年代に入ると猛烈な輸出攻勢に転じ，そのことが欧米諸国との貿易摩擦を激化させた．一方，1980年代に「強いアメリカ」を標榜して登場したレーガン政権は，ソ連邦との軍拡競争の末，ソ連邦を経済破綻へと追い込み，やがてソ連邦解体へと導いたのであった．しかし，自らの財政をも破綻させると同時に対外貿易赤字を増大させ，最早「強いドル＝ドル高」政策を維持し得なくなっていた．こうした事態の下で1985年9月，ニューヨークのプラザホテルで開催された先進7か国蔵相・中央銀行総裁会議においてアメリカの政策転換，つまり「ドル安」容認政策への各国の合意（「プラザ合意」）をとりつけたのであった．以来，急激な円高・ドル安が進行したのは周知の通りである．
　こうした円高進行のもとで，わが国の経済政策が規制緩和と市場開放による内需拡大を基本とした経済構造調整政策へと大転換する中で，実物経済を離れた架空の需給関係創造の下で株や土地などが異常な高騰を続け，1991年に至り架空の需給関係が崩壊（バブル経済の崩壊）した．まさにこの時期における経済政策のもとで，多国籍企業によるグローバリゼーションと地域

経済の空洞化が同時に進行したのである.

つまり,この期のわが国経済は,1985年から91年に至るバブル期とその反動としての複合要因による本格的不況期という2つの異なった時期を経たのである.

こうした内外の情勢変化がこの期の北海道漁業に大きな影響を与えずにはおかなかった.その第1は,規制緩和の下での市場開放によって輸入水産物が洪水の如くわが国に雪崩れ込み,バブル期には高騰を続けていた魚価がバブルの終焉とともに低迷・下落に転じたこと.第2に,地域経済の空洞化が進行する中での水産業の低迷・衰退が地域経済を一層衰退させつつあることである.

この間の急激な円高進行とその下での水産物輸入の急増,そして魚価低迷を示したのが表10-1である.1970年360円であった円が値上がりを続け,1985年の「プラザ合意」に基づく「円高容認」によって一挙に100円台に突入し,1995年には96円まで急騰している.それまで急速に伸ばしてきたわが国の貿易輸出額は,一時的に減少したものの90年代には回復し始め,

表10-1 円相場・輸出額・魚価・水産物輸入額の推移

(単位:千トン,億円)

年次	総生産量	総生産額	kg当り単価	円相場	総輸出額	水産物輸入
1970	1,754	1,163	66	360	100	100
1975	2,542	2,781	109	299	236	336
1980	1,849	3,672	199	217	411	666
1985	2,168	4,067	188	221	564	1,026
1990	2,151	4,464	208	141	578	1,402
1991	1,873	4,524	242	133	587	1,472
1992	1,943	4,288	221	125	591	1,466
1993	1,806	3,976	220	108	542	1,420
1994	1,776	3,403	192	99	555	1,491
1995	1,899	3,423	180	96	576	1,502
1996	1,880	3,020	161	113	631	1,670
1997	1,897	3,271	172	123	702	1,697

資料:北海道水産林務部『北海道水産業のすがた』及び経済企画庁「経済白書」より作成.

97年には約50兆円（70年対比で7倍）に達している．一方，水産物輸入を1970年対比でみると，円高とともに急増し続け1997年には約2兆円（17倍）となっている．こうした状況の下で，本道の主要生産魚種であるサケ・マス，スケトウダラ，ホタテなどの魚価が低迷を続けている．

(2) 国連海洋法条約の発効：200カイリ体制への完全移行

● 200カイリ体制への移行とTAC制度の発足

わが国は，1996年，国連海洋法条約の批准に伴い，「排他的経済水域及び大陸棚に関する法律」と「排他的経済水域における漁業等に関する主権的権利の行使等に関する法律」を定め，200カイリ排他的経済水域を設定し，翌97月7月20日，国連海洋法条約の発効によって，200カイリ体制への完全移行が完了した．1977年の米ソ200カイリ漁業専管水域宣言を契機にした200カイリ時代に突入して以来，20年間を要したのである．

200カイリ排他的経済水域の設定により，わが国はこの水域内での主権的権利の行使ができるようになると同時に，生物資源の漁獲可能量（Total Allowable Catch＝TAC）を決め，その保存及び管理措置を行なわなければならない義務を負うこになった．そのため「海洋生物資源の保存及び管理に関する法律」（TAC法）が制定され，1997年1月1日からTAC制度が実施された．これにより従来行なわれてきた漁獲努力量規制や資源保護規制に加えて漁獲可能量規制を行なうことになり，よりきめ細かな資源管理を行なえるようになった．発足当初管理対象となった魚種は，マイワシ，サバ（マサバ・ゴマサバ），スケトウダラ，サンマ，ズワイガニの6魚種であったが，1998年からスルメイカが加えられた．

このように200カイリ体制とその下でのTAC制度が確立したにもかかわらず，これまで日韓漁業協定により適用が除外されていた韓国漁船の本道周辺水域での操業規制ができないため，新たな日韓漁業協定締結のための交渉が行なわれ，1999年1月22日に発効した．日中間における関係も同様であったため交渉が続けられ，2000年2月末交渉がまとまり，新たな日中漁業

協定が結ばれることになり，わが国200カイリ水域内での主権が完全に行使出来ることになった．

●公海漁業の規制

200カイリ水域の設定により狭められた漁場を拡大するために，漁業国は，公海での操業を行なうため，また他国200カイリ内での操業を実現するための条約・協定を締結することになった．特に，前者については，「公海自由の原則」を拠りどころに漁業国による公海操業が一挙に拡大した．わが国漁業も同様に公海操業を強化したため，公海での漁獲量が1988年度には163万トンに達した．こうした公海操業が資源の保護・管理や自然環境・生態系の保護・保存を求める世論を活発化させ，1992年，国連環境開発会議が開催され，「ストラドリング・ストック及び高度回遊性魚種の保存管理」について協議された．そこでは200カイリ水域に隣接する公海においては，沿岸国が優先的権利を有するとの意見と平等であるとする公海漁業国との優先権をめぐっての対立が明確となり，以後，国連会議の場で議論が続けられ，1995年に至り「ストラドリング・ストック及び高度回遊性魚種の保存及び管理に関する1982年12月10日の海洋法に関する国際連合条約の規定を実施するための協定」（国連公海漁業協定）が採択された．

この協定では，ストラドリング・ストック及び高度回遊性魚種を保存と利用の確保のための国際的協力の方法を規定し，その基本的役割を沿岸国と公海漁業利用国が参加する「地域漁業管理機関」において取り決めようというものである（表10-2参照）．ここに「公海自由の原則」は完全に過去のものになったのである．

●他国200カイリ水域での操業

アメリカは，自国200カイリ水域内資源の生産と加工を自国民が行なうというフェーズアウト政策によって，他国への漁獲割当量を1988年には零にすると同時に，1981年から実施していたスケトウダラ洋上買い付けについても1990年には零とした．こうしたアメリカの漁業政策の下で漁業国は，ベーリング公海でのスケトウダラ漁業に活路を求めたのであったが，沿岸国

表10-2 地域漁業管理機構

名称	対象水域	加盟国	主な規制措置
ベーリング公海漁業条約 1995.12.8発効	ベーリング公海	日本, アメリカ, ロシア 中国, 韓国, ポーランド	ベーリング公海におけるスケトウダラ資源の漁獲可能水準及び国名割当量の設定
北西大西洋漁業条約 1979.1.1発効	北西大西洋	日本, アメリカ, カナダ ロシア等17か国とEU	北西大西洋の漁業資源（赤魚, カラスカレイ等）に係る国別漁獲配分や漁具等の制限
南極海洋生物資源保存条約 1982.4.7発効	南極海域	日本, アメリカ, ロシア 等21か国とEU	南極海域におけるオキアミ, 底魚等の漁獲量の設定及び漁場・漁期・漁法等各種操業条件の設定

資料：北海道水産林務部『北海道水産業のすがた』1999年版, 65頁.

であるロシアの主張によって，関係6か国（ロシア・アメリカ・日本・ポーランド・韓国・中国）会議が開催された．1994年，資源状況の調査結果が出るまで関係各国が自主的に操業を停止することが決定された．その後，国連公海漁業協定が採択され，公海でのストラドリング・ストック及び高度回遊性魚種の漁獲については沿岸国と公海漁業利用国が参加する「地域漁業管理機関」において取り決めることが決定されたことは，先に述べた通りである．こうしてアメリカとの漁業関係が絶たれたわが国が北洋海域で関係する国はロシア1国となったといってよい．

　現在，ロシアとの交渉によって行なわれている漁業は，第1に，サケ・マスを除く日ロ双方の相手国200カイリ内水域で行なわれる操業を取り決める「日ソ地先沖合漁業協定」に基づく漁業であり，第2は，日ロサケ・マス漁業交渉に基づくサケ・マス漁業であり，第3に，貝殻島コンブ交渉に基づくコンブ（ウニ）漁業である．

　第1の日ソ地先沖合漁業協定に基づく操業は，毎年開催される「日ロ漁業委員会」において操業条件を取り決め実施されている．表10-3は，同協定に基づく日本の漁獲割当量の推移を表わしたものであり，1987年に同協定によって開始された漁獲割当量は，1999年には開始当時の僅か13％の

表10-3　ロシア水域での日本漁船への漁獲割当条件の変化

区分	1985	1987	1989	1991	1993	1995	1997	1999
合計	600	300	210	182	171	100	100	74
有償枠	−	100	100	35	18	18	9	9.6
相互枠機材供与	−	−	−	−	−	440	440	320
有償支払額	−	1290	1980	1120	720	720	400	380

資料：北海道水産林務部『北海道水産業のすがた』より作成．
注：合計・有償枠は千トン，相互枠機材供与は万米ドル，有償支払額は百万円で表示．

74,000トン，有償枠も10％の9,600トンに減少し，この協定に基づく漁業の将来展望がみえない状況にある．

　第2の日ロサケ・マス漁業交渉に基づくサケ・マス漁業は，新たに1985年に締結された日ソ漁業協力協定に基づき行なわれてきた．表10-4に示すように，85年対比で1999年には約14％の5,123トンに過ぎず，漁業協力費負担が関係漁民に重くのしかかっている．第1の日ソ地先沖合漁業協定に基づく操業と同様，将来展望がみえない状況である．

　第3の貝殻島コンブ交渉に基づくコンブ・ウニ漁業は，(社)北海道水産会が窓口となり旧ソ連との民間交渉の結果，1963年にはじめてコンブ漁業の操業が実現して以来，今日まで安定的に続けられている．この間，ソ連の200カイリ宣言が行なわれた1977年から80年の4年間中断したものの民間団体による努力によって再開され，87年から92年まではコンブの外敵駆除を目的にウニ漁も行なわれたが，93年以降は再びコンブ漁のみが行なわれている．これまで出漁隻数，協力費，漁獲量とも安定的に推移してきたが，表10-5に示す通り，95年以降漁獲量が激減しつつあり，ここにも21世紀

表10-4　日ソサケ・マス政府間協議結果の推移

(単位：トン，億円)

区分	1985	1987	1989	1991	1993	1995	1997	1999
総漁獲量	37,600	24,500	15,000	9,000	4,819	5,123	5,123	5,123
うち公海漁獲量	18,750	12,523	10,700	−	−	−	−	−
漁業協力費	42.5	37	33.5	28.3	7.59	7.59	6.71	6.71〜7.59

資料：北海道水産林務部『北海道水産業のすがた』より作成．

表10-5　貝殻島コンブ漁業の推移

区分		1985	1987	1989	1991	1993	1995	1997
コンブ	隻数	353	375	375	375	375	375	375
	採取料（百万円）	91	110	115	120	122	124	124
	採取量（トン）	928	1031	735	860	842	657	275
ウニ	隻数	—	18	10	10	—	—	—
	採取料（百万円）	—	57	36	42	—	—	—
	採取量（トン）	—	260	130	128	—	—	—

資料：北海道水産林務部『北海道水産業のすがた』より作成.

に向けたキーワードである「資源」問題が今後の重大課題となって現われている.

● 200カイリ体制下での本道漁業

　北洋海域での操業に大きく依存してきた本道漁業は，米ソの200カイリ漁業専管水域設定から200カイリ体制の確立に至る過程は，漁業の縮小再編過程であると同時に，漁業に依存してきた地域経済の縮小再編過程でもあった．北洋海域における本道漁業の縮小再編過程を減船の推移でみたのが表10-6である．

　1977年以降，急激な減船を余儀なくされてきた本道漁船の1986年度の残存許可隻数は，北転（22隻），沖底（88隻），東樺太ズワイガニ（6隻），日本海はえなわ（79隻），いか流し網（191隻），海区承認大目流し網（256隻），転換トロール（7隻），北方トロール（7隻），南方トロール（12隻），北洋はえなわ（14隻），母船式サケ・マス独航船（41隻），太平洋中型サケ・マス（82隻），太平洋小型サケ・マス（29隻），日本海サケ・マス（29隻）など1,300隻余りを残存させていたものの，1998年には北転（13隻），沖底（88隻），日本海はえなわ（16隻），海区承認大目流し網（284隻），転換トロール（6隻），北方トロール（10隻），南方トロール（12隻），北洋はえなわ（9隻）と遠洋まぐろはえなわ（37隻）など470隻余りを残すのみとなった．

　また，1998年度の本道国際漁業は，公海を除くとロシア水域操業のみで

表10-6 北洋減船隻数の推移

区分	1977	1986	1998
北転船	33	22	13
沖合底引	161	88	88
日本海はえなわ	193	79	16
転換トロール	7	8	6
北方トロール	6	7	10
南方トロール	5	12	12
北洋はえなわ	15	14	9
東樺太ズワイガニ	23	6	—
エビかご	15	—	—
東樺太ツブ	8	—	—
北部ツブ	20	—	—
ホッケ刺し網	9	—	—
日本海タラ刺し網・はえなわ	4	—	—
太平洋刺し網・はえなわ	13	47	—
母船式サケ・マス	1	—	—
母船式サケ・マス独航船	86	41	—
太平洋中型サケ・マス	154	82	88
太平洋小型サケ・マス	832	433	201
日本海マス流し網	41	29	18
ベーリング海母船底引	7	—	—
北洋イバラガニ	1	—	—
イカ流し網	—	191	—
海区承認大目流し網	—	256	284
遠洋マグロはえなわ	—	—	37

資料:北海道水産林務部『北海道水産業のすがた』より作成.
注:当該年度の残存隻数を示したものである.

あり,その業種と隻数は,イカつり(89隻),沖底(56隻),サンマ棒受網(149隻),底はえなわ(46隻)であった.また同年に実施された日ロ共同事業による出漁は,マダラはえなわ(10隻),カレイ刺し網(4隻)であり,貝殻島コンブ漁には375隻が許可されている.また,サケ・マスについては,先に述べた日ロサケ・マス漁業協定に基づき毎年行なわれる漁業協力費の支払いを伴った交渉によって決められている.

戦後,生成発展を遂げてきた本道の北洋海域での漁業は,200カイリ体制の確立とともに,20世紀末に至ってその活躍の場を失ったといってよい.

2. 漁業生産構造の変化:北海道漁業の縮小再編過程

(1) 生産量・生産額の推移

戦後の北海道における漁獲量(属人)が最大に達したのが1975年の254万2千トンであり,遠洋,沖合,沿岸漁業それぞれの総漁獲量に占める割合は,遠洋(14%),沖合(63%),沿岸(23%)であった.その後の部門別生

表10-7 部門別漁獲量の推移（属人）
(単位：千トン)

年度	総生産量	遠洋	沖合	沿岸	うち養殖業
1985	2168	254	1114	800	105
	100	12	51	37	5
1987	2143	465	900	778	128
	100	22	42	36	6
1989	2160	423	890	847	463
	100	20	41	39	8
1991	1873	217	927	728	139
	100	12	49	39	7
1993	1806	233	807	765	182
	100	13	45	42	10
1995	1899	167	887	845	171
	100	9	47	44	9
1997	1897	148	901	847	171
	100	8	47	45	9

資料：北海道水産林務部『北海道水産業のすがた』より作成．
注：下段は割合（％）である．

表10-8 部門別漁獲高の推移（属人）
(単位：億円)

年度	総生産量	遠洋	沖合	沿岸	うち養殖業
1985	4067	742	1463	1862	273
	100	18	36	46	7
1987	4057	878	1159	2020	351
	100	22	29	50	9
1989	4011	668	1117	2225	345
	100	17	28	55	9
1991	4524	727	1559	2238	392
	100	16	34	49	9
1993	3976	657	1155	2165	398
	100	17	29	54	10
1995	3423	337	1165	1921	368
	100	10	37	56	11
1997	3271	257	1133	1881	355
	100	8	35	58	11

資料：北海道水産林務部『北海道水産業のすがた』より作成．
注：下段は割合（％）である．

産量・額の推移をみると（表10-7・8参照），生産量では，1985年の総生産量216万8千トンの12％が遠洋漁業，51％が沖合漁業，37％が沿岸漁業生産量であり，沖合と遠洋漁業が漸減し，沿岸漁業が漸増している．さらに200カイリ体制への完全移行年となった1997年になると，遠洋と沖合漁業での生産量が大きく減少し，総生産量（189万7千トン）に占めるそれぞれの割合が遠洋（8％），沖合（47％），沿岸（45％）となり，沿岸漁業生産量の比率が85年対比97年には163と大きく伸びている．生産額では，1985年の遠洋（18％），沖合（36％），沿岸（46％）が98年にはそれぞれ8％，35％，58％へと変化し，93年以降，沿岸漁業生産額が5割を超え，次第に遠洋・沖合漁業生産額を凌駕し，85年対比で130となっている．

次に，主要魚種別生産量（属地）の変化をみたのが表10-9である．1985年の本道での総生産量が約290万トンであったが，90年代に入ると急激に生産量を減らし，97年には127万トン減の164万トンとなっている．生産

表10-9 主要魚種別漁獲量の推移（属地）

年次	総生産量	総生産額	イワシ	サケ	スケトウダラ	イカ	ホッケ
1985	2,905,089	3,574,426	1,238,232	104,724	737,982	79,718	55,730
1990	2,641,825	3,932,567	1,009,539	136,648	502,732	111,179	121,165
1991	2,260,348	4,064,903	733,200	127,772	464,869	120,283	111,029
1992	1,702,555	3,460,844	189,546	84,742	406,651	159,749	85,428
1993	1,493,565	3,238,278	23,465	121,761	333,129	93,531	116,351
1994	1,562,209	2,905,707	21,616	144,099	349,997	124,439	143,278
1995	1,668,923	3,019,077	9,773	182,793	311,718	127,538	167,436
1996	1,687,566	2,839,942	9,521	191,406	299,213	163,046	170,705
1997	1,639,308	3,013,969	11,424	193,032	270,317	157,940	199,757

資料：北海道水産林務部『北海道水産業のすがた』より作成．

額でも85年の約3600億円が97年には3000億円へと600億円の減少である．魚種別の生産動向では，イワシが90年代に入ると壊滅的に資源が減少し，スケトウダラも資源的な問題を含みながらも，主として200カイリ体制の確立によって当該漁業からの撤退を余儀なくされたことにより，その生産量を激減させている．一方，サケ，ホタテの養殖漁業生産が順調に生産量を伸ばし，イカ，ホッケ，サンマの生産が堅調に推移したことがイワシ，スケトウダラの量的減少を生産額でカバーし，本道漁業を支えてきたといってよかろう．

この期の地域別（支庁別）動向を表10-10でみると，85年に本道の総漁獲量の44％を占めていた釧路が，97年には約120万トン減の15％に激減し，同様に十勝も85年対比97年で僅か15％の漁獲量である．85年に比べて漁獲量が増加している地域は，石狩，後志，桧山，胆振，日高の沿岸漁業を主体とする5地域である．この内，漁獲量も金額でも増加しているのは桧山と日高のみである．

つまり200カイリ体制の確立に伴う遠洋・沖合漁業の撤退，1976年以来続いたイワシの豊漁が92年をもって終わりを告げたことが，この期の生産量・額の激減の主要な原因である．次に，85年対比97年の漁獲漁と金額の増加率を対比してみると，石狩，後志，桧山，胆振，日高のいずれの地域でも漁獲量増に比べて漁獲金額が伸びず，これら沿岸漁業を主体とした地域で

サンマ	ホタテ
74,516	178,336
92,703	349,759
59,804	298,492
66,779	320,775
82,329	369,803
72,522	367,535
99,617	407,382
111,899	421,603
104,780	378,128

の魚価低迷を窺わせるものとなっている．逆に，これら沿岸漁業地域以外の沖合・遠洋漁業基地においては漁獲量減に比べて漁獲高減が少なく，特に釧路，十勝が85年対比15％という漁獲減にもかかわらず，漁獲高ではともに63％減に止まっている．このように漁業生産が減退する一方，後述するように，円高進行とともに拮抗していた輸出入量バランスが大きく崩れ，輸入量が激増し始め，このことが魚価低迷の原因の1つとなったことは否定できない．

(2) 漁業経営体と漁業従事者の減少

この期における200カイリ体制の確立，資源変動，輸入圧による魚価低迷等々，漁業経営をとりまく環境は一段と厳しく，沿岸，中小漁業経営がともに全階層で減少を続けている．85年対比で97年をみてみると，沿岸漁業と中小漁業を合計した全漁業経営体数の減少は19％減であり，沿岸漁業経営体が17％，中小漁業経営体が42％の大幅減となっている．階層別（漁船規模別）では，50〜100トン層が89％，30〜50トン層が67％，500トン以上層で52％，そして沿岸漁業では1〜3トン層が52％，それぞれ減少している．大幅減少を免れているのは，沿岸では3〜5トン層と定置網漁業のみであり，中小では100〜200トン層だけである（表10-11参照）．

また，この間の地域別漁業従事者世帯の推移を83年対比でみると，総数では，93年には36％減，98年には44％減であり，雇われのみ（専業従事者世帯）が93年で54％減少している．他の1・2兼世帯はさほどの減少が認められない．地域別減少率では，日本海南部の桧山の68％，渡島の57％，後志の52％が際だった減少率を示し，根室（16％）と網走（17％）での減少率が少ない．他は30〜40％台の減少率である．200カイリ体制の確立とともに，全道的に漁船乗組員が離職したことを現わしている．

上記のことを証明しているのが表10-12である．

この表は，1977年の米ソ200カイリ宣言以降の本道における減船原因別

表 10-10 地域別漁獲量・額の推移

区分	漁獲量（トン）				漁獲高（百万円）			
	1985	1991	1995	1997	1985	1991	1995	1997
合計	2,905,089	2,260,348	1,668,923	1,639,308	357,443	406,490	301,908	301,397
指数	100	78	57	56	100	114	84	84
石狩	2,536	4,256	6,208	3,685	1356	2472	1556	1151
指数	100	168	245	145	100	182	115	85
後志	93,220	100,706	105,364	108,752	24,595	25,354	16,697	15,615
指数	100	108	113	117	100	103	68	63
檜山	22,545	40,708	33,256	39,924	7,548	10,463	7,905	8,687
指数	100	181	148	177	100	139	105	115
渡島	382,954	249,397	266,003	287,045	57,793	66,123	53,676	56,780
指数	100	65	69	75	100	114	93	98
胆振	51,988	56,879	64,028	54,879	11,421	12,718	10,031	10,758
指数	100	109	123	106	100	111	88	94
日高	36,611	42,605	43,196	52,438	15,744	19,527	14,995	16,204
指数	100	116	118	143	100	124	95	103
十勝	126,592	90,206	17,402	18,678	12,006	8,804	5,974	6,119
指数	100	71	14	15	100	73	50	51
釧路	1,283,950	909,987	277,248	246,534	70,807	62,508	48,058	44,845
指数	100	71	22	19	100	88	68	63
根室	283,540	257,202	228,868	242,437	62,333	77,013	52,461	56,923
指数	100	91	81	86	100	124	84	91
網走	315,984	211,380	302,474	282,210	43,084	49,081	44,646	41,044
指数	100	67	96	89	100	114	104	95
宗谷	275,409	262,417	294,847	273,924	39,923	46,627	36,807	35,733
指数	100	95	107	99	100	117	92	90
留萌	29,760	34,605	30,029	28,802	10,833	12,567	8,102	7,539
指数	100	116	101	97	100	116	75	70

資料：北海道水産部『北海道水産現勢』、北海道水産林務部『北海道水産業のすがた』より作成。

表 10-11 沿岸・中小漁業経営体数の推移

区分	年次	総数	沿岸計	中小計	10～20	20～30	30～50	50～100	100～200	200～500	500～1000	大企業 1000以上
全道	1983	24,722	22,909	1,813	1,148	126	119	180	109	76	29	26
	1988	23,222	21,660	1,535	1,102	94	58	91	100	57	33	27
	1993	20,880	19,614	1,242	976	45	35	31	95	40	20	24
	1998	18,927	17,828	1,087	835	68	28	20	88	33	15	12

資料：『漁業センサス』より作成。

表 10-12　北海道の減船原因別離職者数の推移

年度	協定名	主な減船漁業種類	離職者数
1977	日ソ漁業暫定協定等	沖底他 20 業種	3,376
		母船事業員	300
1778	日ソ漁業暫定協定等	中型サケ・マス独航船	311
		母船事業員	247
	日 N 漁業協定　①	イカつり	75
1979	日 N 漁業協定	イカつり	6
1980	日米漁業協定	東部ベーリング海ズワイガニ	46
		母船事業員	30
1981	日米漁業協定	東・西部ベーリング海ズワイ	187
1985	日米（漁獲削減）	遠洋底引き（北転）	176
1986	日米（漁獲削減）	母船式底引き他 8 業種	3,453
1987	日米（漁獲削減）	母船式底引き	51
	国際捕鯨委員会決定	母船式捕鯨	3
1988	国際捕鯨委員会決定	大型捕鯨	11
	漁業再編整備特別措置法	遠洋・近海カツヲ・マグロ	15
	国際条約，日ソ（漁獲削減）	母船式サケ・マス漁業	96
1989	国際条約，日ソ（漁獲削減）	母船式サケ・マス漁業	55
1990	日ソ（漁獲削減）	太平洋サケ・マス他	485
1991	日ソ（漁獲削減）	太平洋サケ・マス他	853
1992	国際条約	公海イカ流し網	1,033
	日ソ（漁獲削減）	太平洋サケ・マス他	170
1993	日ソ（漁獲削減）	北転船他	65
1998	漁業再編整備特別措置法	沖合底引き網漁業	91
	臨時措置法　②	遠洋マグロはえなわ漁業	5
	合計		11,089

資料：北海道水産林務部『北海道水産業のすがた』より作成（元資料：北海道運輸局）．
注：①は日本ニュージーランド漁業協定，②は国際協定の締結に伴う漁業離職者に関する臨時措置法．

離職者数の推移を示したものである．同表によれば，77 年から 98 年（前期）までの総離職者数は約 1 万 2 千人であり，この内，81 年（後期）までが 4,578 人（41%），それ以降が 6,511 人（59%）である．主な減船漁業種類を前・後期別にみると，前期では日ソ漁業暫定協定による底引き漁業とサケ・マス漁業を中心とした減船離職であった．後期では，当初，日米漁業協定関係の底引き漁業が中心を占め，やがて公海漁業に関わる国際漁業条約に

よる減船離職が中心となっている.

かくして他国200カイリ水域においても,また公海からも本道漁業が撤退を余儀なくされ,大量の離職者を出し,そのことが漁業根拠地の経済に大きな影響を与えたのである.

3. 加工・流通構造の変化

(1) 急減する加工生産

200カイリ体制の確立とそれに続いた公海における国際規制の強化,87年をピークとしたマイワシ資源の急減によって,本道漁業はその生産量を急減させてきた.水産加工もまたこうした漁業生産の変化を直接受け,大きな変化を示している.本道における水産加工製品生産量が最大に達したのは1988年で,その生産量は178万トンであった.同年を基点として生産量・額ともに急激な減少を続け,96年には総生産量で50%,総生産額で59%へと減少している(以下,表10-13参照).88年時点で10万トンを超える主要加工製品であった冷凍水産物・塩蔵品・干製品・水産油脂・水産飼肥料の96年指数(%)は,それぞれ72%・57%・29%・3%・3%である.特に,水産油脂と水産飼肥料の減少は激しく,90年代に入って激減したマイワシの漁獲量に対応したものである.

(2) 増加を続ける輸入水産物

円高進行の下でわが国の経済政策が規制緩和と市場開放による内需拡大を基本とした経済構造調整政策へと大転換する中で,水産物貿易もまた大転換してきた.水産物輸入の爆発的拡大と89年以降の輸出の急減である(前掲表10-1参照).

一方,本道における水産物貿易は,総輸出額では僅かなものであるが,総輸入額に占める割合では15%を前後占め,96年には1千億円を超える輸入であった.主要な輸入品目は,カニ類,カズノコ,サケ・マス,ニシンなど

表10-13　主要水産加工製品生産量・生産額の推移

区分	1988	1991	1994	1996
合計（生産量・トン）	1,783,563	1,321,317	1,140,617	897,224
指数（％）	100	74	64	50
冷凍水産物	434,434	353,166	393,776	312,480
塩蔵品	190,363	152,001	143,302	107,794
干製品	115,135	43,928	35,350	32,847
水産油脂	224,599	91,578	7,007	5,941
水産飼肥料	358,669	183,438	113,475	90,334
その他	339,428	37,643	231,751	424,337
合計（生産額・百万円）	692,305	703,324	625,227	491,013
指数（％）	100	102	90	71
冷凍水産物	83,681	109,578	78,399	70,460
塩蔵品	247,001	187,700	179,325	135,816
干製品	41,141	41,952	35,428	29,249
水産油脂	5,698	1,965	242	220
水産飼肥料	21,470	14,887	5,145	4,550
その他	72,147	107,905	78,598	67,423

資料：北海道水産林務部『北海道水産業のすがた』より作成．

かつては本道漁業が北洋海域で漁獲していた水産物である．この輸入水産物の約5割はロシアからの輸入であり，カニ類を中心に93年以降急増している（表10-14参照）．

こうした本道へのロシアからの輸入急増は，旧ソ連邦時代には起こり得ない特別な事情によるものである．ロシア・サハリン州漁業を例にみると，旧ソ連時代は，ソ連邦漁業省の下に国営漁業部門（サハリン州漁業公団）とコルホーズ部門（サハリン州漁業コルホーズ連合）が置かれ，中央の指令に基づく生産を行なっていた．しかし，1991年のソ連邦解体とそれに続く92年以降の急激な民営化政策の下で，小規模零細企業を中心とした多様な形態の企業群が乱立（99年調査時点で300社以上）している．これら資本力の乏しい企業群が水産物を漁獲，加工，販売しているのがサハリン州漁業の実態である．これら小規模零細な生産者が生産物を安易に現金化するには北海道が格好の市場であり，カニ類を中心にタラ子，サケ・マスなどが本道各港に水揚げされている．現金化された輸出代金は，ロシアにおける現行税制の下

表10-14 ロシアからの水産物輸入額の推移

(単位:百万円, %)

区分	総輸入額	内水産物	A	B
1992	48,473	33,646	69	100
1993	47,342	31,670	67	94
1994	57,370	41,128	72	122
1995	59,804	45,320	76	135
1996	76,993	56,395	73	168
1997	82,378	59,508	72	177

資料:北海道水産林務部「北海道水産業のすがた」より作成.
注A:内水産物÷総輸入額×100
　B:1992年を100とした指数

では,そのほとんどを納税しなければならず,本道各港で自動車,家電商品等の購入に向けられ,それらの購入商品をロシアで販売し,売買差益が個人や企業の収入となっている.今日,本道各港の地域経済にとって,最早,ロシアとのこうした貿易取引は欠かせぬ存在となっている.

4. 漁業政策の展開

(1) 新海洋秩序への対応政策

200カイリ体制とそれに続く公海漁業への規制措置が国際的に決められるなど,新海洋法秩序が確立する過程で,わが国は先発漁業国としての既得権を守ることに終始した.「資源」や「環境」問題の解決を前提とした漁業の「持続的発展」を企図した理論を持たなかったために新海洋秩序が確立する過程で,国際的なリーダーシップをとれなかったばかりか,情勢に「対応」するのが精一杯であった.このため国連海洋法条約の発効(1996年7月)とそれによって義務づけられた漁獲可能量(TAC)制度は,充分な国民的コンセンサスを得ないままに1997年1月から実施された.

こうした新海洋秩序への対応の遅れが端的に現われたのが「日韓」漁業関係改善に関するわが国の対応であった.1977年の米ソによる200カイリ水域の設定によって,漁場を失った韓国漁船が本道沿岸での操業を始めたことから大問題となり,新海洋秩序時代に見合った日韓漁業協定の締結を求める世論が沸騰した.わが国も「漁業水域に関する暫定措置法」により同年200カイリ水域の設定を行なった.しかし,日韓漁業関係は,1965年に締結された「日韓漁業協定」によって,日韓双方が領海を除く200カイリ水域での操業を認めており,取締権及び裁判権が「旗国主義」であるため両国とも相

手漁船の取締も出来ない状態であった．こうした状況の下で，押し寄せた韓国漁船の操業を規制することも出来ずに時が経過し，1996年7月20日に海洋法が発効し，わが国200カイリ内での漁獲量規制（TAC）が国際的にも義務づけられたにもかかわらず問題解決が先送りされていた．こうした事態の解決に向けて，本道では「韓国漁船に対する200カイリ全面適用」を求める官民挙げての大運動を展開し，それを受けた政府が海洋法条約の趣旨に添った解決を目指す交渉を行なうことを決めた．それから2年8か月後の1998年11月28日にようやく新日韓漁業協定が調印されたのである．その後も両国の排他的経済水域（EEZ）内での操業方法をめぐって交渉が続けられ，合意に至ったのが1999年2月であり，本道周辺で操業していた韓国トロール漁船が引き揚げたのが調印1か月前の1999年1月であった．

　こうした情勢に取り残された交渉経過に加え，日韓，日中，日ロ間にはいずれも未解決な領土問題があり，問題解決が先送りされる間，常に被害を受けるのは漁業者である．

(2) 沖合・遠洋漁業への対策

　他国200カイリ水域や公海はもとより，サケ・マスに関しては，わが国200カイリ水域においても規制を受けるという厳しい情勢の中で，本道漁業は撤退と減船を迫られ続けてきた．こうした事態に直面して取られた政策は，北海道知事を本部長に設置された「北海道北洋漁業対策本部」の名が示す通り「対策」でしかなかった．

　それは第1に，減船者に対する救済対策であり，第2に，減船による離職乗組員及び事務職員に対する救済対策であり，第3に，関連地域経済救済対策であった．第1の減船者に対する救済対策は，救済交付金と不要漁船処理費として国費と道費によって予算措置された．第2の離職乗組員対策は，「国際協定の締結等に伴う漁業離職者に関する臨時措置法」（漁臨法）によって求職手帳の発給や再就職のための資格取得に関する助成が行なわれた．第3の関連地域経済救済対策としては，「日ソ漁業交渉の遅延に伴う漁業者に

対するつなぎ資金の融資措置」,「日ソ漁業交渉遅延に伴う漁業者及び関連中小企業者に対する緊急資金の融資措置」,「中小企業振興資金」,「水産加工経営改善強化資金」などによる融資が行なわれると同時に,「特定中小企業者事業転換対策等臨時措置法」による函館市,釧路市,網走市,稚内市,紋別市,根室市,厚岸町,白糠町などの地域指定が行なわれ,関連中小企業への事業転換対策が行なわれた.

(3) 沿岸漁業対策

この期の沿岸漁業対策は,沿岸漁業構造改善事業(1988年からは新沿構)及び沿岸漁場整備開発事業が前期に引き続き実施されると同時に,新海洋法時代に対応した資源管理型漁業の確立をめざした増養殖事業(研究・事業化)をより積極的に推進した.また,水産業を中心とした地域総合開発計画とでもいうべきマリノベーション計画(水産庁)を始めとする各省庁の海洋利用計画が実施に移されたのもこの期の大きな特徴であった.

沿岸漁業構造改善事業は,第1次沿構が1962年にスタートし,第2次沿構(1971年),新沿構・前期対策(1979年),新沿構・後期対策(1988年)を経て,1994年以降活性化沿構が実施されている.この間,沿構による実施事業地域及び内容が変化してきた.1次沿構では都道府県一円を対象とし,①漁場改良造成,②魚礁設置,③経営近代化促進を柱とした事業が実施され(北海道4地域),第2次沿構ではほぼ同様の事業が15地域に拡大され,予算も大幅に拡大されて実施された.新沿構(前期)では,1～数市町村を対象とした地域沿構(80地域)と北海道一円を対象にした広域沿構(5地域)に分けられて実施された.地域沿構は,①増養殖場整備,②漁業近代化施設整備,④漁村環境整備を事業内容とし,広域沿構は,広域水産廃棄物処理施設整備など本道一円におよぶ事業が実施された.さらに1994年に始まった新沿構(後期)は,①築いそ,有害生物除去などの漁場整備,資源培養推進施設整備などの事業(171件)によって,海の生産力の向上と資源に見合った健全な漁業の育成,②漁船上架施設,流通貯蔵施設(製氷,貯氷,荷捌き

施設など）の整備事業（24件）による，需要変化・消費動向に対応した供給体制の確立，③漁船漁業用作業保管施設，情報連絡施設の整備事業（24件）により，漁村におけるゆとりの創造と快適な労働・生産環境づくり，④都市住民の交流の促進等による漁村社会の活性化（6件），を目標として実施された．以上でみた通り，1次沿構以来，漁業生産基盤整備から次第に漁業生産及び流通，生活，環境，都市住民との交流など，広範囲な事業に予算規模ともども拡大されてきた．一方，沿岸漁場整備開発事業においても，1988年から第3次計画，1994年から第4次計画が実施され，次第に事業規模と事業内容が拡大されてきたと言ってよい．事業実績をみると，1985年事業実績96億円が98年には243億円と2.5倍に伸びた．事業内容も，魚礁設置をはじめとする漁場造成事業から多様な魚種の増養殖漁場の造成，さらには漁場環境や地域活性化を目指す漁場整備事業へと拡大されてきた．

沿構及び沿整事業がその予算規模においても事業内容においても拡大され，これへの社会資本投資自体が漁業・漁村経済に直接大きな影響を与えるに至っている．

1996年国連海洋法条約の発効に伴い，200カイリ水域内の海洋環境の保全と水産資源の保存と管理が義務づけられると同時に，わが国漁業も200カイリ水域内での生産にほぼ限定された．こうした背景のもとで1974年に成立した「沿岸漁場整備開発法」の規定に基づき北海道が「栽培漁業基本計画」を定め，1988～93年に第2次計画，引き続き第3次計画を実施し，沿岸水産資源の増大を図った．事実，栽培漁業対象魚種の沿岸漁業生産に占める割合をみると，1986年の数量で37.1%，金額で42.4%が1997年にはそれぞれ68.7%と61.8%に栽培漁業生産に大きく依存してきたことがわかる（「北海道水産業のすがた」1999年版，192頁，表III-2-1参照）．しかし，現在，栽培漁業対象魚種が約35種であるが，漁業者の経済的負担で採算がとれているのはホタテガイなどの一部であり，その他は公的支援のもとで研究開発が必要な状況である．

ま と め

　敗戦後の日本漁業は，零からの出発であった．切迫した食料事情の下で戦前の漁業制度を改革し，一刻も早く漁業生産体制を整えなければならなかった．こうした情勢の下で，1948年に水産業協同組合法が公布され，続いて1949年に漁業法が公布され，わが国漁業が進むべき制度上の保証を得たのである．以来50年が経過した．この間，先に述べた如くわが国経済社会はもとより，漁業をめぐる内外情勢も根本的変化を遂げ，漁業生産及びそれを規定する漁業制度に関する抜本的検討が必要とされるに至っている．

　第1に，50年前の制度制定時と今日では，漁業をめぐる国際情勢に根本的変化があったことが挙げられよう．具体的には，(1)200カイリ体制の確立，(2)TAC制度による資源管理体制への移行，(3)WTO体制への移行，などが挙げられ，こうした状況変化のもとでの国際漁業へのわが国の対応をいかなる理論に基づいて行なうかという問題であり，具体的には「地域漁業管理機関」での「資源」「環境」をキーワードとしたわが国の対応である．

　第2に，国内的にも漁業をめぐる情勢が根本的に異なり，制度改革当時には予測できなかった事態が起こった．具体的には，(1)生産手段の飛躍的発展による生産力増大がもたらした資源問題，(2)海面利用が多様化（国民的拡大）する中での漁業・漁場利用問題，(3)国土・地域開発に伴う漁業，漁場環境の悪化，などである．こうした漁業をめぐる諸問題を既存の「制度」下での「政策」対応によって解決することは困難となっていることから，ここでも「資源」と「環境」をキーワードとしつつ「自然との共生を前提とした生産力と生産関係の樹立＝持続可能な漁業生産」を可能とする「生産者」とその「組織」をいかなるものとして考えるかが最大の問題となろう．

　世界の3大漁場の1つを有するわが国が世界第1位の水産物輸入国であるという異常さを一刻も早く正すこと，すなわち失われたわが国周辺200カイリ海域の「海の生産力」を回復することが求められている．そのためには戦

後50年のわが国漁業が歩んだ道を正しく総括することなくしては，先に述べたわが国漁業をめぐる国内外の状況変化に正しく対応できる理論を持つことができないであろう．戦前・戦後を通じたわが国漁業の歴史をみるならば，サケ・マス漁業にその典型をみるごとく，官民一体となった不法体質を克服し得ずに漁業を行なってきたといわざるを得ない．ここにわが国漁業がメジャーな産業として国民に認知されなかった根拠がある．すでに述べたとおり，自然界の生物資源を採取することによって成立している漁業を最大限の利潤を得ることを目的とした資本制経営に委ねるならば資源問題が必然化するのは当然のことであって，それを阻止するために国内法及び国際法ないしは国家間協定が存在する．しかし，こうした法的規制さえ守られなかったところにわが国漁業の体質的欠陥があったといえよう．

　北海道漁業の歴史を1945年の敗戦時から2000年に至るほぼ55年間にわたって，国内外情勢及び北海道開発との関連を意識しながら記述してきた．第6章での敗戦による廃墟からの生成期，第7章と第8章では，北海道漁業が持つ内的矛盾を「沿岸から沖合，沖合から遠洋へ」と外延的拡大によって糊塗しつつ，生産力を飛躍的に発展させた過程であり，第9章，10章では，内的矛盾が外的矛盾へと転化し，200カイリ体制への移行過程を経て，国際漁業から閉め出される縮小過程であった．こうした北海道漁業あゆみから21世紀のあるべき北海道漁業の姿を学びとってもらうことが第3部執筆の目的であった．

索　引

あ行

稲作生産調整　*81, 82*

か行

改革開放　*23*
開拓使10年計画　*50*
海洋法会議
　　第3次——　*202*
空売り　*206*
漁業権　*70, 73*
漁業権証券　*150, 154, 175*
漁業制度改革　*148, 149*
漁業法　*144, 149*
拠点開発　*45, 58*
魚田開発　*150*
緊急開拓事業実施要領　*54*
緊急開拓実施要領　*53, 80*
広義の経済学　*18, 19*
合資企業　*24, 26, 27, 28*
後進国開発論　*2*
郷鎮企業　*22, 24, 26, 27, 28*
孔麗　*22, 26, 27*
5か年計画（北海道）
　　第1次——　*57*
　　第2次——　*57*
国土総合開発計画　*44*
個体・私営企業　*24*
個体・私営経済　*28*

さ行

魚隠し　*206*
魚離れ　*206*
三資企業　*24, 26*

自発的抑止　*167*
社会的一般資本　*2, 4*
社会的間接資本　*6*
水産業協同組合法　*144, 149*
水田利用再編対策　*82*
全国総合開発計画
　　新——　*45*
　　第3次——　*46*

た行

拓殖計画
　　第1期——（1910-26）　*52*
　　第2期——（1927-46）　*52, 54*
ダム建設　*71, 117*
地域主義論　*17, 18, 38*
地域認識運動　*66*
地域問題　*38, 39, 72-6, 131*
地方の時代　*17, 18, 38*
鶴見和子　*21*
TAC制度　*221*
ドッジ・ライン　*143-4*
苫東開発　*67, 69, 71, 120*
苫東開発株式会社　*72*

な行

内発的発展論　*20, 21, 23*
西川潤　*21*
日米加漁業条約　*163, 190*
日ソ共同宣言　*43, 169*
日ソ平和条約　*168*
200カイリ　*214, 216, 221, 225*
200カイリ水域の設定　*201, 202, 203*
ヌルクセ, ラグナー　*3*

241

は行

ハーシュマン，アルバート　5, 10
バラン，ポール　5, 8
費孝通　24
ブルガーニン・ライン　163, 165, 169, 189-90
北海道漁業公社　166
北海道10年計画（1901-10）　52
北海道新長期計画（1988-97）　59
北海道総合開発計画書　55
北海道総合開発計画
　第2期――（1963-70）　58
　第3期――（1971-80）　58, 69

ま行

マッカーサー・ライン　139, 140, 141, 143, 159, 160
宮本憲一　9

や行

矢田俊文　11

ら行

ロストウ，W.W.　7

著者紹介

池田　均(いけだ　ひとし)

1938年生まれ．63年北海道大学水産学部卒，69年北海道大学大学院農学研究科農業経済学専攻博士課程単位取得退学．現在，北海学園大学経済学部教授，農学博士

主著『地域開発政策の課題』（編著）大明堂，1983年
　　『地域の社会・経済構造』（共著）大明堂，1983年
　　『サハリン州の総合研究』第1集，第2集（共著），
　　　北海道大学教育学部，1999年，2000年
　　『概説北海道産業史』（共著）日本政策投資銀行北海
　　　道支店，2000年
　　『新北海道漁業史』（編著）北海道水産林務部，2001
　　　年

現住所　〒060-0013　札幌市中央区北13条西15丁目5-14

地域開発と地域経済

2001年5月25日　第1刷発行
2005年5月15日　第2刷発行

定価(本体3000円+税)

著　者　池　田　　　均

発行者　栗　原　哲　也

発行所　株式会社　日本経済評論社
〒101-0051　東京都千代田区神田神保町3-2
電話 03-3230-1661　FAX 03-3265-2993
振替 00130-3-157198

装丁＊渡辺美知子　　　シナノ印刷・根本製本

落丁本・乱丁本はお取替えいたします　　Printed in Japan
Ⓒ IKEDA Hitoshi 2001
ISBN4-8188-1349-4

R〈日本複写権センター委託出版物〉
本書の全部または一部を無断で複写複製（コピー）することは，著作権法上での例外を除き，禁じられています．本書からの複写を希望される場合は，日本複写権センター(03-3401-2382)にご連絡ください．

現代経済政策シリーズ

【全11冊】

白抜き数字は既刊

❶ 小坂直人 **第三セクターと公益事業** 公益と私益のはざま
ダム建設などにあたって、「公益」と「私益」が対立する場合、「公益」が「私益」を屈服させる形で調整されてきたのがわが国の歴史であった。電気事業など「公益事業」の特徴と公共団体および民間資本の共同出資会社である第三セクターの分析を通じて、この「公益」の意味を問い直す。　●本体3000円

❷ 小林真之 **金融システムと信用恐慌** 信用秩序の維持とセーフティ・ネット
金融自由化の世界的潮流のなかで生じた金融システムの動揺を、現代の市場経済およびセーフティ・ネットとの関わりのなかで検討し、信用恐慌の発現形態を理論的・具体的に解明する。　●本体3000円

❸ 美馬孝人 **イギリス社会政策の展開**
労働貧民の発生から産業革命をへて資本主義社会が成立し、様々な社会政策が形成展開され、それを前提に福祉国家体制が築かれる。一時、世界の模範となったイギリス福祉国家は、やがて国内外の諸事情により、変質を余儀なくされていくが、それらの発展変容を貫く法則性を解説する。　●本体3000円

❹ 伊藤淑子 **現代日本の社会サービス**
少子・高齢化社会を迎えた現代日本の社会保障・社会福祉諸政策を、社会サービスというより大きな枠組みを使って概観する。各制度の説明にとどまらず、社会サービスという観点からみた日本社会の素顔を、わかりやすく描き出す概説書。　●本体3000円

⑤ 山田誠治 **経済構造転換と中小企業**
進展しつつある"経済構造転換"のもとで、先進資本主義国を中心に中小企業の役割が再認識されているが、他方で、新自由主義的な政策のもとで、その現状と評価は混沌としつつある。本書は、これまでの中小企業論の評価およびその問題点について多角的に考察を加え、21世紀の中小企業の可能性について探求する。

❻ 山田定市 **農と食の経済と協同** 地域づくりと主体形成
21世紀に向けて人類がめざす"持続可能な社会"のなかで、焦眉の課題をなす環境・食料問題を軸に、農と食、農村と都市の協同の地域づくりについて、協同組合、非営利組織を視野に入れて、その可能性を解明する。　●本体3000円

❼ 小田　清 **地域開発政策と持続的発展** 20世紀型地域開発からの転換を求めて
近年、地域開発政策や地域発展計画は"環境破壊"をもたらすものとして国民の風当たりが強い。なぜそうなのか。欧米先進諸国と日本の地域開発計画を例示しながら、21世紀に向けてのあるべき「地域開発政策」のあり方を提示する。　●本体3000円

❽ 奥田　仁 **地域経済発展と労働市場** 転換期の地域と北海道
21世紀は、グローバルな普遍性と特殊性が歴史の中で交錯し、それぞれの地域における具体性が新しい時代に向けて注目されるようになっている。本書は、日本資本主義を映す鏡ともいえる北海道を中心に取り上げ、地域経済の歴史と未来を住民と労働市場を縦軸にして考える。　●本体3000円

❾ 池田　均 **地域開発と地域経済**
高度経済成長とその後の不況過程における諸政策が地域の社会・経済に与えた影響は何であったのか、農山漁村地域で検証する。市場経済の途をひた走る中国の地域経済社会は如何なる変貌を遂げつつあるのか。そして、21世紀、地域の社会・経済を担うのは誰か。　●本体3000円

❿ 森下宏美 **マルサス人口論争と「改革の時代」**
工場法制定、選挙法改正、新救貧法制定など、一連のブルジョア的改革に彩られた19世紀前半のイギリスで戦われたマルサス人口論争。その中にあって、リカードウ派社会主義に抗しつつ、貧民の被救済権の確立を唱え、「市場の言葉」と「権利の言葉」をもって論争に挑んだ「忘れられた経済学者」たちの資本主義像に迫る。　●本体3000円

⓫ 木村和範 **数量的経済分析の基礎理論**
経済のゆくえを描くシナリオの含意を解明したり政策効果を測定したりするときには、しばしば数量的経済分析の手法が用いられている。本書では、数量的経済分析のために用いられる手法のうちもっとも基本的と考えられるツールの数理的意味が解説されているが、それとともに、その根底にある考え方が分かりやすく叙述されている。　●本体3000円

日本経済評論社